CAFE GUIDE

Thailand

EXTRA ISSUE

[Book in Book] Our Favorite Cafe

- ☐ Cafe
- ☐ Sweets
- ☐ Afternoon Tea
- ☐ Coffee

"Mango sticky rice"

Thailand's Café

The favorite of Thailand

　既存鉄道の延伸や新しい交通機関の開業など、日々発展を遂げているタイのバンコクでは、街の発展とともに新しい商業施設やナイトマーケットなども誕生。そして、それに合わせるかのように、おしゃれなレストランやマンゴーなどのタイ産フルーツを使ったスイーツ店、写真映えを意識したフォトジェニックなカフェなどが続々とオープン。特に、SNS好きや写真好きをターゲットにした、フォトジェニックな店構えや映えるメニューを提供する飲食店が増加。

　また近年は、バンコク都市部だけでなく郊外への出店も増えていて、"タイのモルディブ"と呼ばれる「バブル・イン・ザ・フォレスト・カフェ」（▶付録P.4）は、バンコクから車で1時間程度かかる場所にもかかわらず連日行列。座席の種類によっては1時間程度待つこともあるとか。そしてこの傾向は、カフェやレストランだけでなく、ホテル業界にも広がりを見せていて、午後のひとときを楽しむアフタヌーンティーでは各ホテル、味だけでなく見た目や映えを意識したメニューを提供。さらにそのメニューを数カ月おきに変えることで、つねに新しいメニューが提供でき、多くのリピーターをつかんでいる。

　一方、フォトジェニックとは真逆な、ある意味正統派と呼べるカフェも増加。実はタイは、アジア圏では生産量3位を誇るコーヒー大国。

　1969年に王室が農村部の支援を目的に始めた「ロイヤルプロジェクト」によってコーヒー豆を栽培する農家が多く生まれた。結果、今ではそれらタイ産のコーヒー豆を使ったコーヒーを提供する本格的なカフェが、バンコクを中心にタイ各地で増えている。

❶ティーラウンジによる日本庭園をイメージしたアフタヌーンティー　❷フォトジェニックなカフェとして話題のトン・ヨイ・カフェ　❸淹れている様子を間近で見られるギャラリー・ドリップ・コーヒー　❹巨大なアートを展示するソウルラバーカフェ　❺バブル・イン・ザ・フォレスト・カフェで人気の水上テーブル　❻エスプレッソにライチを合わせたリコスの映えドリンク　❼ザ・マンゴーガーデンでは新鮮さを保つために注文が入ってから調理　❽オークラ プレステージバンコクのアフタヌーンティー

見た目も味もGood!
フォトジェニックカフェ

Photogenic Café in Thailand

#フォトジェニック #映える #geniccafe
#flowercafe #水上コテージ

Genic!

Relax at the cafe

❶クリームチーズの酸
味とマンゴーの甘さが
絶妙にマッチした、マン
ゴーチーズケーキスム
ージー189B
❷氷の中に花を収めた
写真映え間違いなしの
ドリンク、アイスフラワー
169B

モルディブの水上コテージをイメージ

バブル・イン・ザ・
フォレスト・カフェ

Bubble in the forest café

バンコクから車で約1時間のナコーン・パトム
県にあるカフェ。モルディブの水上リゾートを
イメージして作られた施設で、非日常的な雰囲
気が楽しめる。水上・ヴィラ・森林と、3つの
席が選べるが、連日多くの人でにぎわうため、
事前の予約がベスト。

バンコク近郊 ▶ **MAP** P.227 B-2

🏠 170 Charoen Tha Alley, Bang Toei, Sam Phran
District, Nakhon Pathom
🚗 バンコク中心部から車で1時
間 ☎ 065-727-6888
🕐 10:00〜21:00 ㊡ 無休

ミルクとバタフライピーシロップを組み合わせた、アイス・バタフライピー・ラテ120B

プールフードの火付け役

ブルー・ホエール

Blue Whale Maharaj-Wat Pho

内壁に大きなクジラを描くなど海をテーマにした店内。こちらのお目当てはバタフライピーを使った青色のドリンク。カウンターで作る様子に目がくぎづけになるほど美しい一杯を、ぜひ味わおう。

王宮周辺 ▶**MAP** P.232 B-4
🏠 392/37 Maharat Rd.
Ⓜ サナーム・チャイ駅から徒歩5分
☎ 096-997-4962
🕘 9:00〜18:00
㉬ 月曜

シロップを注ぐ工程が楽しい

フェザーストーン・ビストロ・カフェ

Featherstone Bistro Café

オーナーが旅先で出会ったグッズや花々などで彩られたカフェ。レトロな薬局をイメージしており、シロップとソーダ水を注いで自作するドリンクは薬作りにヒントを得たものだそう。

スクンヴィット周辺 ▶**MAP** P.227 D-5
🏠 60 Soi Ekkamai 12　Ⓑスクンヴィット線
[E7]エカマイ駅から車で
5分　☎ 097-058-6846
🕘 10:30〜22:00
㉬ 無休

飲む前に写真をパチリ♪

❶ラベンダーシロップを注いで作る、パープル・ララバイ160B ❷ コーヒーアイスにミルクを注ぐアイス・キューブ・ラテ160B

トン・ヨイ・カフェ

Thong Yoy Café

バンコクのカフェのなかでもひときわ目を引くカフェ。光が当たるとキラっと輝く外観と造花で彩られた店内、カラフルなスイーツにドリンクなど、どこを切り取っても絵になるスポットだ。

アーリー駅周辺 ▶MAP P.227 C-4

🏠 24, 4 Ari 4 Fang Nua Alley, Phaya
Ⓜ Ⓑスクンヴィット線 N5 アーリー駅から徒歩6分 ☎ 098-748-4661
🕐 9:30～21:30
㊡ 無休

Genic!

How to shoot?

❶タイの伝統スイーツにケーキとドリンクがセットになった一番人気のオールスターセット490B ❷ココナツミルクを固めたタコーなどの伝統菓子は100B～。どれも写真映え間違いなし

色とりどりの花でデザインされた店内は、メニューよりも写真を撮りたくなるぐらいフォトジェニック

ボーイ＆サン・カフェ

BOYY & SON CAFé

大人気のタイ発バッグブランドBOYYに併設しているカフェ。ドリンクはどれも絵になるかわいさで、何度も写真を撮ってしまいそう。自家製パティスリーも、驚くほど本格的な味わい。

サイアム周辺 ▶MAP P.228 C-1

🏠 GF, Gaysorn Tower, Gaysorn Village, 999 Phloen Chit Rd. Ⓜ Ⓑスクンヴィット線 E1 チット・ロム駅から徒歩5分 ☎ 02-253-8300
🕐 8:00～20:00
㊡ 無休

Genic!

How to shoot?

左上から時計回りに、ライチのドリンク130B、シーソルトキャラメルを使ったキャラメルドリンク120B、アーモンドクロワッサン120B。どれもかわいくて撮影したくなる

搾りたてオレンジジュースにバタフライピーシロップとソーダを注いで作る、サンシャインビーチ130B

大人なムード漂う隠れ家的レストラン

ネイス Nais

ハイソなマダムや在住日本人が多く集うKヴィレッジ脇にたたずむおしゃれレストラン。オーナーみずからが海外留学や旅をするなかで出会い、おいしいと感じたメニューの数々を提供している。

スクンヴィット周辺 ▶**MAP** P.231 F-4

🏠 1, 2 Soi Sukhumvit 26, Khlong Tan,Khlong Toei ⓧ Bスクンヴィット線 E5 プロンポン駅から徒歩15分 ☎ 081-910-5103 🕐 9:00〜16:00、18:00〜22:00 🈺 月曜

ふわふわのスポンジに、ココナッツピューレとクリームをたっぷりとあしらったビーガンココナッツケーキ215B

How to shoot? フレッシュなトマトの果肉をたっぷりと使用したトマトサルサ120B。かき混ぜる前のキレイな状態を撮影するのがポイント

How to shoot? パイ生地の食感がアクセントのティラミスクレープ260B。さまざまな食材で彩られた一皿は、ただ撮るだけでも美しい

ヨーロッパとアジアの文化をミックス

リコス RICO'S

大使館だった建物をリノベーションし、どこを切り取っても絵になるフォトジェニックな隠れ家的カフェ。ヨーロッパとアジアのテイストをミックスさせた創作料理は、すべてオーガニック食材にこだわる徹底ぶり。

スクンヴィット周辺 ▶**MAP** P.231 F-4

🏠 59/13 Soi Sukhumvit 26, Khlong Tan,Khlong Toei ⓧ Bスクンヴィット線 E5 プロン・ポン駅から徒歩12分 ☎ 02-258-5538 🕐 8:00〜17:00(土・日曜は8:00〜17:00、19:00〜24:00) 🈺 無休

焙煎コーヒーの香りに癒される

サーニーズ・ロースタリー

Sarnies Roastery

シンガポール発の本格コーヒーが味わえる人気カフェ。コーヒー豆は店内で焙煎し、つねに香り高い状態を楽しむことができるということで、連日多くの観光客やカップル、ビジネスマンでにぎわっている。

サイアム周辺 ▶**MAP** P.229 F-4

🏠 34 1 Soi Ton Son, Lumphini, Pathum Wan ⓧ Bスクンヴィット線 E1 チット・ロムから徒歩5分 ☎ 099-646-1536 🕐 7:00〜22:00 🈺 無休

How to shoot? キレイな層のティラミス320B。写真に収めるならチョコレートソースは大胆にかけるのがコツ

02
自然な甘さ引き立つ
南国フルーツ推しスイーツ

Tropical Fruits Sweets

#Mango #南国フルーツ #スイーツ
#スイーツ好き #タイ菓子
#バンコクスイーツ #かき氷

食べごろ&上質マンゴーづくし！

マンゴー・タンゴ

Mango Tango

カットフルーツ、プリン、アイス、スムージーなど、フレッシュなマンゴーを使ったスイーツがズラリとそろうマンゴースイーツ専門店。店前のマンゴタンゴ君を目印に訪れて。

サイアム周辺 ▶MAP P.228 A-2

🏠 Siam Square, Soi 3 Rama 1 Rd. ⓑⒸⒺⓃ サイアム駅からすぐ ☎02-658-4660. 064-461-5956 🕚11:30〜22:00 ⓧ無休 130B〜

甘さと酸味が絶妙な
旬のマンゴー

Delicious!

❶甘い品種を丸々1個食べられるフレッシュマンゴー190B ❷生マンゴーとマンゴーのプリン&アイスを楽しめるマンゴー・タンゴ190B

色んなメニューが
ちょっとずつ味わえる

マンゴースイーツ専門店

メイク・ミー・マンゴー

Make me Mango

1カ月に1000kgほどのマンゴーを使うというマンゴースイーツ専門店。甘くてとろけるようなタイ産マンゴーのおいしさを存分に味わって。

王宮周辺 ▶MAP P.232 B-4

🏠 67 Maharat Rd., Phra Borom Maha Ratchawang , Phra Nakorn ⓂⓈ サナーム・チャイ駅から徒歩7分 ☎02-622-0899 🕙10:30〜20:00（土・日曜は〜20:30）ⓧ無休 100B〜

カオニャオ・マムアン、アイスなど、さまざまなマンゴーメニューが楽しめるメイク・ミー・マンゴー235B

旬のフルーツが盛りだくさん

パーデン

PARDEN

タイ各地で採れた旬のフルーツを厳選し、それを洗練された季節のパフェとして提供してくれる。見た目も華やかで味もいうことなしで、リピーターも多い。

▶MAP P.231 E-3

🏠 The Manor 2F, 32/1 Sukhumvit soi 39
Ⓜ Ⓑスクンヴィット線 E5 プロン・ポン駅から徒歩12分 ☎02-204-2205 🕚11:00～17:00(土・日曜は12:00～17:00)
🈺月曜

旬のフルーツを
ぜいたくに盛った
究極パフェ

ドラゴンフルーツなどのフルーツを8種以上ぜいたくに盛ったパーデン・パフェ220B

タイティーのパウダースノーを頬張っているかのようなタイティーかき氷 255B。かかっているのは甘い生クリーム

メルヘンな見た目の
タイティーかき氷

暑いタイにピッタリ

アフター・ユー

After You

どの支店にも行列ができる超人気スイーツ店。ふわふわ食感のタイティーかき氷が絶品。地元っ子にはほうじ茶かき氷と特製バターパンを合わせて注文するのがトレンド。

🏠 J Avenue Thonglor 13 Ⓜ Ⓑスクンヴィット線 E6 トン・ロー駅から車で5分
☎02-712-9266
🕚11:00～23:00
🈺無休

マンゴー好きに捧ぐ!

メー・ワリー

Mae Varee Sweet Sticky Rice with Mango

外国人観光客でにぎわう高級マンゴー店。熟れたマンゴーをその場でカットしてくれる。甘いもち米とマンゴーを一緒に食べるカオニャオ・マムアンが絶品!

▶MAP P.146/P.231 G-4

🏠 1 Soi Thong Lor Rd. Ⓜ Ⓑスクンヴィット線 E6 トン・ロー駅からすぐ
☎02-392-4804
🕚6:00～22:00
🈺無休

Cute!

タイの定番スイーツ
カオニャオ・マムアン

テイクアウトで買えるカオニャオ・マムアン150B。バタフライピーで色付けしたもち米が鮮やか

A

129B マンゴーチーズタルト

山盛りのマンゴーがぜいたくに乗ったチーズタルト。マンゴーの形をした容器もカワイイ

A

119B～ ヨーグルト入り マンゴースムージー

ヨーグルトの酸味で最後まですっきりと味わえるスムージーは女性に大人気

B

185B カオニャオ・マムアン

もち米とマンゴーの果肉を一緒に食べる定番スイーツ。バタフライピーで色付けした青いもち米もポイント

C

40B タイティー

まろやかな味わいと香りが特徴のタイティー。ウーロン茶ミルクティーなど種類も豊富

B

165B マンゴーココナツプリン

ココナツとマンゴーがたっぷり入ったプリン。見た目ほど甘くなくさっぱりとした味わい

C

45B タイティーソフトクリーム

オレンジ色が鮮やかなタイティーのソフトクリーム。甘さはひかえめ

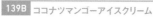

D

139B ココナツマンゴーアイスクリーム

マンゴーの果肉とシャーベットに、ココナツの甘さとタピオカの食感がマッチ

Mangoooo!!!

E

200B マンゴーパフェ

チェンマイ産の希少なマンゴー「太陽の雫」をふんだんに使った濃厚パフェ

F

50B バナナミルクシェイク

トロトロな飲み口で甘さひかえめなバナナシェイク。ボリュームも満点で食事代わりにも

F

60B フライドバナナ

カリカリの食感がタイ人にうけているフライドバナナ。バニラアイスのトッピングもおすすめ

フレッシュなマンゴーが味わえる

A イェンリー・ユアーズ

Yenly Yours

スクンヴィット周辺 ▶MAP P.231 E-4
🏠 ザ・エムクオーティエ(▶ P.149) BF ⓧ スクンヴィット線 (E5) プロン・ポン駅直結 ☎ 062-946-0895 🕐 10:30〜22:00 ㊡ 無休

ピピ島の名店がバンコクに上陸

B ザ・マンゴーガーデン

The Mango Garden

王宮周辺 ▶MAP P.232 C-3
🏠 406 Maha Chai Rd, Samran Rat, Phra Nakhon ⓧ Ⓜ サーム・ヨート駅から徒歩7分 ☎ 064-928-9465 🕐 9:00〜18:00 ㊡ 無休

タイ紅茶の老舗の味

C チャー・トラ・ムー

Cha Tra Mue

サイアム周辺 ▶MAP P.228 C-1
🏠 セントラル・ワールド(▶ P.143) 1F ⓧ Ⓑ スクンヴィット線 (E1) チット・ロム駅から徒歩5分 🕐 11:00〜21:00 ㊡ 無休

17店舗を展開する人気店

D マンゴーマニア

Mango Mania

エカマイ周辺 ▶MAP P.147 / P.231 H-4
🏠 982/22 Sukhumvit Rd, KhlongToei, Phra Khanong ⓧ Ⓑ スクンヴィット線 (E7) エカマイ駅からすぐ ☎ 092-276-9595 🕐 10:00〜21:00(土・日曜は〜22:00) ㊡ 無休

希少なマンゴーをふんだんに使用

E ソウルラバーカフェ

Soulslover café+++

スクンヴィット周辺 ▶MAP P.231 E-3
🏠 36/19 soi Promsi1 Sukhumvit soi39,Khlong Toei ⓧ Ⓑ スクンヴィット線 (E5) プロン・ポン駅から徒歩11分 ☎ 063-931-5401 🕐 9:30〜22:00 ㊡ 日曜

バナナ好き、集まれ!

F クルアイ・クルアイ

Kluay Kluay

サイアム周辺 ▶MAP P.228 A-2
🏠 238 Rama 1 Rd., Siam Square Soi 2,Lido 2F ⓧ Ⓑ (CEN) サイアム駅から徒歩3分 ☎ 02-658-1934. 062-879-2953 🕐 11:00〜19:00 ㊡ 無休 ㊫ 60B〜

03

優雅なひとときを楽しむ
アフタヌーンティー

Afternoon Tea

#アフタヌーンティー #Afternoontea
#バンコクカフェ #teacafe #ヌン活
#女子会 #バンコクホテル

Must!

12種類の茶葉から選んだ紅茶を目の前で入れてくれる。おすすめの茶葉はホテルのシグネチャーハイティーで甘い香りが特徴のバリーバンコク

△ メニューは 2～3カ月ごとに変わる。写真は日本の庭園をイメージした「ジャパニーズガーデン」
◁ ティーポットや器のデザインもかわいらしい

素敵な茶文化を感じる

ティーラウンジ

TEA LOUNGE

チャオプラヤー川を眺めながらゆったりとした時間を過ごせる「カペラ・バンコク」内のアフタヌーンティー。エグゼクティブ・シェフである、シルヴァン・コンスタンス氏による極上デザートと厳選されたティーが味わえる。

バンコク都南部 ▶MAP P.227 B-5

🏠 300/2 Charoenkrung Rd,Yannawa,Sathorn
🚇 Ⓑシーロム線 S6 サパーン・タークシン駅から徒歩11分 ☎ 065-998-4675 🕐 12:00～18:00
🈺 無休 🈴 3200B～(2人前)

開放感あふれる窓からはチャオプラヤー川だけでなくユリの池も眺めることができ、ゆったりとした時間の中でタイティーが味わえる

華やかなピンク色の和テイストスイーツ

オークラ プレステージバンコク

The Okura Prestige Bangkok

お花見をしているような満開の桜をイメージしたアフタ
ヌーンティー。旬の食材を使って、シェフが色味や味を
厳選。さくらスコーン＆マカロン、さらにはストロベリ
ークリームプリンなど、桜にこだわったスイーツが豊富。

サイアム周辺 ▶**MAP** P.229 F-4
🏠 Park Ventures Ecoplex 57 Wireless Rd.
Ⓜ Ⓑスクンヴィット線Ｅ2 プルン・チット駅か
ら徒歩2分 ☎02-687-9000 🕐14:00〜
17:00 Ⓗ無休 ฿1950B〜（2人前）

どのメニューも見た目が華やかで食べるのがもったいなくな
ること必至!

クラッカーベースのアペタイ
ザーやマカロンのサクサクと
した食感がポイント

紅茶の専門家が厳選した
ハイティーが味わえる

ティース TEASE

「ザ・スタンダード・バンコク・マハナ
コーン」内で、専門家が厳選した豊富な
種類の紅茶を楽しめるティールーム。タ
イで唯一、オーガニック栽培の認定を受
けているバンチャン森林で栽培された茶
葉の香りを堪能あれ。

シーロム ▶**MAP** P.231 F-2
🏠 The Standard, Bangkok Mahanakhon, 4th
Floor, 114 Narathiwas Rd, 114Naradhiwas
Rajanagarindra Rd, Silom,Bang Rak Ⓜ Ⓑシーロ
ム線S1チョン・ノンシー駅から徒歩3分 ☎02-085-
8888 🕐13:00〜18:00 Ⓗ無休 ฿980B〜

眼下に広がる広大な緑と音楽の生演奏で非日常体験を

セントレジス・バー The St.Regis Bar

一面に広がるゴルフ＆競馬場、ロイヤルバンコクスポーツク
ラブの眺望が楽しめる「セントレジス・バンコク」のアフタヌ
ーンティー。サスティナブルにこだわったメニューは数カ月
に一度変わるため、タイに訪れた際は立ち寄りたいスポットだ。

サイアム周辺 ▶**MAP** P.229 E-4
🏠 The St. Regis Bangkok, 159 Rajadamri Road, Khwaeng
Lumphini, Pathum Wan Ⓜ Ⓑシーロム線
S1ラーチャダムリ駅から徒歩2分 ☎02-
207-7777 🕐12:00〜24:00（アフタヌ
ーンティーは14:00〜15:30、16:00〜17:30)
Ⓗ無休 ฿1000B〜

◀ メニューに合わせた演出に、食べる前
から気分が盛り上がる ▲ ゴルフ場と競
馬場を眺めながら味わう一杯は、まさに大
人の嗜み

Gorgeous!

04

本場の香り体験
オーセンティックコーヒー

Authentic Coffee

#コーヒー #タイ珈琲 #coffee
#barista #タイカフェめぐり
#カフェ好きな人と繋がりたい

タイ産の香り高い豆を使用した逸品

Genic!

❶思わず写真に撮りたくなるSNS映え必至のラテアートも人気 ❷店内に漂うコーヒーの香りをかぐだけでも心が癒される

地産地消にこだわりタイ豆を使用

ルーツ・アット・トン・ロー

Roots at Thong Lor

コーヒー豆は国内で栽培されたもののなかからオーナーみずからが厳選した豆のみを使用。さらに、メニュー名を栽培農家の名前から命名するなど、コーヒーへの愛情と知識もあふれ出ている。

トン・ロー周辺 ▶MAP P.146
🏠コモンズ（▶P.146）Ⓑスクンヴィット線 E6
トン・ロー駅から徒歩20分 ☎097-059-4517 🕐
8:00〜19:00 ❸無休

❸コーヒーのことを熟知して、アートの腕も一流のバリスタが多数在籍 ❹ボトル容器がかわいいコールドブリューコーヒー100B

ロースターが精魂込めた至極の一杯

コーヒーのおいしさをトコトン追求

フィル・コーヒー

Phil Kaffe

"コーヒーの街"として名高いオーストラリア・メルボルンで、コーヒーの知識と技術を学んだロースターが手掛けるカフェ。その技術を遺憾なく発揮し、タイのコーヒー大会で準優勝した絶品のコーヒーが味わえる。

スクンヴィット周辺 ▶MAP P.146/P.231 F-3
🏠65/1 Sukhumvit 49/2 (Sukhumvit 51) , North Klongtan,
Wattana Ⓑスクンヴィット線 E6 トン・ロー駅から徒歩13分
☎097-125-4204 🕐8:00〜17:00(土・日曜は9:00〜17:30)
❸火曜

❶奥深い味わいが特徴的なコーヒー。豆によって値段が変わるが1杯100B程度 ❷豆の特性に合わせて焙煎時間を調整。ハンドドリップでひとつずつていねいに

❶特製のライムシャーベットにコーヒーを注いだフローズンコーヒー100B ❷自社農園栽培による豆から作られたコーヒーはすっきりとした味わい ❸コーヒーの濃さを表すTDSという数値を計測しながら入れる本格派

豆の状態で焙煎時間を調整し香り高い一杯を提供する

我が家のような
居心地の良さ

ハッピー
エスプレッソ

Happy Espresso

アットホームな雰囲気で迎え入れてくれる人気カフェ。自社農園で栽培された豆を使用し、さらに豆の状態によって抽出時間を変えるという職人技によって生み出された最高の一杯を提供してくれる。

チャイナタウン ▶**MAP** P.228 A-4

🏠295-297 Mittraphan Rd,Pom Prap Sattru Phai
Ⓜワット・マンコン駅から徒歩6分 ☎02-224-2881
🕘9:00〜17:00 🈡日曜

タイコーヒーの歴史にふれられる

ギャラリー・ドリップ・コーヒー

Gallery Drip Coffee

あらゆる人にタイコーヒーの魅力を知ってもらおうと作られたカフェ。店内にあるコーヒー関連の本を読みながら、タイコーヒーの歴史が学べる。1杯80B〜という安さなので飲み比べもおすすめ。

サイアム周辺 ▶**MAP** P.228 D-3

🏠バンコク・アート＆カルチャー・センター（▶P.53）
Ⓑシーロム線Ⓦナショナル・スタジアム駅から徒歩4分 ☎081-917-2131 🕘10:30〜19:30 🈡月曜

酸味や苦み渋みが絶妙な国産豆を使用

❶タイ産のコーヒー豆は、プラムや梅のような酸味と透き通った味わいが特徴 ❷天井にはカプチーノの泡をイメージした無数の紙コップが広がる ❸ショップオリジナルのドリッパーも販売中 ❹入れている姿を間近で見られるのも本格的なカフェならでは

BON VOYAGE

Bangkok

Thailand

まっぷる WORLD で
特別な旅の時間を♫

はじめて訪れる人も、新たな体験を求めるリピーターもタイへの特別な旅へご案内。
ココロ動かす感動、非日常、ごほうび、リラックスなど海外旅行に求める体験が
この一冊ですべて叶います！　さぁ、新しい旅のはじまり……

Special Point

01　巻頭BOOK in BOOK

CAFE GUIDE

> バンコクでカフェ体験を♪

ごはんや休憩したいときなどに
便利なカフェは旅の大定番。
素敵なカフェで、トレンドや
エリアの雰囲気を味わって！

> ぼくたちが案内するよ

ペンギンくん　ハシビロコウ先輩　ウサギどん

**旅するエリアについて
詳しくなれる
旅のプロローグ付き** ▶P.8

02　充実度UP!
旅に役立つスマホ術

タイの料理教室で旅の思い出作りを

海外旅行へはスマホが必須！　出入国の手続きは電
子申請が主流に。レストランの予約、アプリの活用、
SNSでの情報取得など、うまくスマホを使いこなせ
ば、旅の充実度が何倍もアップ！

> スマホ活用術例　★ハッシュタグで情報やトレンドCHECK
> ★必須のアプリをDL ▶P.199

03　無料!
電子書籍付き

> ここから
> アクセス

旅の前に電子書籍をスマホやタブ
レットにダウンロードしておけば、旅
行中は身軽に動ける便利なアプリ。

04　実際に役立つモデルプラン
王道プランからタイプ別まで使えるプランを掲載。

05　ジャンル別の旅テクが便利
役立つ旅のテクニックやお得ネタを厳選紹介。

06　ツウのクチコミ情報をGET
ジャンル別の「タイLOVER'S」で、タイ好きのおすすめやク
チコミ情報をGET。

07　必見スポットやテーマを深掘り
必見スポットやテーマを深掘りして紹介。いつもとは違う
目線で楽しめる内容に。

08　楽しく読めるBOOK CAFEコラム
旅行中のブレイクタイムや行かなくても楽しく知識を深め
られる読み物コラム。

09　詳しい基本情報で不安を解消
充実した旅には入念な準備が大事。出発前に出入国関
連やアプリのダウンロードを。

10　便利に使えるアクセス&MAP
巻末に現地のアクセス情報と見やすい詳細MAP付き。

etc.
はみ出しメモや得するコラムでより旅を楽しめる情報が満載

 絶対行くべきSPOT
やおすすめ店　 映えスポット

【物件マーク】
🏠…所在地
🚇…最寄り駅などからの所要時間、ⓂはMRT、ⒷはBTSを表す
☎…電話番号
🕐…営業時間、開館、開園時間
🚫…定休日
💴…入場料、Ⓑ朝食とⓁランチとⒹディナーの予算の目安、Ⓢシングルと(T)ツイン1室の料金 ※原則として税抜きで表示
FREE…フリーダイヤル
URL…ホームページ

【MAPのマーク】
●ENJOY　●GOURMET　●SHOPPING　●BEAUTY
●TOWN　●STAY　●SUBURBS/LOCAL CITY

※定休日は、ソンクラーンなどの祝日や臨時休業は除いて表示しています。
※表記の金額には別途、消費税(VAT)がかかります。また、ホテル・レストラ
ンなど一部の施設ではサービス料がかかる場合があります。
※掲載の商品は取材時のもので、売り切れなどで取り扱っていない可能性
があります。

【ご注意】本書に掲載されたデータは2023年11〜2024年1月現在の調査・
取材によるものです。いずれも諸事情により変更されることがありますので、ご
利用の際には事前にご確認ください。また、本誌に掲載された内容により生じた
トラブルや損害等については、弊社では補償いたしかねますので、あらかじめご
了承のうえ、ご利用ください。

Bangkok
Thailand

バンコク タイ

・・・・・

新しい旅の始まり

旅は非日常に出会える、とっておきの体験。
そして、旅先で感じた音、香り、風、味わいすべてが帰ってからの
日々の糧になる。さて、今度はどこへ行こうか。
この本を開いた瞬間から、あなただけの特別な旅が始まる。

巻頭付録 Book in Book

Thailand
CAFE GUIDE

ENJOY

GOURMET

SHOPPING

Yummy!

タイ早わかり

金色に輝く寺院、にぎわう市場、美しいビーチリゾートや古都の歴史と文化が残る街。
魅力あふれるタイの見どころをエリア別にご紹介

どんな街?

日本の約1.4倍の面積で、北はラオス、東はカンボジア、西はミャンマー、南はマレーシアと国境を接する。国内はバンコク都と76の県に分類。国民の94%が上座部仏教の仏教徒。タイ全土に「ワット」と呼ばれる寺院が約3万、約30万人の僧侶がいるといわれる。

 人口
約6609万人

 面積
約51万4000km²

タイ最古の王朝都市

スコータイ

Sukhothai

13世紀、タイ族が築いた王朝跡。旧市街に残る美しい仏像や寺院の遺跡は歴史公園として整備され、1991年にユネスコの世界文化遺産に登録された。

▶P.190

こちらもCHECK!

気軽に行けるリゾート

パタヤ

Pattaya

▶P.168

魅力満載! タイの楽園

プーケット

Phuket

▶P.182

王室御用達の保養地

ホアヒン

Hua Hin

▶P.172

広大な自然とふれあえる

サムイ島

Koh Samui

▶P.186

ミャンマー
MYANMER

チェンライ
Chiang Rai

メーホンソーン
Mae Hong Son

チェンマイ
Chiang Mai

ランプーン
Lamphun

ランパーン
Lampang

世界遺産
シーサッチャナーライ
Si Satchanalai

世界遺産
ダンサー
DanSa

スコータイ
Sukhothai

ピサヌローク
Phitsanulok

世界遺産
メーソート
Mae Sot

ターク
Tak

世界遺産
カンペーンペット
Kamphaeng Phet

トゥンヤイ・ファイ・カ・ケン野生生物保護区群
Thungyai-Huai Kha Khaeng Wildlife Sanctuaries

ナコーン・サワン
Nakhon Sawan

ウタイターニー
Uthai Thani

世界遺産
チャイナート
Chainat

ロッブリー
Lopburi

アユタヤ
Ayutthaya

ナコーン・パトム
Nakhon Pathom

カンチャナブリー
Kanchanaburi

チョンブリー
Chon Buri

ペッブリー
Phetburi

チャアム
Cha-am

ラン島
Koh Lan

ホアヒン
Hua Hin

世界遺産
ケーンクラチャン国立公園
Kaeng Krachan National Park

タイランド湾
Gulf of Thailand

アンダマン海
Andaman Sea

チュンポン
Chumphon

タオ島
Koh Tao

ラノーン
Ranong

パンガン島
Koh Phangan

スラターニー
Surat Thani

プーケット
Phuket

サムイ島
Koh Samui

カオラック
Khao Lak

ナコーン・シー・タンマラート
Nakhon Si Thammarat

クラビ
Krabi

コーラル島
Koh Coral

ピピ島
Koh Phi Phi

マレー半島

クラダーン島
Koh Kradan

ハジャイ
Hatyai

バンコク

Bangkok

世界中から旅行者が集まるタイの首都。高層ビルが建ち並ぶなか、いかにもタイらしいきらびやかな金色の寺院が点在し、独特の景観をつくっている。街には人と車と屋台があふれる、東南アジアで最も活気のある街のひとつ。

▶P.28

アユタヤ　Ayutthaya

17世紀に交易都市として栄華を極めたアユタヤ王朝の都。遺跡が多く残り、世界文化遺産にも登録されている。バンコクから日帰りで行けることもあり、人気の観光地。　▶P.160

カンチャナブリー

Kanchanaburi

第2次世界大戦中に日本軍が建設した鉄道が残り、映画『戦場にかける橋』の舞台としても有名。ツーリスト車両が運行しており、乗車証明書など旅の記念品がもらえる。　▶P.170

チェンマイ　Chiang Mai　▶P.178

バンコクに次ぐタイ第2の都市で、観光客もたくさん訪れる北部の中心地。13世紀にランナー王朝の王都となり、その栄華をしのばせる寺院などが点在する歴史の街。また、伝統的な手工芸が盛んだ。

PENGUIN-KUN NO TRIP DIARY.

タイ旅行のプロローグ

Experience the tropics in Thailand

ウサギどん　いつも忙しそうに旅をしている、せっかちな情報屋。全世界を旅するのが目標

＜光り光軍くタイシルク＞

旅行といえば
おみやげは欠かせないね

そうじゃの

なんだか
おしゃれなお店に
入っちゃった

ピカ

ん？奥から
すごい輝きが、、

キラ

こんにちは

キラ

店員さんの服が
輝いている！！

ウフフ

こんな服見たことない！

それはタイシルクと
言うんじゃよ

これ
いいな

タイの東北部を中心に作られている織物で、そのすべてを
職人がていねいに手作業で作っているんじゃ。だから大量
生産が難しく希少性があり、高級品とされているんじゃ。

それに！！

ベリ

一般的なシルクに比べて
厚みや光沢があるんじゃよ

突然

その中でもジム・トンプソンは、高い品質と優れたデザイン、
美しい光沢により、タイシルクの中でも最高級ブランドとして
世界的に高い人気なんだ。

JIM THOMPSON

スカーフや婦人服、バッグやポーチだけでなく紳士服や
ネクタイで男性向けのアイテムも多いんだよ！

早速自分のおみやげも
買っちゃった

ICE

ずいぶんたくさん
買ったね…

11

Thailand Trip

IN THAILAND

3 NIGHTS 4 DAYS

3泊4日王道モデルプラン

Day 1

スパで疲れを癒やして、
グルメで元気チャージ!

Start

ホテルに戻ってお疲れ
さま。ふかふかのベッ
ドでおやすみなさい

ベストな位置からワット・アルンを眺められるレストランで
夕暮れが生み出す絶景とともに本格的なタイ料理を堪能

····· **DAY 1** | **BANGKOK** ·····

15:40 スワンナプーム国際空港着

長時間のフライトを終えて無事タイへ
到着。空港では両替などの準備を。

16:15 空港から市街へ

ARL（エアポート・レール・リンク）か
らBTSへ乗り換える。

17:00 シャングリ・ラ バンコク着 ▶P.155

早速チェックイン。少し休んだらホテ
ルを出発!

18:30 豪華ディナーを堪能 ▶P.97

最初のディナーはチャオプラヤー川沿
いの絶景レストランへ。

21:00 移動の疲れを癒すマッサージ ▶P.28

「サイアム・スクエア」内の足マッサー
ジ店でゆるり。むくんだ足をスッキリ!

23:00 ホテルへ

今日は早めにおやすみ～

バタフライピーを
使った青いラテ。
想像とは違った味
もいい思い出

ライトアップされたワット・アルン

リバーサイドにあるホテル
「シャングリ・ラ バンコク」
にチェックイン

歩き疲れた足を重点
的にマッサージ。帰
り道の足取りが軽い!

新たなバンコク
を発見しよう

07:00 優雅な朝食

川の景色を眺めながら、ゴージャスな
朝食を♪

チャオプラヤー・エクスプレス・ボート
オリエンタル桟橋

ター・チャン桟橋

08:00 寺院めぐりへ出発 ▶P.30・38

バンコク市内の寺院で祈願めぐり ①②
写真撮影の際は、静かに行うこと

11:30 フォトジェニックな寺院、
ワット・パクナームへ ▶P.36

360度描かれた天井画は壮観のひと言 ③

13:30 タイグルメランチ

おなかが空いたのでフードコートで手
軽なお昼ごはん。

14:30 お買い物タイム

ショッピングセンターめぐりで、おみや
げをGET。

16:00 おやつ時間にマンゴーを♪ ▶付録P.8

フレッシュなマンゴーを思いっきり食べ
たい! ⑤

17:00 恋愛成就のパワースポット ▶P.40

「エラワン・プーム」に立ち寄って、恋
愛運アップを祈願。 ④

19:50 カフェでひと休み

タイ産のコーヒーが飲める話題のおし
ゃれカフェへ。

21:00 夜のお買い物 ▶P.44

地元っ子にも人気のナイトマーケット
「ザ・ワン・ラチャダー」へ。

② 「ワット・ポー」では子
どもの修行僧に出会
える

混まないうちに、「ワッ
ト・プラケーオ」へ。本
尊の仏像は、思ったよ
り小さい!

「ワット・パクナーム」の幻想的
③ な雰囲気にうっとり

Day 2

観光、グルメ、買い物! 朝から
晩まで、やりたいことがいっぱい

願いが叶うといわれる「エラ
ワン・プーム」で恋愛成就を
祈願します

「マンゴー・タン
ゴ」で、新鮮なマ
ンゴーを。メニュ
ー豊富で迷いま
す……

「アユタヤ・エレファント・キャンプ」で象と一緒に遺跡めぐり

06:30 早起きしてアユタヤへ ▶P.160

お目当ては象と遺跡めぐり

07:00 バンコクから列車旅

クルンテープ・アピワット中央駅から
アユタヤまでは鉄道で
約1〜1時間半。

10:30 早速ゾウさんに会いに！ ▶P.164

象の背中に揺られながらアユタヤの
遺跡群をめぐって王朝気分を味わう ①

12:30 ランチは地元グルメ ▶P.166

地元の名物食堂でローカルフードを
堪能。 ②

13:30 怒涛の遺跡めぐりに出発 ▶P.162

王朝の繁栄と衰退を感じさせる
6大遺跡でアユタヤの歴史に触れよう ③ ④

18:00 ホテルへ

帰りはバンコクまで車をチャーター。
明日に備えて早めに就寝。

ゆったりと横たわる涅槃仏「ワット・ローカヤスッターラーム」は、近くで見ると、よりその大きさが伝わってくる

Day 3
世界遺産アユタヤへ
1 Dayトリップ

木の根に包まれた仏像「ワット・マハータート」に歴史を感じる。信者によって寄進された仏像にも感動

② 「クイッティアオ・バックワーン・アユタヤ」へ。おいしいクイティアオが食べられて幸せ

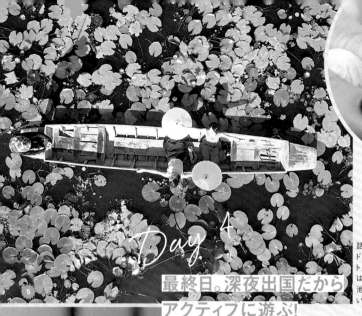

7

タイの人気ネイルサロン「チャバ ネイル＆アイラッシュ プロ」で、お気に入りのネイル探し

話題のフォトスポット「レッドロータス水上マーケット」。小舟に乗った屋台はないけれど、きれいな蓮池とドローン撮影が楽しい

Day 4

最終日。深夜出国だからアクティブに遊ぶ!

5

····· **DAY 4 | FINAL** ·····

07:00 早起きして思い出作りに ▶**P.50**

ドローンで撮影してくれる
「**レッドロータス水上マーケット**」 **5**
へ。

12:00 ソムタム・ダーへ ▶**P.83**

イサーン地方発祥の伝統料理
ソムタムでタイ気分を満喫

13:00 おみやげをGET ▶**P.110**

タイシルクの名店「ジム・トンプソン」
でストールとぬいぐるみをGET

15:00 おしゃれカフェで **6**
ひと休み ▶**付録P.5**

フォトジェニックなドリンクでひと休み

16:00 ゲイソーン・ヴィレッジで **7**
とっておきの体験を…… ▶**P.129**

タイっぽいネイルでアジアン気分

17:30 バンビューリのスパ施設で
リフレッシュ ▶**P.130**

「**バンビューリウェルネス**」の日本式
温泉で旅の疲れをリフレッシュ

20:00 タクシーで空港へ

「フェザーストーン・ビストロ・カフェ」でちょっぴり休憩。
ソーダ水にシロップを注いでドリンクが完成 **6**

チェンマイの寺院もめぐって運気UP!
グルメもスパも大充実の女子旅プラン

Day 1

15:40	バンコクの空港に到着
17:30	美しいワット・アルンへ ▶P.39 ①
19:00	タイの旬の食材を使ったコース料理をキャンパスで味わう ▶P.92 ②
21:00	宿泊するホテルへ

岸辺にそびえる荘厳な大仏塔が見どころの「ワット・アルン」

初日は9品のコース料理でテンションUP

Day 2

11:00	ワット・サマーン・ラッタナーラームて、巨大なピンクのガネーシャ像を発見! ▶P.34 ③
13:00	店舗数500店以上のショッピングモールのアイコンサイアムへ ▶P.114 ④
15:00	ティーラウンジのアフタヌーンティーで優雅なひとときを ▶付録12 ⑤
17:00	プラ・トリムーラティは、恋の神様が降臨する超人気のパワースポット ▶P.41
19:00	中華街のオシャレカフェのロントウ・カフェの店内は、エキゾチックな雰囲気が魅力 ▶P.94

極上デザートと厳選ティーが楽しめる「ティーラウンジ」のアフタヌーンティー

ご利益のあるお寺として知られる「ワット・サマーン・ラッタナーラーム」で

「アイコンサイアム」は、100以上の飲食店のほか、美術家や映画館なども

Day 3

バンコク→チェンマイに移動	
12:00	ワット・プラ・シンやワット・プラ・タート・トイ・ステープを回る古刹めぐりがおすすめ ▶P.178 ⑥
15:00	チェンマイ雑貨がいっぱいのジンジャーでショッピング ▶P.181 ⑦
チェンマイ→バンコクに移動	
18:00	ディヴァナ・ヴァーチュ・スパで旅の疲れを癒す ▶P.132

チェンマイには、「ワット・プラ・シン」など300以上の寺院が点在している

チェンマイと北欧のテイストがミックスされた雑貨店「ジンジャー」

Day 4

11:00	ナチュラルコスメが並ぶハーンでおみやげを ▶P.119 ⑧
16:00	タイの女子に人気のスイーツ店のクルアイ・クルアイでおやつタイム ▶付録11 ⑨
20:00	空港到着→帰国

「ハーン」はボディスクラブなどのバスグッズが充実

「クルアイ・クルアイ」で、カリカリの食感が人気のフライドバナナ、バナナミルクシェイクを味わう

大人も子供も楽しい！

3NIGHTS 4DAYS
ファミリー旅
モデルプラン

マリンアクティビティから極上グルメまで、パタヤも満喫イチ押しプランをご案内

Day 1

15:40 バンコクの空港に到着

16:30 エラワン・ミュージアムでタイのアートを満喫 ▶P.53 ①

19:00 シロッコで夜景を鑑賞しながら豪華ディナーを ▶P.96 ②

21:00 宿泊するホテルへ

天井のステンドグラスが美しい「エラワン・ミュージアム」

ルーフトップレストランの「シロッコ」でバンコクーの夜景を

Day 2

11:00 ワット・プラケオ&王宮は豪華絢爛な建築物が多数 ▶P.30

13:00 運河に近いガイトーン・プラトゥーナムで、絶品グルメを堪能 ▶P.80 ③

15:00 最旬のグルメ&ショップが集結するセントラル・エンバシーへ ▶P.117 ④

17:00 タイ・ベンジャロンで雑貨をGET ▶P.111 ⑤

しっとりふっくら茹でた鶏が魅力の「ガイトーン・プラトゥーナム」のカオ・マン・ガイ

「セントラル・エンバシー」はファッションアイテムが充実

「タイ・ベンジャロン」はかつて王室専用だった豪華な食器が並ぶ

Day 3

10:30 イェンリー・ユアーズでマンゴースイーツを食べ比べ ▶付録11 ⑥

バンコク→パタヤに移動
14:00 マリンアクティビティやテーマパークで遊べるパタヤ・ビーチへ ▶P.169 ⑦

パタヤ→バンコクに移動
21:00 ジンジャー・ファーム・キッチンで、オーガニック野菜を使ったヘルシーなタイ料理を楽しむ ▶P.89

マンゴーが山盛りの「イェンリー・ユアーズ」のマンゴータルト

パタヤ・ビーチはパラセイリングなどのマリンアクティビティが充実！

Day 4

12:00 サボイのプー・パッポン・カリーは、カニ肉がたっぷり！ ▶P.78 ⑨

17:00 エッジのきいたリーズナブルなアイテムがそろうビッグCでおみやげを ▶P.122 ⑧

20:00 空港到着→帰国

ビッグCのコアラのマーチのマンゴー味はタイ限定

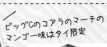

クリーミーでマイルドな味わいの「サボイ」のプー・パッポン・カリー

格闘技やサムイ島ネイチャー体験、ガッツリ飯など タイならではの"たくましい旅"をエスコート！

Day 1

14:00 バンコクの空港に到着

15:00 メークローン市場は、
鉄道の近くまで露店がせり出す
ハラハラ感を ▶P.64 **1**

19:00 ティプタラのレッドカレーは、
パンチのきいた辛さが自慢 ▶P.75 **2**

21:00 宿泊するホテルへ

鴨肉や豆なすなど、具材たっぷりの、
「ティプタラ」のレッドカレー

列車が通過するたびにテントを
折りたたむ光景がおもしろい個
性的な市場

Day 2

10:00 ルンピニー・ボクシング・スタジアムで
大激戦のムエタイを観戦 ▶P.61 **3**

13:00 ギャラリー・ドリップ・コーヒーは、
タイコーヒーの歴史も学べる ▶付録15

14:30 ワット・ポーには、横になった
黄金＆巨大なお釈迦様が ▶P.38

16:00 飛行機のオブジェがある、
ナイトマーケットのチャンチューイへ
▶P.48 **4**

バンコク→サムイ島に移動して前泊

タイ伝統の格闘技ムエタイを観戦するなら、「ルン
ピニー・ボクシング・スタジアム」へ

ナイトマーケットの「チャンチュー
イ」は、レストランやショップなど
20軒以上のお店が集結

Day 3

09:00 ナムアン島の滝 象トレッキングでは、
象と一緒にワイルドな体験を **5**
or

09:30 名所や動物が見られる4WDジープで
行く！ジャングル・サファリ1日ツアー **6**
▶P.187

サムイ島→バンコクに移動

19:00 チョム・アルンでは、ワット・アルンを
見ながら本格的なタイ料理に舌鼓 **7**
▶P.97

サムイ島のネイ
チャー体験は、
公共交通機関
がないのでツア
ーが便利

旅行気分を盛り上げるルー
フトップの人気席もある「チ
ョム・アルン」

Day 4

08:00 ホテル出発

11:00 カオヤイ国立公園の大自然で
心を浄化 ▶P.174 **8**

19:00 バミー・コン・セーリーで、
タイ風の汁なしラーメンを味わう **9**
▶P.85

22:00 空港到着→帰国

美しい滝や野生の動物
たちも暮らすカオヤイ国
立公園

「バミー・コン・セーリー」のバミー・
ヘンは、焼き豚やカニ肉などがの
り食べごたえあり！

何を楽しむ？

ENJOY

CARROT

Bangkok

Enjoy in Thailand

伝統と最新が融合し続ける
人々を魅了するワンダーランド

◆◆◆ フォトジェニックな寺院で
知られるワット・パクナームの
新たなシンボルである巨大な大仏

Play in Paradise:
I will show you the treasures
to enjoy Bangkok

巨大な城がフォトスポット化し、
バンコクの新名所となった
話題のナイトマーケット

Enjoy *楽しむ* の旅テク 9

バンコク旅をもっと
エンジョイするための
9つのテクニックを
覚えましょう！

#01

ベストシーズンは 11月〜2月の乾季

タイに行くなら晴天で雨もほとんど降らない11〜2月がおすすめ。年間の平均気温が約29度と暑いタイでも、この時期の朝夕は15度を下回ることも。

ただし、サムイ島やパンガン島など、タイランド湾側のビーチリゾートは、2〜5月が乾季。行く際は注意しよう。

ベストシーズン	
バンコク	11月〜2月
チェンマイ、プーケット	12月〜3月
サムイ島	2月〜5月

#03

現地での通信手段は 格安SIMがおすすめ

日本国内のプランでも通話や通信は可能だが、通信費が高額になることも。モバイルWi-Fiを持ち歩いてもよいが、荷物にならない格安SIMが便利。日本ではAmazonなどのECサイトで手に入るうえに、現地の空港や街なかでも購入できる。8日間無制限のプランの場合1000円程度で利用できる。

#02

バンコク市内の移動は MRTとBTS が便利

バンコク市内に張りめぐらされたMRT（地下鉄）やBTS（高架鉄道）を利用すれば、人気のエリアやスポットに簡単に行ける。乗り方も簡単で日本の鉄道と同じ感覚で利用できる。ただし、タイの鉄道は冷房が効きすぎて、寒いことが多いので、乗車の際の服装には気をつけよう。

#04

タクシー移動は Grab利用がおすすめ

駅から離れた場所へ行くときは、タクシーやトゥクトゥクやモーターサイが便利。特にタクシーの場合、Grabアプリを使えば英語やタイ語が話せなくてもスムーズに乗車、そして安心して目的地へ向かうことができる。クレジットカードによる事前決済で、現金が不要なところもポイント。（▶P.222）

アプリは日本語でも表示されるので操作も簡単

#05
スマホの電池残量がなくなったら ChargeSPOTへ

旅先での不安は、スマホの急な電池切れ。調べものやナビ、カメラ撮影などで、予想以上に消費してしまうことも。そんなときに便利なのが、気軽に充電できるチャージスポット。日本で始まったサービスだが、現在はタイや台湾、香港、中国でも展開されている。1時間20B、丸1日利用でも80Bと価格もリーズナブル。

#07
開業！新モノレール「ピンクライン」でますます便利に

2016年から着工されていたMRTの新モノレール「ピンクライン」が開業。この運行によりノンタブリーシビックセンター駅から、バンコク北東部のミンブリー駅まで繋がり、都心部からバンコク北部へのアクセスがより便利に。さらに始発のノンタブリーシビックセンター駅ではMRTパープルラインに、途中駅のラックシー駅からはSRTレッドラインに、そしてワットプラシーマハタート駅からはBTSスクンヴィット線への乗り換えも可能。

#09
神秘的でフォトジェニックなコムローイ祭りは必見

ディズニー映画『塔の上のラプンツェル』のモデルにもなったといわれている、チェンマイの伝統行事「コムローイ祭り」。毎年、旧暦12月の満月の夜に行われるイベントで、火を灯したランタンを空に飛ばし、厄払いや仏陀に祈りをささげる。無数のランタンが夜空に上がる光景は、まさに絶景。

#06
夜景を満喫するならルーフトップバーへ！

バンコクの夜景をとことん楽しむなら、高層ビルやホテルの最上階にあるルーフトップバーをチェック！なかでもタワー・クラブ・アット・ルブアの63階にある、ルーフトップレストラン「シロッコ／スカイバー（▶P.96）」は、フォトスポットとしても人気。

#08
まだ知られていないナイトマーケットは？

タイ観光の定番スポットであるナイトマーケット。「チャトゥチャック・ウィークエンドマーケット」などが有名だが、どうせならまだあまり知られていない「ジョッドフェア・デーンネラミット」がおすすめ。巨大なお城やカラフルな気球に心が踊る、連日にぎわうスポットだ。

▶P.45

トレンドのファッションアイテムも豊富で、若者に大人気

タイの歴史&舞踊を知る

タイのはじまり

タイでは、紀元前3000〜2000年頃には既に農耕技術を持った人々が暮らしていたことが、世界遺産でもあるバン・チアンの古代遺跡から解明されている。

しかし、これらの文明は、タイ族によるものではない。その後中国国内で漢民族の勢力が拡大したことがきっかけに、現在のタイ領土まで南下したタイ族が、13世紀ごろに当時その辺りを支配していたクメール帝国を駆逐して、タイ族による初めての国家が誕生した。

❶ #スコータイ王朝 (1240年頃〜1438年)

クメール帝国を駆逐したタイ族による初めての国家で、"幸福の夜明け"を意味するスコータイと名づけた王朝を築く。場所は、現在のスコータイとシーサッチャナーライ市を中心とした地域だったが、同盟を結んでいたラーンナー王朝など周辺国家をその支配下におき、統一国家を形成。

❷ #アユタヤ王朝 (1351年〜1767年)

アユタヤに首都を置く王国で、恵まれた立地条件を背景に、物資の交易拠点として繁栄。15世紀前半には、当時東北部を支配していたクメール王国を陥落。さらにスコータイ王朝も吸収し領土を拡大。その後、隣国・ビルマとの戦いに敗れて衰退するが、17世紀ごろにはヨーロッパやアジアとの貿易が活発に。

❸ #トンブリー王朝 (1767年〜1782年)

タークの国主・タークシン王が、侵攻により廃墟となったアユタヤからビルマ軍を撃退し、トンブリーに築いた王国。しかし、その後も続く各国との戦いなどで、国の状況に不満をもつ、チャオプラヤー・チャクリー（後のラーマ1世）らによって王の座を剥奪される。

❹ #チャクリー王朝 (1782年〜現在)

タークシン王の亡き後、チャオプラヤー・チャクリー（ラーマ1世）が築いた王朝。当初は中国との貿易を重視するが、ラーマ4世や5世がその方針を転換。イギリスやアメリカ、フランスと貿易を結び、行政改革やインフラの整備など、近代化を実施。その後立憲君主制へと移行。そしてタイ国と呼称を改め、現在に至る。

7〜8世紀	先住民・モン族のドヴァーラヴァティー人がチャオプラヤー川流域に王国を形成
11〜12世紀	タイ族によって形成された小国家がクメール王朝の支配下におかれる
1240年頃〜1438年	タイ族初の統一国家が成立 タイ文字の制定や上座部仏教が国教に
1351年〜1767年	アユタヤ王朝がスコータイ王朝を吸収 ヨーロッパやアジアと貿易が行われる
1767年〜1782年	アユタヤを奪還し、トンブリーを新たに王都へ
1826年	イギリスとバーネイ条約締結
1833年	アメリカと通商条約締結
1851年	ラーマ4世（モンクット王）即位
1868年	ラーマ5世（チュラーロンコーン大王）即位
1925年	ラーマ7世（プラチャー・ティポック王）即位
1935年	ラーマ8世（アーナンダ王）即位
1939年	総称をシャム国からタイ国に改める
1946年	ラーマ9世（プーミポン国王）即位
2016年〜現在	ラーマ10世（ワチラーロンコーン国王）即位

タイ舞踊とは?

現存するタイ文字の碑文から、スコータイ王朝時代には存在していたことが判明しているタイ古来の舞踊。かつては宮廷のみで披露された神聖な舞で、アユタヤ王朝時代に、クメール帝国から文化的・芸術的影響を受け、現在の基盤ができあがったといわれている。

主な種類

❶ # 仮面舞踊劇
（コーン）

おもにインドの叙事詩『ラーマーヤナ』のタイ版『ラーマキエン』を演じる舞踊劇のこと。戦いのシーンが多く、足踏みの動きが特徴的。

❷ # 舞踊劇
（ラコーンラム）

踊りとセリフ、歌がひとつになった舞踊劇。ヒーローとヒロイン、脇役の3人で演じられるノーラーチャートリーなどがある。

❸ # 古典舞踊
（ラムマータターン）

スコータイからアユタヤ王朝初期の時代に踊られていた宮廷舞踊。セリフはなく振り付けのみで、歌詞に合わせて厳格に決められた型を音楽にのせて踊る。

❹ # 民族舞踊
（ラムプーンムアン）

地域によって踊りが異なり、東北部は快活な踊り、北部は上品な踊り。南部はマレーシアやインドネシアの影響を受けた踊り、中部は古典舞踊をもとにしたきらびやかな踊りが特徴。

『ラーマキエン』物語を知ろう!

タイ舞踊でもっともポピュラーな演目といえる、『ラーマキエン』物語。紀元2世紀頃に編集されたインドの大叙事詩『ラーマーヤナ』をベースにした物語で、トンブリー王朝のタークシン王が戯曲としての基本型を作り、ラーマ1世が1789年に完成させた。現在はラーマ王子と魔王トッサカンの戦いの一部を演じることが多い。

CHECK
ユネスコ無形文化遺産に登録「ノーラー」舞踊とは?

ノーラーはタイ南部の文化を象徴する伝統芸能で、一部ではタイ古典舞踊劇のルーツだともいわれている。とある国の王子が、鳥と人間のハーフの王女・マノーラを助ける物語で、爪の長い女性が躍るのが特徴。2021年にユネスコ無形文化遺産にも登録された注目の舞だ。

舞踊が楽しめる人気店

タラトン
Thara Thong

ロイヤルオーキッド・シェラトン・ホテル&タワーズ内にあるレストラン。▶P.59

ノッパラット・タイ・クラシカルダンス&ディナー
Nopparat Thai Classical Dance&Dinner

仮面舞踊劇やタイボクシングなど、タイのエンタメが楽しめる。▶P.59

調査

タイLOVER'Sが
おすすめする現地スポット

Thailand Lover's spots...

夜景を眺めるならココ!

せっかくバンコクに来たのならどこか1カ所は寄ってもらいたいのがホテル最上階にあるルーフトップバー。大都会バンコクの夜景が一望できる。

360度見渡せるスカイバー

オクターブ・ルーフトップ・ラウンジ&バー

Octave Rooftop Lounge & Bar

ヘリポートだった最上階をバーにリニューアル。360度、どこを見てもバンコクの光の海が広がるロケーションで、お酒を楽しめる。日替わりのDJプレイが夜景をより一層盛り上げてくれる。

トン・ロー周辺 ▶MAP P.146/P.231 G-4
🏠Bangkok Marriott Hotel Sukhumvit 48/49F, 2 Sukhumvit Soi 57 ⓧ Ⓑスクンヴィット線 E6トン・ロー駅から徒歩5分 ☎02-797-0000 🕐17:00〜翌2:00 ㊡無休

> 個人的にバンコクに来たら外せない場所はルーフトップバー。美しい夜景も見れて、綺麗な写真も撮れて、おいしいお酒も飲めて言うことなしです。(ミカさん)

日頃の疲れを癒すならココ!

タイ・バンコクといえばアジア屈指のスパ&エステの街。日頃、体の疲れで悩んでいる人はぜひ、本格的&タイならではの施術を受けよう!

タイ古式マッサージ 60分 350B
フットマッサージ 60分 400B

ワット・ポー直伝の技を堪能

ワット・ポー・マッサージスクール・スクムビット校 直営店39

Wat Pho's Thai Massage 39

ワット・ポー(▶P.38)運営のマッサージ店。厳しい試験をパスしたご腕セラピストによる施術が手ごろな料金で堪能できる。

アクセスの良い街なかにあるので便利

> タイのマッサージは日本のマッサージに比べても、遜色ないぐらい本格的で、しかもリーズナブルです。家の近くにあったら毎日通いたい。(アランさん)

スクンヴィット周辺
▶MAP P.231 E-4
🏠1/54-55 Soi 39, Sukhumvit Rd. ⓧ Ⓑスクンヴィット線 E5 プロン・ポン駅からすぐ ☎02-261-0567 🕐月〜木曜9:00〜22:00 (受付は〜21:00)、金〜日曜は〜22:30(受付は〜21:30) ㊡無休

若者の情報発信地でにぎわう
高レベルなマッサージ店

レック・フット・マッサージ

Lek Foot Massage

ハイレベルな技術と至極のサービスが評判で、日本人客も多い人気のマッサージ店。駅チカで、マッサージだけでなくネイルやエステなどを体験できるのもポイント。

サイアム周辺 ▶MAP P.228 B-2
🏠412/3 Siam Square Soi 6 ⓧ Ⓑ CEN サイアム駅から徒歩3分 ☎02-658-3930 🕐8:00〜23:30(最終受付は21:30) ㊡無休

タイ古式マッサージ 60分 450B

THAILAND LOVER'S

ミカさん
東京生まれの旅行ライター兼ブロガー。卒業旅行でタイを訪れたのをきっかけに、タイの魅力を発信中

パチャラさん
チェンマイ生まれで約数十年タイのサービス業界に従事。伝統料理とカフェ文化について勉強中

アランさん
タイ南部出身のシステムエンジニア。趣味が高じて、休日にはバンコクに訪れる観光客を相手に街なかを案内

ローカルグルメを手軽に味わうならココ！

出張やあまり時間がない人におすすめなのがフードコート。タイ各地のローカルグルメが1カ所で味わえるうえに、衛生的できれいなのもポイント。

アクセスが良い中規模フードコート

パラゴン・フードホール

Paragon Food Hall

駅直結のサイアム・パラゴンにあって便利。半円形のエリアに、タイ料理を中心として中華や和食のブースが並ぶ。入口でプリペイドカードを購入しよう。

> フードコートは大半のショッピングセンター内にあって、買い物ついでにご飯が食べられるし、綺麗な場所も多いので女性にも安心です。(パチャラさん)

サイアム周辺
▶**MAP** P.228 B-1
🏠 サイアム・パラゴン
(▶P.117) GF ☎02-690-1000(代表) 休無休 ⏰10:00〜22:00

タイ産ブランド牛のガパオ丼149B。ハイレベルな牛肉の味でご飯が進む

トム・ヤム・クン・ラーメン150B。あっさりしたやさしい味付けなので食べやすい

タイのトレンドをつかむならココ！

バンコクの中でも特におすすめなサイアムエリア。ここにはタイのあらゆるトレンドが集まっているため、流行に触れるならココがいちばん！

> サイアム・スクエア・ワンは、小さなお店がたくさん入っているので見ているだけでも楽しめる場所です。(ミカさん)

カジュアルに楽しむ巨大SC

サイアム・スクエア・ワン

Siam Square One

BTSサイアム駅に直結。若者向けのファッションブランドや雑貨系のショップがひしめく。4〜5階はレストランフロアになっており、ソンブーン・シーフードも入店。

サイアム周辺 ▶**MAP** P.228 B-2
🏠 388 Rama 1 Rd. Ⓑ[CEN]サイアム駅からすぐ
☎02-255-9994 ⏰10:00〜22:00 休無休

恋愛運アップならココ！

街のいたるところに寺院や仏像があるタイ・バンコク。なかにはショッピングセンター内に置かれているケースもあるので、気軽に祈願ができる。

テラスにひっそりとたたずむ恋の女神

プラ・メー・ラクシュミー

Phra Mae Lakshmi

ゲイソーン・ヴィレッジ4階の屋外庭園に立つ。豊饒の女神・ラクシュミーを祭り、恋愛運と金運のご利益があるという。ふだんはひっそりとしているが、タイの霊能者たちの間では話題。

サイアム周辺
▶**MAP** P.228 D-1
🏠 ゲイソーン・ヴィレッジ(▶P.143)4F ☎02-656-1149 ⏰10:00〜18:00 休無休 料無料

> プラ・メー・ラクシュミーは金運や恋愛運にご利益があるっていわれているので、買い物で来るたびに祈願しています。(パチャラさん)

ワット・プラケーオ&王宮を 深掘り

24万4000㎡を誇る広大な敷地内には、歴代の王たちが芸術の粋を凝らして建てた造物がいっぱい。独特の色使いや像なども要チェック。

タイ国内で最高の格式と地位を誇る仏教寺院

神秘的なエメラルド仏に心洗われ
伝統建築の華麗なる宮殿に感嘆

ワット・プラケーオ&王宮
Wat Phrakaeo & Grand Palace

1782年、ラーマ1世がバンコク遷都の際に建造を始め1784年に完成したタイで最も格式ある王室寺院。本堂のほか歴代国王が眠る仏舎利塔などが建ち並ぶ。本堂には翡翠でできたエメラルド色の本尊が祀られているため「エメラルド寺院」とも呼ばれる。同じ敷地内に王宮や歴代の王が暮らした4つの宮殿があり、今も王室の行事や式典などで使われている。現国王のラーマ10世はドゥシット地区のチットラダー宮殿に暮らす。

王宮周辺 ▶MAP P.232 B-3 P.232 A-3
🏠1 Sanam Chai Rd. Ⓜ️サナーム・チャイ駅から徒歩15分 カオサン通りから徒歩15分 ター・チャン桟橋から徒歩5分
☎02-222-0094 ⏰8:30〜16:30(チケット販売は〜15:30)
🈵無休(王室関連の行事があるときは本殿および王宮には入れないが、境内には入場可) 💰500B(日本語イヤホンガイドは200B)

How TO上手な行き方

1. トゥクトゥクでタイを感じながら
街なかでよく見かける三輪バイクのトゥクトゥク。料金は交渉次第だが、徒歩15分程度の道のりなら30Bぐらい目安に交渉しよう。

2. 言葉が不安ならGrabタクシーで
英語やタイ語に自信がない人はGrabアプリを利用したタクシー移動もおすすめ。料金も事前に決まっているので交渉も必要なし。

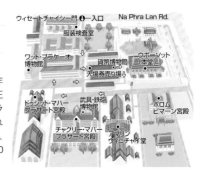

ENJOY

寺院

ナイトマーケット

水上マーケット

話題スポット

エンタメ

体験

Part 1

歴代の王たちが残した芸術的な建築群

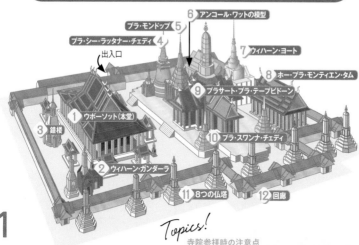

- ⑥ アンコール・ワットの模型
- ⑤ プラ・モンドップ
- ④ プラ・シー・ラッタナー・チェディ
- 出入口
- ⑦ ウィハーン・ヨート
- ⑧ ホー・プラ・モンティエン・タム
- ⑨ プラサート・プラ・テープビドーン
- ① ウボーソット(本堂)
- ③ 鐘楼
- ⑩ プラ・スワンナ・チェディ
- ② ウィハーン・ガンダーラ
- ⑪ 8つの仏塔
- ⑫ 回廊

01

本堂×壁画

ワット・プラケーオで最も大きな建物。翡翠で作られた本尊(エメラルド仏)を安置する。本堂内部には仏陀の生涯や仏教の宇宙観を表す壁画が見られ、外壁は金箔やモザイクで飾られている。

Topics!

寺院参拝時の注意点

ワット・プラケーオと王宮を見学する際は、ノースリーブや半ズボン、ミニスカート、スパッツなどの露出の高い服装や体のラインが出る服装は禁物。入場の際にチェックがあり、規準を満たしていない場合は門の左側にある服装検査室でズボンや上着などを借りる(パスポート、デポジットなどが必要)。

PROHIBITED OUTFITS

02 ガンダーラ堂 ×仏像

ヘレニズム文化とインドの伝統美術が融合した、ガンダーラ様式の仏像を安置。雨乞いの儀式用に作られた仏像で、右手で雨を呼ぶしぐさをしている。

Topics!

ココに注目

本尊のエメラルド仏は高さ66cm、幅48.3cm。3・7・11月の年3回、国王の手によって仏像は衣替えされる。本堂内部は撮影禁止。

ラーマ1世時代の鐘が吊るされている

03 鐘楼

本堂の南側で目を引く青銅製の美しい鐘。

04 仏塔×黄金

古都アユタヤの「ワット・プラ・シー・サンペート」（▶P.161）を模した仏塔。仏舎利が納められている。外壁の黄金のモザイクはラーマ5世時代のもの。

タイルのように張りめぐらされたモザイク

05 経堂

金の法典・三蔵経（トリピカタ）を納めた経堂。純粋なタイ様式の尖塔の下部には、細密な装飾が見られる。内部非公開。

Topics!

ココに注目
テラス上に並ぶ3つの塔の真ん中。緑がかった色みが美しい

06 アンコール・ワット×模型

石のテラス上にあるアンコール・ワットの縮小模型。当時シャム（タイ）の支配下にあったクメール王国を訪れたラーマ4世が、その美しさに感銘を受け造らせた。

07 蛇神ナーク×白亜の壁

ヒンドゥ教の神話にも登場する蛇神ナーク（ナーガ）を祭る。尖塔や破風にあしらったタイル装飾が美しい。内部非公開。

08 図書館

経典などが納められている王家専用図書館。白く伸びる柱や切妻屋根が美しい。正面の装飾はバンコクで最も美しいと呼び声が高い。内部非公開。

09 王室の御堂

エメラルド仏を安置するため建設されたが、手狭だったことから国王像を納めた。ラーマ1～8世の等身大の国王像を安置。内部非公開。

10 仏塔×鬼

黄金の2基の仏塔は、ラーマ1世が両親のために建立したもの。現在のものはラーマ4世時代の再建とされる。

塔の台座を支える魔除けの鬼・ヤックと、猿神・モックにも注目

ENJOY

寺院

ナイトマーケット

水上マーケット

話題スポット

エンタメ

体験

11 仏塔×8つ

色違いの仏塔は、
白＝仏陀、紺＝仏教、
ピンク＝僧侶、緑＝尼僧、
紫＝釈迦、青＝国王、
赤＝観音菩薩、
黄色＝弥勒菩薩
を表す。

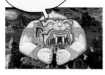

ラーマキエン（▶
P.27）を描いた
壁画が並ぶ

12 回廊

ダイナミックで細密な
178枚の壁画で構築。

神秘なパワーを秘めた
寺院内のキャラクターたち

モック
仏塔の装飾に
使われる猿神。
インドで信仰され
るハヌマーンの
別名

ナーク
ヒンドゥ教神話
にも登場。大河
の象徴として蛇
の姿で描かれる

ヤック
『ラーマキエン』に
登場する魔王の
配下の鬼。魔除け
として使用される

ガルーダ
インド神話に登
場するヴィシュヌ
神の乗り物とし
て描かれる神鳥

キンナラ
半人半鳥の聖鳥キ
ンナラは歌舞が得
意な天界の楽士

キンリー
ヒンドゥ教神話の聖
鳥キンナラの女性

Part 2

壮麗なる王宮群へ

ワット・プラケーオの見学を終え
たら、南側にある王宮も見学し
よう。チャクリー王朝の歴代王
が住んでいた宮殿群は現在も式
典などで使用されている。

どれも歴史を
感じる建物だ

戴冠式にも使用される華麗な建物

ドゥシット・マハー・プラサート宮殿

Dusit Maha Prasat Hall

バンコク遷都の際に建造。1789
年に焼失し、その後再建。十字
の建物の上に立つ7層の尖塔の内
部にはガルーダの紋章が付いた玉
座がある。

まだある王宮の見どころ

ワット・プラケーオ博物館

Wat Phrakaeo Museum

王宮とワット・プラケーオのミニチュ
ア模型がある。王宮の大改修時に
はずされた装飾品を多数展示。

見事なまでのタイと西洋の折衷建築

チャクリー・マハー・プラサート宮殿

Chakri Maha Prasat Hall

1882年に完成。屋根部分はタイ様式が取り入れ
られ、大理石の西洋建築と
タイの伝統スタイルが見事
に融合して独特の建築美を
見せる。

金色の船形玉座がある

アマリン・ウィニチャイ堂

Amarin Winitchai Hall

ラーマ1世が建造したタイ様
式の宮殿で、9層の天蓋の
下に船形の玉座とガルーダ
像などの装飾がある。

3倍速で夢が叶う!? ワット・サマーン・ラッタナーラーム

#ワットサマーンラッタナーラーム　#ピンクガネーシャ

#WatSamanRattanaram　#energyspot　#タイ旅行　#SNS映え

開運祈願

ココなら3倍速で
願いが叶うかも

Must!　Genic!

僕に
お願いしてね！

お祈りの方法はネズミの片方の耳を塞いで、もう片方
の耳に願いをささやく

巨大なピンクのガネーシャ像で有名な寺

ワット・サマーン・
ラッタナーラーム

Wat Saman Rattanaram

祈願成就までのスピードが速い、ご利益のある寺として人気。
ガネーシャ像のまわりにいるネズミ像は、曜日ごとに色分けされ
ており、自分の誕生日の曜日と同色のネズミに祈願すると願い
が叶うとされている。

バンコク郊外 ▶MAP P.226 B-3

♠ Moo 11, Tambom Bang Kaeo, Amphoe Muang Chachoengsao,
Chachoengsao.　⊗バンコク中心部から車で1時間30分
☎ 081-983-0400　🕐 8:00～17:00　㊡無休　㊎無料

── CHECK! ──

生まれた曜日は？

タイでは、インド占星術をルーツにした、自分の生まれた日の曜日で運勢
を占う習慣がある。曜日それぞれに「守護色」が色分けがされており、ラッ
キーカラーとして身につける人も。

● 日曜　　● 月曜　　● 火曜　　● 水曜
● 木曜　　● 金曜　　● 土曜

ほかにも見ておくべきスポットがいっぱい

ワット・サマーン・ラッタナーラームには、ピンクのガネーシャ像以外にもたくさんの像やフォトジェニックな施設が建造されている。

インドの神 ブラフマー

インド神話における最高神のひとつのブラフマー像。タイではあらゆる開運に通じる神として人気。

観音菩薩像

中国様式の観音菩薩像。災い除け、健康長寿、恋愛成就、夫婦円満などを願うのによいとされている。

蓮の浮島

バーンパコン川に浮かぶ蓮の浮島。一周する間に並べられた鉢にお布施を入れながら歩けば願いが叶うとされている。

ナーガ像

赤と緑の巨大なヘビの神・ナーガ。釈迦が悟りを開くために座禅をした際に、雨から釈迦を守ったことから仏教の神とされている。

Take a Break ...

ここだけじゃない! ガネーシャ像をめぐってみよう

アジア最大級のガネーシャ像が鎮座

ワット・プローン・アカート

Wat Phrong Akat

チャチューンサオ県にある、黄金のきらびやかな本堂が人気な寺院。アジア最大といわれるガネーシャ像は、フォトスポットとしても話題。

チャチューンサオ県 ▶**MAP** P.226 B-3

🏠43/2 Moo 9 Bang Nam Priao-Chachoengsao Rd., Phrong Akat, Bang Nam Priao District, Chachoengsao.
🚗バンコク中心部から車で1時間
☎085-084-9485 🕐7:00〜18:00 ㊡無休

直立する姿はまさに壮観!

クローンクアン・ガネーシャ公園

Khlong Khuean Ganesh International Park

バーンパコン川沿いにそびえ立つ、青銅のガネーシャ像が名物の公園。854個のブロンズで造られたガネーシャ像は、土台を含めて高さ約39mと超巨大。

チャチューンサオ県 ▶**MAP** P.226 B-3

🏠62, Kho So Lo Mu 4 Rd, Bang Talat, Khlong Khuean District, Chachoengsao.
🚗バンコク中心部から車で1時間40分 ☎092-592-6633
🕐9:00〜18:00 ㊡無休

✒️ **旅メモ** ガネーシャ像はタイでは天人と呼ばれ、現世に利益をもたらす存在とされている。

Photogenic temple Wat Paknam

フォトジェニックな寺院 ワット・パクナーム

#ワットパクナーム #エメラルド寺院 #photogenic
#Watpaknam #タビジョ #SNS映え #写真好きな人と繋がりたい

神秘的空間
静かな空間で
無の境地に

仏塔の上部にはプチ
仏像が鎮座している

Genic! Must!

エメラルド色の仏塔と鮮やかな天井画が有名

ワット・パクナーム

Wat Paknam

アユタヤ朝中期の1488～1629年に建造され
たといわれる寺院。3万2000㎡の広大な敷地に、
20以上の建物を擁する。高さ約80mの白い大
仏塔の中には、エメラルドに輝く仏塔と、ブッ
ダの生涯を表現した幻想的な天井画がある。

バンコク都南部 ▶MAP P.227 A-5
🏠 Ratchamongkhon Prasat Rd.　Ⓜ Mバーン・パイ
駅から徒歩10分　☎02-457-9042, 02-467-0811
🕐寺と受付6:00～20:00（仏塔は8:00～18:00）
㊡無休 ㊌無料

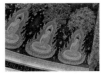

天井画には菩提樹
の下で悟りを開くブッ
ダの様子が描かれて
いる

5F 仏舎利泰安塔
4F ルアン・ポーソッド像

3F 博物館

2F 瞑想ルーム

大仏塔の中は、エメラルド色の仏塔や天井
画のほか、瞑想ルームや博物館、そして東
南アジア全体に瞑想を普及させたルアン・ポ
ーソッドの像がある

本堂

本堂にも黄金色の大きな仏像が安置されていて、連日多くの人が参拝に訪れる。全館土足厳禁のため、入室する際は靴を脱いで入らなければならない。また、本堂に入ると前方の床が段差になっていて、それより奥へは進んではいけないので参拝の際は注意が必要。

本堂の壁にはブッダの一生をシーンごとに切り取って描かれた壁画が飾られている。一枚一枚どれも鮮やかな色使いで、マス目のようにキレイに並べられていてフォトジェニック

回廊

厳かな空気漂う回廊。院内をめぐる際はタンクトップなどの露出の高い服は厳禁。また院内は冷房などの設備がないため、時期によっては扇子などの暑さ対策が必要。

プラプッタ・タンマカーイ・テープモンコン

総工費約20億円をかけて、2021年に完成した巨大大仏。高さ69m×幅40mの大きさはまさに壮観。瞑想姿勢の大仏としては世界で最も高い大仏としても認定されている。

巨大大仏と巨大仏塔を上空から捉えた様子。四方八方あらゆる場所からでも見える大きさである

映える寺院として人気だが、撮影は静かに行おう

ENJOY

寺院

ナイトマーケット

水上マーケット

話題スポット

エンタメ

体験

旅メモ 他の寺院同様に僧侶や参拝客も多いため、見学時は迷惑をかけないように注意したい

The Golden Reclining Buddha Wat Pho

黄金に輝く大寝釈迦仏 ワット・ポー

#ワットポー #Watpho #寝釈迦仏 #タイ寺院

全長46m!

巨大寝釈迦仏は
インパクト大

Must!

大寝釈迦仏
Reclining Buddha

ラーマ3世時代に造られた全長46m、高さ15mの巨大涅槃像。レンガと漆喰で形作られ、金箔に覆われキラキラと輝く。超人の身体特徴のひとつという扁平の足裏には、仏教の世界観を表す108の図が螺鈿細工で装飾されている。周囲の壁画には仏陀の生涯が描かれている。

バンコクで最も歴史の古い寺院

ワット・ポー Wat Pho

王宮の南隣に建つ、バンコク最古にして最大の敷地を誇る王室寺院。全長46mに及ぶ巨大な寝釈迦仏とタイ古式マッサージの総本山として知られる。創建は14世紀のアユタヤ朝時代で、ラーマ1世と3世がそれぞれ十数年の歳月をかけて大改修を行った。ラーマ3世の時代には、タイで最初の学問所がつくられ、境内にはその伝統を受け継ぐタイ古式マッサージの学校があり、施術を受けられる。

王宮周辺▶
MAP P.232 B-4

🏠 2 Sanam Chai Rd. Ⓜ サナーム・チャイ駅から徒歩5分
カオサン通りから徒歩20分／ター・ティエン桟橋から徒歩6分
☎ 02-226-0335 ⏰ 8:00〜18:30（チケット販売は〜18:00）
🈳 無休 💰 200B

Ⓐ 王たちの仏塔
Phra Maha Chedi Si Ratchakarn

本堂の後ろにそびえる、ラーマ1世から4世を祭る仏塔。それぞれ緑がラーマ1世、白が2世、黄色が3世、そして青が4世を表している。

Ⓑ 回廊の仏像
Statues of Buddha in Gallery

本堂を囲む二重の回廊。外回廊には244体、内回廊には150体の金色の仏像が並ぶ。多くの仏像は熱心な信者から寄進されたもの。

Ⓒ ウボーソット（本堂）
Phra Ubosot

本尊の台座にラーマ1世の遺骨を安置する。仏教画が描かれた内部の壁画、柱に施された花や鳥の紋様など華やかな装飾が見られる。

The majestic Great Stupa Wat Arun

荘厳な大仏塔 ワット・アルン

#ワットアルン #Watarun #暁の寺 #5つの塔

白亜仏塔

大規模な復元工事で
当時の美しさを再現

Genic!

Ⓐ 大仏塔 The Central Prang

寺のシンボルの大仏塔。塔頂部にはシヴァ神
の矛がそびえる。四方に急勾配の階段があり、
中央部のテラスまで上ることができる。

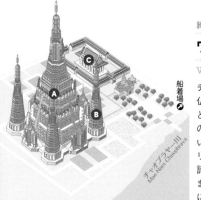

船着場

チャオプラヤー川 Mae Nam Chaophraya

絢爛たる外壁の装飾が特徴的

ワット・アルン

Wat Arun

チャオプラヤー川西岸にそびえる美しい
仏塔が印象的なワット・アルン。「アルン」
とは暁を意味し、日本では三島由紀夫
の小説『暁の寺』の舞台として知られて
いる。創建はアユタヤ王朝時代。トンブ
リー王朝時代には王室守護寺院の格式を
誇り、ワット・プラケーオが創建される
までの5年間、エメラルド仏はこの寺院
に置かれていた。数年にわたる大規模な
改装により、美しい白亜の姿が蘇った。

王宮周辺▶
MAP P.232 A-4

🏠 158 Thanon Wang
Doem ⓂⓂイサラパープ
駅から徒歩10分、王宮
からター・ティエン桟橋
まで徒歩15分、ター・ティ
エン桟橋からボートで
3分 ☎ 02-891-2185
🕗 8:00〜18:00（チケッ
ト販売は〜17:30）
🈔無休 💰100B

Ⓑ 小仏塔
Small Prangs

大仏塔を囲むようにして4
基の小仏塔が建つ。建物の
デザインや装飾スタイルは
大仏塔とほぼ同じで、カラ
フルな陶片や神々の彫刻な
どで飾られている。

Ⓒ 本堂
Ubosot

ラーマ2世が創建。回廊
には120体の仏像が並
び、本堂の壁には釈迦
の生涯が描かれている。
本尊はラオスから持ち
込まれたアルン像。

✎ 旅メモ　ワット・ポーとワット・アルンは、渡し船で行き来することができる。所要時間約3分、片道約4B。

Any wish may come true Erawan Phum

どんな願いも叶うかもしれない エラワン・プーム

#エラワンプーム #Erawanphum #開運祈願 #商売繁盛

現世御利益

宝くじ当選など
お願い事はなんでもOK

神様に開運祈願

エラワン・プーム

Erawan Phum

商売繁盛から宝くじ当選まで、なんでも叶
えてくれるという神様。繁華街の一角に
あり、連日、参拝するタイの人々で賑わ
っている。まつられている神は、ヒンドゥ
ー教の神のひとり、四面体のブラフマー神。

サイアム周辺 ▶MAP P.228 C-2

🏠494 Phloen Chit Rd. ⊗Ⓑスクンヴィット線
Ⓔ チット・ロム駅から徒歩4分 ☎02-252-8750
🕐6:00～22:00 ⊛無休

祠の周囲にはお供えセットを売る露店が並ぶ。値
段は25B～。写真は50Bのセット

参拝の仕方

❶神様は四面体なので、それぞれの
方向で参拝する ❷願いが叶った人に
よって奉納された象の置物

❶ 境内でお供えセットを購入
お供えセットは値
段によりさまざま。
ろうそく・線香・花
輪の3点セットが
一般的。

❸ 正面から左回りにお祈り
ブラフマー神の体
が正面を向いてい
る面から左回りに
順に参拝する。願
い事は具体的に。

❷ お祈りして献花する
神様の前で線香と
花輪を持ち、両手
を合わせ、ひざまず
き祈る。線香を線
香立てに差して花
を飾る。

❹ 願いが叶った人は奉納舞を
願いが叶った人
は、後日境内で奉
納の舞を申し込
む。専属の踊り手
により舞が奉納さ
れる。

The God of Love Descends Phra Trimurti

恋の神が舞い降りる プラ・トリムルティ

#プラトリムルティ #Phratrimurti #恋愛成就 #お祈りは木曜日

木曜吉日

訪れるなら
木曜が◎

恋愛成就のパワースポット

プラ・トリムルティ

Phra Trimurti

セントラル・ワールド横の広場にあり、恋愛成就
の神をまつる祠として知られている。木曜の21
時30分に恋愛の神様が降臨するとされ、祠は赤
いバラの花束、線香、ろうそくを持ってお祈り
する男女でにぎわう。

こちらのお供えセットは「赤いバラの花
束・赤い線香・ろうそく」が基本。値段
は100B程度

深紅のバラを手に、
祠に向かって祈る
女性たち

サイアム周辺
▶MAP P.228 C-1
🏠 999/9 Rama 1 Rd.
Ⓑ⑧スクンヴィット線 E1
チット・ロム駅から徒歩7分
☎ 02-640-7000

タイの若者に絶大な人気を誇る
恋愛の神様。バラなど赤いもの
を捧げるのが作法

夜になると祠は幻想的な雰囲気に

✒ 旅メモ　タイは仏教国だが、プラ・トリムルティのようにヒンドゥー教の神々も多く信仰されている。

街なかのおすすめ寺院めぐり

(#バンコク寺院) (#Bangkoktemple) (#パワースポット) (#寺めぐり)
(#9つの寺院) (#goodfortune) (#仏教) (#歴史的建造物) (#施設内ではお静かに)

仏教建築

タイならではの
様式美の数々

タイと西洋の建築が融合

ワット・ラーチャボピット

Wat Ratchabophit

1869年にラーマ5世が建立。本堂や礼拝堂の外壁には中国磁器のカラフルなタイルや金を使った細密な装飾が施されている。内部の造りや装飾には西洋のゴシック様式が見られる。

王宮周辺 ▶MAP P.232 B-3

🏠 Fuang Nakhon Rd. Ⓜサーム・ヨート駅から徒歩10分 ☎095-649-4514 🕗8:00～17:00 🈳無休 無料

❶本堂内部の洋風の装飾はラーマ5世がヴェルサイユ宮殿を模したという説もある ❷ロップリー様式の仏像をゴージャスなシャンデリアが照らす

日本人の納骨堂がある

ワット・ラーチャブラナ　Wat Ratchaburana

アユタヤ王朝末期の創建。敷地内には1933年に建立された日本人納骨堂があり、高野山の僧侶が守っている。1895年以来、タイで亡くなった日本人の名前を記した過去帳もある。

王宮周辺 ▶MAP P.232 C-4

🏠 Tri Phet Rd., WangBurapha Phirom Ⓜサナーム・チャイ駅から徒歩8分 ☎02-221-3936, 02-221-9544 🕗5:00～20:00(本堂は～18:00) 🈳無休 無料

仏教美術の粋が集まる

ワット・スタット

Wat Suthat

ラーマ1世の命により建設が始まり、40年後のラーマ3世の時代に完成。巨大な礼拝堂には、ラーマ1世がスコータイから船で運んだ高さ8mの仏像を安置。外部の回廊には156体もの仏像が並ぶ。

ラーマ8世の等身大像。礼拝堂の大仏の台座に遺骨が眠る

王宮周辺 ▶MAP P.232 C-3

🏠146 Bamrung Muang Rd. Ⓜサーム・ヨート駅から徒歩7分 🕗8:00～20:00(本堂は～18:00) 🈳無休 100B

朝日に向いて立つ巨大な仏像

ワット・インドラウィハーン　Wat Indraviharn

高さ40mの有名な立仏像は、ラーマ4世の時代に高僧ルアン・ポー・トーが建立した。境内には瞑想中のルアン・ポー・トーの精巧な像を安置する小仏塔があり、瞑想場となっている。

王宮周辺 ▶MAP P.232 C-1

🏠144 Wisut Kasat Rd. Ⓜサナーム・チャイ駅から車で10分 ☎02-282-3173 🕗6:00～17:00 🈳無休 40B

白亜の大理石が美しい

ワット・ベンチャマボピット

Wat Benchamabophit

ラーマ5世時代に建造された本堂は壁や柱、床にいたるまでイタリア産の大理石を使用し、「大理石寺院」と呼ばれる。黄金に輝く本尊の台座には、ラーマ5世の遺骨が安置されている。

本堂に浮かび上がる黄金の本尊に荘厳な空気が漂う

ドゥシット地区 ▶ **MAP** P.227 B-4

🏠 69 Rama 5 Rd. ⓧ Ⓜ サナーム・チャイ駅から車で10分 ☎ 02-282-7413 🕐 8:30〜17:30 無休 50B

全長36mのユニークな尖塔

ワット・ラーチャナダーラーム

Wat Ratchanadaram

1846年にラーマ3世が建立した寺院。本堂隣に建つロハ・プラサート(金属の塔)は、スリランカの影響を受けた仏塔。中央塔のまわりを37本の先の細長い尖塔が囲む屋根を持つ。

王宮周辺 ▶ **MAP** P.232 C-3

🏠 Maha Rat Rd. ⓧ Ⓜ サナーム・ヨート駅から徒歩12分 ☎ 02-224-8807 🕐 9:00〜20:00(本堂は〜16:40) 無休 無料

200年余りの伝統を誇る

ワット・マハータート Wat Mahathat

タイ仏教の主流派マハーニカーイ派の中心寺院でラーマ1世が創建。現存の建物はラーマ5世が1896年に再建したもの。古くから学問寺として知られ、併設の大学では僧侶が仏教を学ぶ。

王宮周辺 ▶ **MAP** P.232 A-3

🏠 Maha Rat Rd., Phra Borom Maha Ratchawang ⓧ Ⓜ サナーム・チャイ駅から徒歩20分 ☎ 02-222-6011, 02-223-3813 🕐 7:30〜18:00 無休 無料

街を一望する黄金の丘

ワット・サケット Wat Saket

ラーマ3世時代に丘が築かれ、ラーマ4世によってその上に高さ78mの黄金の仏塔が建造された。人工の丘は「プーカオ・トーン(黄金の丘)」と呼ばれ、仏塔は頂上まで上ることができる。

王宮周辺 ▶ **MAP** P.232 D-3

🏠 334 Chakkapatdiphong Rd. ⓧ Ⓜ サーム・ヨート駅から車で5分 ☎ 062-019-5959 🕐 7:30〜19:00 無休 100B

Take a Break ...
時間あれば郊外の寺院へ

美しすぎる純白の寺院

ワット・ロンクン(ホワイト・テンプル)

Wat Rong Khun (White Temple)

チェンライ出身のアーティストが仏教や神話をモチーフにデザインした寺院。別名"ホワイト・テンプル"と呼ばれる真っ白な寺院は、様式にとらわれない独創的なデザインで、フォトジェニックな寺院としても話題。多くの観光客が訪れる注目スポット。

チェンライ県 ▶

MAP P.226 B-1

🏠 Pa O Don Chai, Mueang Chiang Rai District ⓧ チェンライ市内から車で約20分 🕐 8:00〜17:00 無休 100B(外国人のみ)

✒ 旅メモ タイ全土には約3万もの寺院があり、僧侶の数は約30万人といわれている。

ENJOY ACTIVITY

Trip to Thailand / ENJOY

ナイトマーケットを深掘り

昼間は暑い時期が多いタイで観光を楽しむならナイトマーケットがおすすめ。涼しい中で買い物を楽しんだりローカルグルメを味わったりと、見どころ満載！

Part 1
施設跡地を再活用！

店舗数が多いナイトマーケットを運営するとなると、それなりのスペースが必要。だからこそ元アミューズメント施設や市場など、閉店した施設の跡地を活用していることが多い。

Before

After

元・鉄道市場

カラフルなテントが印象的だったラチャダー鉄道市場。もともとはチャトゥチャックにあった市場で、国鉄の倉庫で開かれていたため鉄道市場と呼ばれている。

その広さ約10万m²
（東京ドーム約2個分）

グルメや雑貨が目白押し！

ザ・ワン・ラチャダー

The One Ratchada

ラチャダー鉄道市場の跡地にできた新たなナイトマーケット。ファッションや雑貨、グルメなどの数百軒の露店が軒を連ね、連日多くの地元民や観光客でにぎわう。ライトアップされたテントやオブジェも飾られている。

ラチャダピセーク通り周辺
▶**MAP** P.227 C-4
🏠Ratchadaphisek Rd., Dindaeng ⊗Мタイ文化センター駅から徒歩3分 ☎02-006-6655 ⏰17:00〜24:00 ㊡無休

マンゴースムージー
85B
大ぶりなマンゴーの実がのっかったスムージー。おなかも心も満たしてくれる

ガパオライス **45B**
名物のガパオライスも35B〜という安さで味わえる。卵をトッピングしても45B

イヤリング **150B（2個）**
女性へのおみやげにもおすすめのイヤリング。ざっと50種類以上のなかから選べる

ポーチ **20B**
象をあしらったかわいいポーチ。デザインやカラーも豊富でばらまきみやげにも最適

タイのお祭り「コムローイ祭り」をイメージした、宙に浮かぶランタンがフォトジェニック。

Topics!

ナイトマーケットって何?

言葉の通り夜に開催されているマーケットのこと。比較的、昼間の気温が高めの東南アジアでは、暑さの治まった夜間に行動する人が多かったために、ナイトマーケット文化が発達したといわれている。マーケットにはトレンドのファッションや雑貨、ローカルフードからフォトジェニックなスイーツなどさまざまなお店が並んでいる。なかには、DJブースやライブステージなどが行われているところもあり、連日、夜中までにぎやかなスポットである。

After　**Before**

元・ゴーカート場

バンコク市内で本格的なカーバトルが楽しめるゴーカート場「MSLモータースポーツランド」。ゴーカート場が閉館した後、2023年4月にジョッドフェアの2号店としてオープン。

写真映え必至の城が目印の
最新マーケットがオープン

ジョッドフェア・
デーンネラミット

JODD FAIRS DanNeramit

人気ナイトマーケットのジョッドフェア(▶P.49)の2カ所目がハーイェークラートプラオ駅近くにオープン。注目は敷地内でひと際目を引く巨大な城で、DJブースがあったり、気球が上がったりと、大きな盛り上がりを見せている。

バンコク都北部 ▶MAP P.227 C-3

🏠Phahonyothin Rd, Chom Phon ⓧⒷスクンヴィット線Ⓝ⑨ハーイェークラートプラオ駅から徒歩6分 ☎098-709-8779 🕐16:00〜24:00(一部エリアは〜翌4:00) ⑭無休

③
Grilled skewer

❶城の目の前では気球が上げられていてフォトジェニックなスポットとして人気 ❷クラシックカーも多数並べられていて見物客も多い

❸マーケット内を食べ歩きながら回りたいならBBQスタイルの串焼きがおすすめ。1本約20B前後で味わえる ❹タイで流行している最先端のファッションアイテムも多数ラインナップ。見てるだけでも楽しい ❺ブランドのスニーカーも多数売っている。なかには希少なモデルもあるかもしれない

Part 2

夜に輝く煌びやかな人気の映えスポット

Shining Spots by the River

シャトルボードがおすすめ！アクセスにはミニクルーズ気分も味わえるシャトルボートが最適

01 夜景×リバーサイド

ラーマ5世時代に誕生した貿易会社があった場所をリノベーション。コロニアル様式の建物やレンガ倉庫など、当時の華やかな雰囲気を再現。約11万7000㎡の敷地に、ショップ約1500店舗とレストラン約45店舗が入る。

アジアティーク攻略MAP

ウォーターフロント地区
300mにわたる川沿いの遊歩道と、リバーサイドにレストランが並ぶエリア。

ファクトリー地区
元木材加工工場だった建物を利用し、ショップやレストランが500店舗以上入る。

タウン・スクエア地区
2000㎡の敷地に多国籍料理のフードコートや屋外イベント広場などがある。

チャルン・クルン地区
バラマキ系のみやげ物店ほか、マッサージ店やニューハーフショーの劇場も。

毎日開催している巨大マーケット

アジアティーク・ザ・リバーフロント・デスティネイション

Asiatique The Riverfront Destination

バンコク都南部 ▶MAP P.227 B-5
🏠2194 Charoen Krung Rd. Ⓑ Bシーロム線 56 サパーン・タークシン駅下車、サートーン桟橋からシャトルボートで15分 ☎02-108-4488（代表） 🕙10:00〜24:00（店舗により異なる）㊡無休（店舗により異なる）

Topics!

華やかなダンスショー！

長い歴史を持つニューハーフショー。華麗なダンスやゴージャスな衣装、ブロードウェイ仕込みの本格的な舞台演出で、家族連れでも楽しめる。その美しさにくぎづけになるはず。 ▶P.60

ゴージャスなニューハーフショーは圧巻の美しさ

02 フォトジェニック×アトラクション

Glowing Ferris wheel

約60mの高さで、タイ国内でも最大級の観覧車。総入れ替え制で、全個室に客が搭乗したら、日本の3倍くらいの速度で回転し始める。旅の思い出にぜひ！

ゴンドラからはアジアティークを一望できる

一瞬「え?」と思う回転速度

アジアティーク・スカイ

Asiatique Sky

バンコク都南部 ▶MAP P.227 B-5

☎02-108-4488 ⏰17:00～24:00
🈚無休
💰大人400B、小人250B
✳身長120cm未満は乗車不可

トレンドが揃う人気エリア

Classic & Trendy Shops

VILLAGE

03 トレンド×1500SHOP

最新のファッションや雑貨、グルメなどに出会えるショップ&レストランが多数

おみやげも見つかる!

5個パックで120B
象のお香立てとプチアロマキャンドルのセットはバラマキ系の定番価格も激安!

1つ39B、3つで100B
象柄のタイらしい小銭入れ(ミニポーチ)。柄のバリエーションは20種以上!

Pinto MANGO
Pinto GRAPE
Pinto JASMINE

1つ120B、3つで300B
ナチュラル素材を使ったリップバーム。ほかココナツ、メロン、コーヒーなども

川沿いエリア、ウォーターフロント地区にあるカフェレストラン。祖母から受け継いだレシピにシェフのアレンジを加えたタイ料理を目当てに、連日家族連れやカップル、外国人客などでにぎわう。

川沿いの景色は夕方以降が◎

チャオプラヤー川を眺めながら、カオソイやBBQなど、シェフ自慢の料理をご堪能あれ

川沿いテラスが人気のおしゃれレストラン

ザ・サイアム・ティー・ルーム

The Siam Tea Room

バンコク都南部 ▶MAP P.227 B-5

🏠2194 Charoen Krung Rd Wat Phraya Krai, Bang Kho Laem ⑧Bシーロム線 S6
サパーン・タークシン駅から車で14分
☎02-059-5999 ⏰12:00～24:00 🈚無休
💰L.D250B～

04 タイグルメ×川沿いテラス

ナイトマーケットで遊びつくすバンコクの夜

#ナイトマーケット #Nightmarket #バンコクの夜の顔
#foodstalls #おみやげ探しもおすすめ #夜市

タイアートに
触れながら
屋台グルメが
楽しめる

Genic!

Take a Break ...

機内で楽しむ極上空間

ナオ・バンコク NA-OH BANGKOK

機内の中は、創作タイ料理のコースが
味わえる隠れ家レストランに。6品、
8品、12品の3コースがあり、完全予
約制。ドレスコードとして、スマート
カジュアルが指定されているため、く
れぐれもスポーツウェアやビーチサンダ
ルなどの軽装で行かないように注意。

バンコク都北部
▶MAP P.227 A-3
☎ 088-612-2188　🕐 18:00～22:00
(L.O.20:30)　㊡無休　予算1800B～

サイクロークイサーン
25B
肉と発酵した米を混ぜてソー
セージ状に練ったイーサン料
理。発酵した米の独
特な酸味が特徴的

プラームックヤーン
35B
ナムチムという辛いソースがか
かったイカ焼き。歯ごたえ十分
な食感とソースの辛みがマッチ

飛行機好き必見のアートなマーケット

チャンチューイ

Chang Chui

新進気鋭のさまざまなアーティストが手掛ける作品が展示され
ている人気マーケット。ランドマークにもなっている飛行機は
ロッキード社製で、その飛行機を取り囲むようにレストランや
ショップなどが軒を連ねている。

バンコク都北部 ▶MAP P.227 A-3
🏠 460/8 Sirindhorn Rd., Bang Phlat
Ⓜシリントーン駅から車で5分
☎ 081-817-2888　🕐 16:00～23:00 (店舗に
より異なる)　㊡無休

串焼き
10〜15B
食べ歩きにオススメな串焼
きは豚・鶏・牛から選べる

焼きエビ
389B（M）/589B（L）
注文してから目の前で焼い
てくれる焼きエビ。身が大
ぶりで食べごたえも十分

若者で賑わうマーケット

ジョッドフェア

JODD FAIRS

カオ・ソーイ
65B
定番のカオ・ソーイ。
カレースープの虜に
なること間違いなし

屋台や雑貨店が軒を連ねるマーケット。露店を見ているだ
けでも楽しいが、せっかくなら掘り出し物のアイテムをゲッ
トしたり、手ごろな価格で味わえる屋台グルメを堪能し
たりしたい。有料のイベント席を確保すれば、ライブや音
楽を楽しむこともできる。

ラーマ9世通り周辺
▶MAP P.227 C-4
🏠 Rama IX Rd. Huai Khwang　Ⓜラー
マ9世駅から徒歩7分　☎ 092-713-5599
🕐 16:00〜24:00　⊛無休

🍴
若者や観光客で
にぎわう
バンコク屈指の
夜市

🖊 旅メモ　シーロム通り沿いのララサイップ・マーケットは、若い女性向けの手ごろなウエアやアクセサリーなどが充実している。

A floating market crowded with boats

船でにぎわう水上マーケット

#水上マーケット #Floatingmarket #さざ波に揺られながらお買い物
#フォトジェニックな写真も撮れる #雑貨やグルメ、ファッションまで何でも揃う #Localmarket

▶ ドローンで撮影された写真はその場でスマホに送ってくれる

❶タイの民族衣装や傘の有料レンタルもある ❷ドローン撮影はポーズをあらかじめ考えておくとスムーズ

フォトジェニックな景色で話題

レッドロータス水上マーケット

Red Lotus Floating Market

バンコクから車で1時間半のナコーン・パトム県にある、フォトジェニックな水上マーケット。蓮の花が咲く蓮池をボートで楽しむ様子をドローンで撮影してくれるサービスで話題。売店が多く開く週末に訪れるのがおすすめ。

バンコク近郊 ▶ MAP P.227 A-1

⌂ 10/2 Kan Prapa Nakhon LuangRd. Bang Len, Bang Len District, Nakhon Pathom Ⓧ バンコク中心部から車で1時間30分 ☎ 086-053-7779 🕐 8:00～17:00 🈵 無休 🛥 ボート1人100B、ドローン撮影写真複数枚300B

◆ 屋台舟はないが、蓮池のまわりには、フルーツ屋台などの売店が並ぶ

バンコク随一のにぎわい

ダムヌン・サドゥアク水上マーケット

Damnoen Saduak Floating Market

ラーマ4世時代に造られた運河で毎朝開かれる水上マーケット。フルーツや野菜、日用品などを積んだ小舟が行き交い、8〜9時頃が最もにぎわう。

`バンコク近郊` ▶**MAP** P.227 A-2

🏠 51 Damnoen Saduak, Damnoen Saduak District, Ratchaburi
🚌 南バスターミナルから2時間、ダムヌン・サドゥアク下車、タクシーで5分 ☎ 085-222-7470
🕐 8:00〜13:00頃(店舗により異なる) 🈚 無休

▶ 名物の屋台舟も多く、ローカルなタイスイーツが味わえる

┌ **TRIP PLAN** ─

半日ツアーが開催されていて、いちばんにぎわう午前中を目指し、どのツアーも朝早く出発する。昼過ぎには終了するため午後も活用できる。1日ツアーの場合は、近郊の観光地にも立ち寄れる。

─────────────────────────

運河の風情を味わえる庶民派市場

タリンチャン水上マーケット

Taling Chan Floating Market

バンコクの西端、チャクプラ運河沿いにあるマーケット。小舟で商品を売りにくるのではなく、係留されている小舟からさまざまな商品を購入する。

`バンコク近郊` ▶**MAP** P.227 B-2

🏠 333 Chak Phra Rd. Khlong Chak Phra, Taling Chan 🚌 セントラル・ワールド前のバス停から79番バスでタリンチャン水上マーケット下車 ☎ 085-832-1918
🕐 8:00〜17:00 🈲 月〜金曜

▶ 新鮮なカニやエビを使った海鮮グルメも買うことができる

┌ **TRIP PLAN** ─

バンコクから一番近い水上マーケットでバスかタクシーがおすすめ。タクシーの場合でも100〜150B程度と高くないので、バス移動に不安がある人はタクシーで行こう。

─────────────────────────

地元で人気の日帰り観光スポット

アムパワー水上マーケット

Amphawa Floating Market

昔ながらの素朴な雰囲気の水上マーケットで、運河沿いに開けた市場で夜、ホタルが光る姿を見学するボートツアーも人気。

`バンコク近郊` ▶**MAP** P.227 A-2

🏠 Amphawa, Amphawa District, Samut Songkhram 75110
🚌 南バスターミナルからサムットソンクラームバスでアムパワー下車、徒歩2分 ☎ 034-751-359(アムパワー町役場) 🕐 12:00〜21:30 🈲 月〜木曜

▶ ボートをチャーターして運河のクルージングもできる

┌ **TRIP PLAN** ─

バンコク市街地からやや遠い位置にあるため、市街地発のツアーバスを利用するのがベスト。日系旅行会社の場合、1800Bぐらいで参加できる。

 旅メモ ダムヌン・サドゥアク水上マーケットは観光客向けのため、商品の価格がやや高め。

BOOK CAFE

タイのアートに触れる

各地域や年代ごとにさまざまな王朝文化を築いていたタイでは、芸術や美術の世界においても、異なる文化を展開。そんな当時の文化を感じられる美術館から、現代アートのギャラリーをめぐって、タイのアートをより身近に感じよう。

貴重なタイアートの宝庫

バンコク現代美術館

MOCA BANGKOK

約2万㎡の広さを誇り、タイの伝統的なアートから現代的なアートまで約900点もの芸術作品を所蔵する美術館。作品すべてがタイの大富豪であるブーンチャイ・ベンチャロンクン氏の所有物で、タイ国内で評価の高いアーティスの作品を中心に見ることができる。

バーンケン駅周辺 ▶MAP P.227 C-2
🏠 499 Kamphaengphet 6 Rd. Ladyao, Chatuchak
Ⓢ ダークレッドライン RN04 バーンケン駅から徒歩10分
☎ 02-016-5666 🕙 10:00〜18:00
🈺 月曜 🈶 250B ※60歳以上無料

❶水に浮く蓮の花をイメージしたような巨大なオブジェが来場客を出迎える ❷花崗岩で造られたシンプルな外観。ジャスミンの花をイメージした窓から射し込む外光が、作品の印象を変える

> どの階もすばらしい作品ばかりだぞ！

館内の見どころ

1階
タイを代表する芸術家、パイトゥン・ムアンソンブーンとキエン・イムシリらの作品を常設

2階
古代インドの叙事詩「ラーマーヤナ」の影響を受けた作品や関連した200以上の仮面が展示

3階
タイを代表するシュルレアリスム画家であるプラティープ・コチャブアの作品などを見ることができる

4階
芸術家タワン・ドゥチャネーの油絵や木彫のほか、3名のアティーストによる巨大な絵画が展示されている

5階
最上階には2世紀以上さかのぼる、英国ヴィクトリア女王のロマン主義時代の絵画が並ぶ

エラワンの中に幻想空間が出現

エラワン・ミュージアム

The Erawan Museum

華僑出身の財界人、レック・ウィリヤパン氏が創立したエラワン・ミュージアム。重さ約250tの巨大なエラワン像の内部に地獄、天上界、須弥山（古代インド仏教世界の山）が表現されている。天井の美しいステンドグラスや貴重な仏像コレクションも圧巻。

バンコク都南部 ▶MAP P.227 B-2

🏠99/9 Moo 1, Tambon Bangmuangmai, Amphur Muang, Samutprakarn k ⑧スクンヴィット線 E17 チャーン・エラワン駅から徒歩12分 ☎02-371-3135 🕐9:00〜18:00（チケット販売は〜17:00）🗓無休 💴400B

❶世界地図や星座が描かれた天井のステンドグラスは圧巻 ❷建物外のお祈りスペース。象が持ち上がると祈りが叶うのだとか

❶ ❷

❖インド神話に登場し、天上界で「プラ・イン」（インドラ神・帝釈天）の乗り物とされる。3つの頭を持つ巨大な象として描かれることが多い

タイの多彩な現代アートを紹介するスポット

バンコク・アート＆カルチャー・センター

Bangkok Art and Culture Centre

円形の建物の中央は巨大な吹き抜けで、7〜9階は明るい雰囲気のらせん状のギャラリースペースになっている。劇場や図書館もある。

サイアム周辺 ▶MAP P.228 D-3

🏠939 Rama 1 Rd. ⑧⑧シーロム線 W1 ナショナル・スタジアム駅からすぐ ☎02-214-6630 🕐10:00〜20:00 🗓月曜 💴入館無料（料金は展示により異なる）

白を基調におしゃれなセレクトショップやカフェも併設

＼ このアーティストに注目！ ／

Who is Alex?

タイで一番熱いストリートアーティストAlex Faceさん。ウサギの耳をつけた三つ目の少女マルディをモチーフにした壁画が、タイ各地に出現中！

白いハトに引っ張られるものの、体に巻き付いた糸で動けないマルディ

❶ナショナルスタジアム駅前

❷プーケット・タウン

街そのものがアート作品のようなプーケット・タウンの一角にも、アレックス・フェイスのウォール・アートが描かれている

❸サイアム・スクエア

体に糸が巻き付いた状態で何かを聞いているマルディ

❹チャンチューイ

サブカル系のアート作品を展示するナイトマーケットに描かれたマルディ

ここで見られる！

❶▶MAP P.228 C-3　❷▶MAP P.238 B-4
❸▶MAP P.228 B-2　❹▶MAP P.227 A-3

今すぐ行きたい!バンコクの話題スポット

#バンコクの街並みを一望 #オリジナルインスタント麺づくり #goodnoodle #popularspot

#ジェラートで涼もう #雲海を楽しむ秘境スポット #人気映画の世界観を体験

オシャレなパッケージが壁一面に並んでいて見るだけでも楽しい

世界中のインスタント麺が勢揃い

グッド・ヌードル

Good Noodle

タイをはじめインドネシアやマレーシア、日本など、世界各国のインスタントヌードルがそろう専門店。麺とトッピングを選んで食べることもできるうえに、壁一面に並べられたパッケージは、フォトスポットとしても人気。

バンコク都北部 ▶MAP P.227 C-3
🏠 B Floor, Union Mall 54 Ladprao,Jomphol, Chatuchak District Ⓜパホン・ヨーティン駅からすぐ ☎02-512-5000
🕐 11:00〜21:00 休無休 営業時間・休日はユニオン・モールに準じる

サーカステントのような入口がお出迎えするフードスペース

専用の調理マシーンでオリジナルヌードルが作れる ©G8D

街並みが一望できる
サイアムの新たな観光名所

スカイスケープ

SKY SCAPE

サイアム駅近くにできた新観光スポット「サイアムスケープ」内にある展望デッキ。ドレスコードや費用がかかるルーフトップバーに対し、ここなら無料でバンコクの街並みを一望できる。夕暮れ時には美しい夕景も見れるかも。

サイアム周辺 ▶MAP P.228 A-2
🏠 215 Phaya Thai Rd,Pathum Wan, Bangkok 1033 ⒷⒸⒺⓃサイアム駅から徒歩5分 ☎063-393-8789
🕐 10:00〜22:00 休無休

❶❷観光やデート中の憩いの場としても人気の展望エリアは、緑も多く、都会のオアシススポットとしても注目されている

天然素材使用のジェラート

バンブルビー・ジェラート

Bumblebee Gelato

プロン・ポン駅とトン・ロー駅の中心に位置するジェラート店。脂肪分の少ないミルクや天然素材のフレーバーなど、体に配慮したメニューが味わえる。

スクンヴィット周辺 ▶MAP P.231 F-4
🏠 748 Sukhumvit Main Rd. Between Sukhumvit 30 Alley and 30/1, Khlong Tan, Khlong Toei
🚇 Ⓑスクンヴィット線（E5）プロン・ポン駅から徒歩5分 ☎ 062-542-4246 ⏰ 12:00〜20:30（土曜は〜20:00）🈺 日曜

❶ヨーグルトジェラートにゼリーとシリアルの食感がマッチ85B（ダブル）❷見た目も華やかなアイスは種類も豊富

Take a Break ...

バンコク以外にも話題スポットが続々

大自然が生み出した神秘
早朝に出会える雲海が話題!

アイユーウェーン・スカイウォーク

Ay Yer weng Skywalk

マレーシアの国境にほど近いヤラー県ベートン地区の新名所。誰もが足がすくみそうなガラスの床に立つことができれば、海抜約621mの高さからの絶景が。運が良ければ早朝には雲海を眺めることができる。

ヤラー県 ▶MAP P.226 C-5
🏠 Aiyoe Weng Betong Yala 🚇 南本線ヤラー駅から車で2時間 ☎ 086-288-4792 ⏰ 5:30〜16:00
🈺 無休 💰 無料（ガラス床を歩く場合は、専用靴要30B）

❶❷フォトジェニックなスポットとして連日多くの観光客や地元民でにぎわっている
©タイ国政府観光庁

ハリウッド映画の制作スタジオが手掛ける
世界初のウォーターテーマパーク

コロンビアピクチャーズ・アクアバース Columbia Pictures Aquaverse

映画スタジオ「コロンビアピクチャーズ」が手掛ける世界初のウォーターテーマパーク。『ジュマンジ』や『ゴーストバスターズ』、『モンスターホテル』などの作品をモチーフにした乗り物やアトラクションが楽しめる。

チョンブリー県 ▶MAP P.226 B-3
🏠 888 Moo 8, Najomtien, Sattahip, Chonburi
🚇 バリ・ハイ桟橋から車で約30分 ☎ 033-004-999
⏰ 10:00〜18:00 🈺 水曜 💰 2103B

❶大注目!世界初のウォーターアトラクション ❷スリル満点のウォータースライダーは友達同士やカップルにもおすすめ
©Columbia Pictures Aquaverse.

ドラマロケ地をめぐって名シーンを追体験

#タイドラマ #泰流ドラマ #聖地巡礼 #名シーンがよみがえる
#穴場スポットがいっぱい #Thaidrama #Photospot

1泊からでも宿泊可能な
コンドミニアム

セントラル・マンション

Central Mansion

バンコク中心地から車で約30分、ワントーンラーン区に位置するコンドミニアム。旅行者でも宿泊が可能で、共有エリアにはジャグジーも備えた3つのプールやフィットネス、バドミントンコートなどが完備されていて使い勝手も抜群。

バンコク都北部
▶MAP P.227 D-4
🏠146 82-83 Lat Phrao 122 Alley, Phlabpla, Wang Thonglang ⊗エアポート・レール・リンク(A5)ラームカムヘーン駅から車で15分
☎02-632-4499

このシーンに注目！
コングポップとアーティストの主人公ふたりが暮らす学生寮として登場

❶部屋は3種類で、家具家電、無料Wi-Fiが完備 ❷フィットネスはウエイト系からルームランナーまで幅広いマシンが使える

このシーンに
注目！
主人公たちが初めてのキスを交わした胸キュンポイント

ライトアップした橋はフォトスポットとしても人気

ラーマ8世橋

King Rama VIII Bridge

ウィスット・カサット通りとアルンアマリン通りを結び、チャオプラヤー川を渡ることができる橋。近くにあるラーマ8世記念公園では、雄大な橋を眺めながらのんびりとくつろぐことができる。

王宮周辺 ▶MAP P.232 B-1
🏠 Rama VIII Rd, Wat Sam Phraya, Phra Nakhon, Krung Thep Maha Nakhon ⊗Ⓜバン・イー・カン駅から徒歩25分

作品情報

SOTUS／ソータス

あらすじ
"SOTUS"という新入生教育システムを有する大学に入学したコングポップは、厳しくも人間味のある先輩・アーティストに恋心を抱く。

出演 シントー・プラチャヤー・レアンロード
クリス・ピーラワット・シェーンポーティラット

このシーンに注目!
ポルシェがキンのために一生懸命考えて立ち寄ったデートコースのひとつとして登場

おとぎの国に迷い込んだようなトリップ気分が味わえる

ポルトベロ&ディザイヤ・ホームガーデン・カフェ

Portobello & Désiré Home Garden Café

英国式の古民家を改装した隠れ家カフェ。店内には、アンティークな家具やビンテージ風の装飾が施されたオシャレスポットで、アフタヌーンティーやフォトジェニックなカフェメニューが充実。

バンコク都北部 ▶MAP P.227 D-2

🏠 Kaset Nawamin Tor Mo 168, 40 Soi, 22
Prasert-Manukitch Rd, Lat Phrao
Ⓜ🅑スクンヴィット線 N13 カセタート大学駅
から車で8分 ☎ 098-289-8703
🕐 11:00〜21:00（金〜日曜は22:00）

作品情報

KinnPorsche The Series

あらすじ
マフィアとボディガードという主従関係にあったふたりの男が、対立しながらも徐々に惹かれ合う姿を描く。

配信情報：U-NEXT 配信中

出演 マイル・パークブーム・ロムサイトーン／アポー・ナタウィン・ワッタナキティパット／バイブル・ウィッチャパート・スヌーティクン／ビウ・ジャカパン・プッター／ジェフ・サター／バーコード・トリンシット・イッサラボンポーン

バンコクに3店舗構える人気ドーナツ店

ドロップ・バイ・ドウ

DROP BY DOUGH

プロン・ポン駅直結のデパート、ザ・エムクオーティエほか、バンコク市内に3店舗構えるオシャレドーナツ店。ドーナツ以外も映えるメニューが豊富で、連日多くの若者や女性客でにぎわっている。

スクンヴィット周辺 ▶MAP P.231 E-4

🏠 EmQuartier 1st Floor, Building C, Sukhumvit Rd,
Khwaeng Khlong Tan Nuea, Watthana Ⓜ🅑スクンヴィット線 E5 プロン・ポン駅からすぐ ☎ 096-393-8838
🕐 10:00〜18:00 🈺 無休

このシーンに注目!
ゴーヤーがアルバイトの途中でタレーと一緒に立ち寄ったドーナツショップとして登場

作品情報

F4 Thailand／BOYS OVER FLOWERS

あらすじ
富裕層の子どもたちが通う学園に入学したヒロインと、その学園を支配するイケメン集団「F4」の対立やいじめ、恋愛を描く。

原作 神尾葉子

出演 ブライト・ワチラウィット・チワアリー／ウィン・メータウィン・オーパティアムカジョーン／ナニ・ヒランクリット・チャンカム／デュー・ジラワット・スティワニッチャサック／トゥ・トンタワン・タンティウェーチャクン

配信情報：U-NEXT 配信中
© 神尾葉子／集英社©GMMTV

✎ 旅メモ 聖地巡礼は個人でめぐるのもアリだが、ツアーを利用するのもおすすめ。CANツアー URL www.cantour.co.jp

ENJOY

寺院

ナイトマーケット

水上マーケット

話題スポット

エンタメ

体験

57

Thai Entertainment Classical Dance

タイのエンタメ 古典舞踊を堪能

#タイ舞踊 #古典舞踊 #ラーマキエン #ユネスコ無形文化遺産
#Ramakien #タイグルメと一緒に楽しもう #実際に体験もできる

タイ舞踊Q&A

Q いつ頃からあるの?

A 現存するタイ文字の碑文から、スコータイ王朝（13〜15世紀）時代にはタイ舞踊が存在していたことがわかっている。アユタヤ王朝（14〜18世紀）時代にはクメール帝国から文化的・芸術的影響を多大に受けつつ、タイ舞踊の基盤ができあがっていった。

Q 代表的な作品は?

A 仮面劇なら『ラーマキエン』を題材とするもののほか、半人半鳥の天女マノーラーをめぐる物語『マノーラー』も有名。また、タイ各地で庶民が生み出してきた民族舞踊には、各地方の風土や民族性が表れている。

Q どこで鑑賞できるの?

A 国立劇場をはじめとする各劇場のほか、食事をしながらタイ舞踊が鑑賞できるレストランもあり、外国人観光客向けの人気演目が上演される。神様をまつる祠や寺院では、信者が奉納する伝統舞踊を目にすることもある。

Q どんな踊りがあるの?

A ひとくちにタイ舞踊といっても、その内容や表現方法はさまざま。きらびやかな衣装と優雅な舞に代表される舞踊劇や仮面劇、地方によって異なる民族舞踊などがある。

タイ舞踊の代名詞 『ラーマキエン』物語を知ろう!

タイの古典文学『ラーマキエン』物語は、紀元2世紀頃に編集された古代インドの大叙事詩『ラーマーヤナ』をベースにした物語で、ラーマ王子と魔王トッサカンの激しい戦いを描いている。

あらすじ

1 ヴィシュヌ神の化身であるアヨータヤー王国のラーマ王子は、ミティラ国の婿取り行事で活躍し、シーダ姫と結婚する。しかし継母の策略で国を追放され、弟のラック王子をともなう深い森へと逃げていく。

2 ある日森の中でシーダ姫を見かけたランカー国の魔王トッサカンは、彼女にひと目ぼれ。金色の鹿を使い2人の王子を誘い出し、その隙に姫を連れ去ってしまう。

3 ラーマ王子とラック王子は、白猿ハヌマーンや多くの猿の援軍を味方につけ、トッサカン率いる魔王軍との激しい戦いを繰り広げる。

4 心臓を仙人に預けているため不死身のトッサカンを相手に、ラーマ王子たちは苦戦。しかしハヌマーンがトッサカンの心臓が入った箱を盗み出し、ラーマ王子が魔法の矢を放つと同時に箱をつぶして見事勝利。姫を救い出し王国に凱旋する。

タイ舞踊はここで見られる！

舞踊と絶品料理に舌鼓

タラトン

Thara Thong

ロイヤルオーキッド・シェラトン・ホテル＆タワーズ内にある、本格的な王室料理と伝統的なタイ舞踊を見ることができるダイニングレストラン。看板メニューのマッサマンカレーやトム・ヤム・クンを味わいながら見る舞は格別。

チャルン・クルン通り周辺 ▶MAP P.230 D-1

🏠ロイヤルオーキッド・シェラトン・ホテル＆タワーズ（▶P.155）☎02-266-0123 🕐18:00〜22:00（ショーは木〜日曜19:00〜22:00）🈺無休

❶古典舞踊は木〜日曜日に観賞することができる ❷新鮮なハーブやスパイスが効いたトム・ヤム・クンはここの看板メニュー ❸タイ舞踊はすぐ目の前まで来てくれるから迫力も満点

古代タイにタイムスリップ

ノッパラット・タイ・クラシカルダンス＆ディナー

Nopparat Thai Classical Dance&Dinner

本格的な伝統料理や古典舞踊、タイミュージックなどに囲まれて古代のタイ気分が味わえるレストラン。生演奏で舞を披露する古典舞踊のほか、仮面舞踊劇やタイボクシングなど、タイが誇るさまざまなエンタメが楽しめる。

バンコク近郊 ▶MAP P.227 B-2

🏠59/28 Yannawa Rd. Yannawa,Bangpongpang ⊗Ⓑシーロム線[S6]サパーン・タークシン駅から車で12分 ☎02-294-7381 🕐17:00〜21:00 🈺無休 🈺大人800B、小人500B（ショーのみ）

❶どの席からも見やすく作られた舞台では、古典舞踊やタイボクシングなどが楽しめる ❷パットウンセンやマッサマンカレー、ガパオなど、おいしいメニューが揃う

┥ タイ舞踊を実際に踊ってみよう！ ┝

優雅なタイ舞踊にチャレンジ

インターナショナル・タイ・ダンス・アカデミー

International Thai Dance Academy

東京にも拠点を持つ、タイ舞踊学校。練習後にタイの民族衣装を着て撮影できる2時間のコース1800Bのほか、さまざまなコースがある。

スクンヴィット周辺 ▶MAP P.231 E-3

🏠36/16 Promsri 1 Sukhumvit Rd. ⊗Ⓑスクンヴィット線[E5]プロン・ポン駅から徒歩12分 ☎02-662-4230 🕐9:00〜17:00（土曜10:00〜16:00）🈺日曜 タイ舞踊体験1時間1000B

❶ジョンガベーンというタイ舞踊の練習着で練習。手の形の練習や、喜怒哀楽を表す振り付けなどを教えてもらえる ❷タイに住んでいる日本人もタイ舞踊を学ぶ人が多い。クラスの開催時間などは要問い合わせ

🖊 **旅メモ** 上記ダンスアカデミーはタイ文部省認定の施設のため、観光客でも安心して受けられる。

Impressive experience at the Transsexual Show & Muay Thai!

ニューハーフショー&ムエタイで感動体験!

#ニューハーフショー #Shemaleshow #ムエタイ #Muaythai

#Thaiboxing #Muaythaiacademy #ムエタイ体験

華やかな演出にくぎづけ!ニューハーフショー

歌ありダンスありモノマネありの豪華なショーに大興奮!
夜を彩るエンターテインメントは、老若男女問わず楽しめる

Must!

1 豪華絢爛なショーをお届け

豪華な衣装とダンサーたちの美しい踊りや歌に圧倒されっぱなし

カリプソのステージはとにかく豪華で盛大

カリプソ・キャバレー
Calypso Cabaret

チャオプラヤー川沿いのナイトマーケット、アジアティーク・ザ・リバーフロント・デスティネイション(▶P.46)で楽しめる、30年以上の歴史を持つニューハーフショー。広い舞台をダイナミックに使いながら、美貌で魅了するブロードウェイ仕込みの舞台演出が観客を包む。

バンコク都南部▶
MAP P.227 B-5

Kodang3, AsiatiqueThe Riverfront, 2194 Charoen Krung Rd. Ⓢ Ⓑシーロム線 S6 サパーン・タークシン駅下車、サートーン桟橋からシャトルボートで15分 ☎ 02-688-1415〜7、086-349-1937〜8 ⑱ショー19:30〜20:40、21:15〜22:30 ⑭無休

2 施設内にある「カリプソ・タイ料理レストラン」では、カリプソ・タイ料理ディナー+タイ古典舞踊ショー800B、タイ古典舞踊のみなら400Bで楽しめる
3 華麗なダンスも必見!

ニューハーフ文化を知ろう!

ニューハーフの人々の仕事
タイでは、公務員、医師、店員、美容師、教師などさまざまな職業分野で幅広く活躍している。とくにコスメの販売員など美容関連、ホテルやレストラン、バーなど、サービス業では彼らが占める割合がかなり多い。

ニューハーフの人々のタイプ
日本でいうニューハーフはタイではカトゥーイ(レディボーイ)と呼ばれている。性転換を行い、見た目も完全に女性というタイプと、服装や化粧で女性らしく振る舞うタイプ、また見た目は男性でもしぐさや語り口調が女性的なタイプなどさまざま。

ニューハーフショーのキホン Q&A

Q なぜニューハーフが多い?
A ゲイやニューハーフという第3の性に対し、タイが寛容な理由には諸説あるが、明確なところはわかっていない。現世の姿に固執しない上座部仏教の宗教観が背景にあるともいわれる。子どもの頃から女性らしくても両親が容認する場合も多く、そのまま大人になることも。

Q チケットの買い方は?
A バンコクではカリプソ・キャバレーが有名。日系旅行代理店では送迎やディナー付きのオプショナルツアーを催行している。チケットのみを手配する場合も日系旅行代理店で扱っているクーポンを利用したほうが安くなるので事前に手配しておくとよい。どちらの劇場もBTSやMRTの駅から離れているので、時間に余裕をもって移動しよう。

Q 写真撮影はできる?
A ショーの間も撮影はOKだが、フラッシュを多用しないなど周囲の人に配慮して撮影を。また、ショーの終了後は、出口付近に出演者たちが集まっているので一緒に撮影することもできる。一緒に写真を撮ってもらえたら、チップを払おう。50Bくらいが相場。

世界最強の技で真剣勝負！ムエタイ

タイの伝統から生まれた格闘技。熱い闘志を燃やし戦う選手の姿に、気がつけば夢中！
会場の音や熱気に包まれながら、迫力ある試合を楽しんで。

ルンピニー・ボクシング・スタジアム

Must!

Lumpinee Boxing Stadium

ラーマ4世通りにあったスタジアムが57年の歴史に幕を閉じ、ラムイントラ通りに移転。レストランも併設した近代的な建物で、気軽に入りやすい雰囲気に。金・土曜に開場する。

バンコク都北部 ▶MAP P.227 D-2
🏠 Royal Thai Sport Center, 6 Ram Inthra Rd. ⊗Bスクンヴィット線N17ワット・プラシー・マハタート駅から徒歩20分 ☎081-943-6618、084-005-9723 🕐金曜19:30〜23:00、土曜10:00〜12:00/18:30〜22:00 ㊡日〜木曜

ラチャダムヌン・ボクシング・スタジアム

Rajadamnern Boxing Stadium

創立1945年と歴史が古く、タイで最も格式があるスタジアム。約1万人収容の規模を誇る。前座から始まり、7試合目くらいにメインのカードが組まれる。

王宮周辺 ▶MAP P.232 D-2
🏠 8 Ratchadamnoen Nok Rd. ⊗BCENサイアム駅から車で10分 ☎093-449-7497 🕐月・火・金19:00〜、水・木18:00〜、土19:15〜、日18:15〜（開場は各1時間前）㊡無休

ムエタイにチャレンジ！

RSM ムエタイ・アカデミー

RSM Muay Thai Academy

1回から気軽に参加できるムエタイスクール。アソーク駅からすぐのアクセスの良さと、設備が整った清潔な空間で、女性にも人気。旅行中の運動不足を解消して、気持ちのいい汗をかくことができる。

スクンヴィット周辺 ▶MAP P.230 C-4
🏠 2F,Jasmine City, Sukhumvit 23 ⊗Mスクンヴィット駅／Bスクンヴィット線E4アソーク駅から徒歩2分 ☎02-661-6292 🕐9:00〜21:00 ※クラスの開催時間は要確認 ㊡無休

健康と美容のために通う女性も多い

本格的なキックがカッコいい！

ムエタイのキホン Q&A

Q チケットの買い方は？

A チケットはスタジアムの窓口で直接購入できるほか、ツアー会社やホテルでも手配してもらえる。日系旅行代理店ではムエタイ観戦のオプショナルツアーを催行していることも。ラチャダムヌン・ボクシング・スタジアムは毎日、ルンピニー・ボクシング・スタジアムでは金・土曜に試合が開催される。

Q 座席の種類は？

A リングサイド、2階席、3階席に分かれる。2、3階席は地元の人が多く、賭けも横行しているので、じっくり観たい場合はリングサイドへ。トレーナーや選手の表情など、間近で試合を楽しむことができる。

Q ルールは？

A 1ラウンド3分、5ラウンド制で勝負する。インターバルは2分。細かい規制は少なく、肘打ちやかかと落とし、飛び膝蹴りなど華麗な技が繰り出されることも。

ENJOY

寺院

ナイトマーケット

水上マーケット

話題スポット

エンタメ

体験

Make memories of your trip with a Thai cooking class

タイの料理教室で旅の思い出作りを

#タイ料理　#料理教室を体験　#現地の料理教室

#Cookingschool　#Thaicooking　#思い出作り　#地元民と交流　#お食事タイム

❶ハーブや香辛料を使ったペーストづくりから体験できる　❷クラスを担当したティチャ先生。ユーモアたっぷりに教えてくれる　❸ひとり1台ずつのガスコンロで調理する

今回作ったメニューはこちら！

トム・カー・ガイ
自分で搾ったフレッシュなココナツミルクが効いてる。マイルドさと辛さが絶妙な味わい

マッサマンカレー
カレーペーストから作ったマッサマン・カレーは、とてもおいしい。辛さは自分で調整する

パッタイ
タマリンドペーストやココナツシュガー、ナンプラーなど、多くの調味料を用いる

カオニャオ・マムアン
マンゴーに添えるカオニャオ作りは意外と手がかかる。キレイに盛り付けて完成

本格的なタイ料理が学べる

ハウス・オブ・テイスト・タイ料理教室

House of Taste Thai Cooking School

ハーブやスパイスの種類、ココナツミルクやカレーペーストの作り方など、本格的な内容をていねいに教えてくれる。市場での食材探しから参加する朝のクラスのほか、ランチやディナーのクラスまであり、参加しやすい。

シーロム周辺
▶MAP P.231 E-2
🏠52/ 22, Pan Rd.,Silom　Ⓜ🅱シーロム線SSラスラサック駅から徒歩9分　☎093-392-3615　🕗8:30〜12:00、13:00〜16:30、17:30〜21:00 ※予約制のプライベートレッスン可能
🈺無休

タイ料理教室の流れ

❶ 市場でお買い物

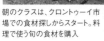
市場での買い物が楽しい♪

朝のクラスは、クロントゥーイ市場での食材探しからスタート。料理で使う旬の食材を購入

どちらのお米がカオニャオでしょう?

❷ タイ料理のお勉強

唐辛子の使い分け、タイ米の種類や今注目の食材まで話題が豊富。新たな発見がたくさん

おいしくなるコツは火加減とタイミング

❸ 調理スタート!
今回作った料理は全部で4品。材料を切ったりペーストを作ったり、下ごしらえからすべて行なう

どの料理がいちばん好き?

❹ みんなで食事♪
おまちかねの実食タイム。ひとりで参加している人も多く、タイ料理や旅の話で盛り上がる

日本語で安心して学べる料理教室もおすすめ

市場を見学する課外講座も人気

ケィー先生のタイ料理教室

Baan Kru Kae Thai Cooking School

タイの伝統料理や屋台メニューが気軽に学べる料理教室。日本語を話せる講師が、分からないこともていねいに解説してくれる。実際に市場で食材を選んだり買い方が学べたりする課外授業もおすすめ。

アットホームな雰囲気で楽しめる

スクンヴィット周辺
▶MAP P.231 E-4

🏠8 River Court, Room 119 Sukhumvit soi 41,Sukhumvit Rd. Ⓜ️Ⓑスクンヴィット線 E5 プロン・ポン駅から徒歩5分 ☎085-489-9196 🕘9:30〜11:30、12:00〜14:00 Ⓧ土・日曜

❶初対面同士でもワイワイしながら料理作りが体験できる ❷講師のケィー先生は日本語が話せるので、日本人の参加者も多い ❸市場見学では、市場で売っているものを実際に買うことが可能

 旅メモ バンコクでは実際のレストランでタイ料理が習えるスポットもある。

線路に広がるマーケット メークローン市場

#メークローン市場　#Maeklongmarket　#鉄道市場　#Railwaymarket

線路の上まで商品がずらりと並べられた、バンコク郊外にある名物市場。
列車が通過するたびに店を開けたりたたんだりする動作は、エンターテインメントのよう！

❶列車が来ると、広げた商品を手早くしまって線路の上をきれいに。通り過ぎるのを待つ ❷列車が無事に通り過ぎたら、即座に商売を再開。みんな手慣れた様子で働いている

真上から見た光景。本当に壁ギリギリを通過している様子がわかる

列車が通過するワイルドな市場
メークローン市場
Maeklong Market

バンコクに隣接するサムットソンクラーム県にある、メークローン駅近くの線路市場。列車が通るたびに店のテントや傘を開けたりたたんだりして商売するので「タラート・ロムフップ」（傘をたたむ市場）とも呼ばれる。

バンコク近郊 MAP P.227 A-2

🏠Maeklong Train Station, Samutsong Krarn　❌バンコクから車で1時間.北バスターミナルからロットゥ（ミニバス）で1時間30分　🕐24時間（店舗により異なる）　㊡無休

市場では野菜や果物、生活雑貨などの日用品を販売

\ **History** /

列車の本数が少なく、線路沿いで商売をする人たちが出現。列車が通過するたびに店をたたむようになったのは1984年頃からといわれる

鉄道とこんなにスレスレな場所はココだけ！

市場には猫も暮らす。気持ちよさそう

列車の通過時刻

メークロン市場着			
8:30	11:10	14:30	(17:40)

メークロン市場発			
(6:20)	9:00	11:30	15:30

※朝6:20と17:40は不定期。時刻は現地にて再度確認ください

何を楽しむ?

GOURMET

Bangkok

Gourmet in Thailand

定番から最旬グルメまで
絶品タイグルメを食べ尽くせ!

ソムタムをベースにした
ザオ・エカマイの人気の
エビ入りスパイシーサラダ

Taste of Paradise:
Unveiling Thailand's
Gourmet Treasures

本物の宮廷料理が味わえる
ルアン・マリカの名物料理
塩漬け蟹卵の野菜ディップ

Gourmet 食べる の 旅テク 8

バンコクグルメを
より一層楽しむための
テクニックを
教えちゃいます

#01

絶対に食べたい タイフード

ハーブやスパイスなど、香り豊かな素材を使用したタイ料理。そのなかには「これぞ王道のタイ料理」と呼ばれるメニューもたくさん。ガパオライスにトム・ヤム・クン、タイカレーなど、滞在期間中に無駄なく食べ歩きができるように事前にチェックしておこう。

ソムタム
青パパイヤを使ったサラダで、辛さと酸味、シャキシャキとした食感が特徴。女性に人気のメニューだ

ガパオライス
鶏肉をバジルで炒めたタイ料理・パッガパオガイを、アレンジしたメニュー。日本人好みの味付けが特徴

トム・ヤム・クン
世界3大スープのひとつで、タイ料理を代表する一品。クン=エビを意味し、鶏肉の場合はトム・ヤム・ガイ、魚であればトム・ヤム・プラーと呼ばれる

カオ・マン・ガイ
茹でた鶏肉と、その茹で汁で炊いたご飯を一緒に食べるローカルメニュー。味噌をベースにした甘辛い味わいのタレで食べるのが一般的

ゲーン
タイのカレーは「ゲーン」と呼ばれ、味や辛さ、使用する具材もさまざま。見た目の色から「グリーンカレー」「イエローカレー」「レッドカレー」といった種類がある

#02

ミシュラン掲載店も
要チェック！

『ミシュランガイド タイ2024』には全446軒のレストランが掲載。そのうち、2つ星を獲得した店が7軒、1つ星が28軒、予算以上の満足感を与える店「ビブグルマン」に認定されたお店が196軒もある。

ミシュラングルメはココ！

2つ星	1つ星
ガー（▶P.92）	カーオ（▶P.77）
メッツァルーナ（▶P.93）	キャンバス（▶P.92）
	ル・ドゥ（▶P.92）

ビブグルマン
ソムサック・ブー・オップ（▶P.73）
クルア・アプソーン（▶P.75）
ルン・ルアン（▶P.85）
パッタイ・ファイタル（▶P.85）
ポロ・フライドチキン（▶P.90）
カオ・ソーイ・メーサーイ（▶P.180）

#03

フードコートを活用しよう！

おいしい店が多いタイだが、なかには一見不衛生そうに見える店や屋台もチラホラ。そんな店には入りにくいという人は、デパートやショッピングセンターにあるフードコートがおすすめ。定番から変わり種まで、さまざまなメニューが味わえる。

大体のフードコートは独自の電子マネーを採用。入店時にチャージして、退店時に残金を返却してもらうシステムになっている。

#04

卓上調味料 で自分好みに味変を

タイのレストランに必ずあるといっていいほど置かれている卓上調味料は、クルアン・プルンと呼ばれていて、主に唐辛子、砂糖、ナンプラー、酢の4種がある。どんな料理にも使えるが、クイティアオなどの麺料理の味変に最適。

#06

会計時に注意
プラスプラスって何？

レストランなどのメニュー代金には7％の付加価値税（VAT）と10％のサービス料が加算されることがある。メニューに「Net」と表記されていれば税金・サービス料ともに含まれた料金だが、「+」表記なら付加価値税かサービス料のいずれか、「++」表記なら付加価値税とサービス料の両方が加算される。

【+】	【++】
付加価値税もしくはサービス料のいずれかが加算	付加価値税とサービス料の両方が加算

#08

アフタヌーンティーで
優雅なひと時を

タイでゆったりとした時間を過ごしたいならホテルのアフタヌーンティーもおすすめ。イギリス発祥の茶会のことで紅茶を飲みながら軽食やスイーツを楽しむ。3段スタンドの場合は下段から中段、上段の順で食べるのがマナー。

#05

おいしくても 生食 に注意

日本ほど肉や魚介を生で食べる文化が多くないタイだが、まったくないわけではなく、一部メニューでは、エビやカニなどの魚介を生で提供するものも。もちろん絶対に食中毒になるというわけではないが、食べる際は、衛生管理と温度管理がされてそうな店を選びたい。

ソムタム・プー
現地の人でも警戒するという生のカニが入ったソムタム。おなかを壊しても食べたくなるうまさだとか

クン・チェー・ナンプラー
生のエビをナンプラー漬けにした刺身。エビの鮮度はもちろん、ナムチムシーフードというつけダレがとても辛いので、その辛さにも注意

#07

覚えておくと 便利なタイ語

言葉がわからなければメニューを指さして数を伝えるだけで注文できるかもしれないが、現地の言葉で注文できたらカッコいいこと間違いなし。タイのレストランでよく使いそうなフレーズだけでも覚えてみよう。

外食で役立つとっさのひと言一覧

コー メニュー	メニューをください
サン ダイマイ	注文してもいいですか？
ミー アーハーン アライ ネナム マイ	オススメの料理は何ですか？
マイ アオ ペッ	辛くしないでください
マイ サイ ナムケン	氷を入れないでください
チェック ビン	会計してください

※語尾に女性はカー、男性はカップをつけるとていねいな言葉になる

観光客向けの店の場合、タイ語だけでなく英語表記があるところも多いので、タイ語がわからない場合は英語で注文してみよう

BOOK CAFE
タイグルメ豆知識

知ってると役に立つ タイの食文化

南北に長いタイでは、地域によって気候や取れる食材も異なるため、食べ物もさまざまです。山や川などの自然に恵まれた北部では、辛すぎず酸っぱすぎないマイルドな味付けの料理が多い。一方、南部では地理的に海が近いことから海産物を使用した料理が多く、味付けは辛みや塩味、スパイシーな風味が強いのが特徴。

#地域で異なる食事模様

Ⓐ 北部

タイ北部の料理は別名ランナー料理と呼ばれ、山で採れた山菜や川で捕れた淡水魚など、自然の恵みを使用したメニューが多く、季節や時期によって旬の食材が変わる。

カントーク
丸いお膳にさまざまな料理を載せて取り分けるタイ北部の伝統的な食事。青唐辛子のディップ「ナムプリックヌン」や、揚げた豚皮「ケープムー」などが定番。

Ⓑ 東北部

ラオスの影響を色濃く受けた東北部の料理は、イサーン料理と呼ばれ、辛さや酸味を強調した料理が多い。豚や鶏も使用するが、海がない東北部では川魚を使ったメニューが豊富。

ソムタム
青パパイヤを使用したサラダで、イサーンの方言の「ソム＝酸っぱい」と「タム＝叩く」が名前の由来。切った青パパイヤを調味料や干しエビ、トマトと一緒に臼に入れて、棒で叩く。

Ⓒ 中央部

タイ中央部の料理は、バラエティに富んだ味わいが特徴で、甘み、酸味、塩味、辛みがまんべんなく含まれ、中国の影響を受けた料理やココナツミルクを使ったメニューが多い。

レッドカレー
中央部を代表する料理の一つ。鶏肉やなす、タケノコを使用したカレーで、辛さの中にココナツミルクの甘さが際立つのが特徴。

Ⓓ 南部

南部料理はタイ語で「アハーン・パックターイ」といい、「アハーン＝料理」、「パック＝部」、「ターイ＝南」を意味する。辛さと酸っぱさと甘さのバランスが良いのが特徴。

ゲーン・ルアン
魚が入った酸っぱいスープカレー。ルアンはタイ語で黄色を意味し、ターメリックを使っているのが特徴。南部ではポピュラーな料理で、ジャスミンライスと一緒に食べる。

北部
東北部
中央部
南部

基本的な食事マナー

食器は手に持たない
タイでは食器を持ったり、食器を口に近付けたりする行為はマナー違反。スプーンやフォークを使って食材を口に運ぶのがベスト。

目上の人から先に食べる
目上の人に敬意を払うため、目上の人から先に食べるのがマナー。特にビジネスの場で目上の人と食事をする際は注意が必要。

食器はそのままにして退出
日本の場合、自分で食べたものを返却口に返す店も多いが、タイの場合、食べ終わった食器はそのままにしておくのがマナー。

#タイ料理に欠かせない調味料「ナンプラー」

ナンプラーとは、タイ発祥の液体調味料のこと。魚を原料とし、塩をまぶした魚を約1〜1年半ほど発酵・熟成させて作る。日本でも同じ製法で作られた魚醤という調味料があり、魚を原料にした醤油といわれている。独特な香りや塩味が特徴的で、トム・ヤム・クンやグリーンカレー、パッタイ、ガパオライスなど、タイの定番料理には欠かせない。

#さまざまなハーブが長寿の秘訣！？

タイ料理に独特な香りや風味をつけるのに欠かせないハーブ。さらにハーブに含まれるさまざまな成分・効能が体に良いとされ、タイでは古くから食材としてだけでなく、薬や化粧品の原料としても使用されてきた。なおWHOの世界保健統計によるとタイの平均寿命は77.7歳で、世界平均の平均年齢73.3歳を上回っている。（2023年調べ）

レモングラス
レモンの香りのするハーブで、世界三大スープのひとつに数えられるトム・ヤム・クンには必ず加えられる。

パクチー
セリ科のハーブの1種でビタミンやミネラルが豊富。アメリカでは「コリアンダー」、中国では「シャンツァイ」と呼ぶ。

バタフライピー
マメ科の植物で、タイではハーブティーやお菓子の色づけなどのほか、石鹸やシャンプーの原料として使用される。

#フルーツ大国で甘いものも大好き！

一年中フルーツが採れるフルーツ大国タイでは、四季折々のフルーツが味わえる。また、タイ人は甘いものが大好きで、さまざまなフルーツを使ったカラフルなスイーツも人気。なかでも、蒸したもち米にココナツミルクや砂糖を加え、マンゴーをそえた「カオニャオ・マムアン」は代表的なスイーツ。

マンゴー
100種類以上あるタイ産のマンゴーのなかでも、ナムドクマイという品種が人気。

マンゴスチン
「果物の女王」と称されるフルーツで、果肉の上品な甘酸っぱさが人気。

ドリアン
独特で強烈な臭いから苦手な人も多いが、甘くて濃厚な味わい。

調査 タイLOVER'Sの おすすめグルメ&カフェ

Thailand Lover's Foodies...

花まで食べられるデコレーションで
華やかな彩りスイーツ&ドリンク

01

**ダークビアケーキ
200B**

メニューも店内もフォトジェニックで、どこを
撮影しても絵になります。チャイナタウンめぐ
りで疲れたらここで休憩するのがおすすめ
です。(パチャラさん)

02

品数なんと30種以上!
ソムタム好き必見の専門店

**タイ産
スイートコーンの
ソムタム80B**

とうもろこしの甘みが感じられてとてもおいし
かったです。辛さが苦手な人は辛さなしも選
べるのでぜひ!(アランさん)

03

最後のシメは
翡翠麺がおすすめ

**タイスキ
300B(1人前)**

シーフードがたっぷり入った鍋がおすすめ。
そしてシメの麺は、色鮮やかな翡翠麺「バ
ミー・ヨーク」で決まり!(ミカさん)

---

01 ウォールフラワーズ・カフェ
Wallflowers Cafe

チャイナタウン
▶**MAP** P.228 A-5

🏠31-33 Soi Nana,Kh waeng Pom
Prap, Pom Prap Sattru Phai Ⓜフ
アランポーン駅から徒歩6分 ☎090-
993-8653
🕐11:00〜18:00
Ⓚ無休

02 バーン・ソムタム
Baan Somtum

シーロム
▶**MAP** P.231 E-2

🏠9/1 Soi Pramuan, Si Wiang
Rd. ⒷⒷシーロム線Ⓢ5スラサック駅か
ら徒歩7分 ☎02-630-3486 🕐11:00
〜22:00 Ⓚ無休
※カード不可

03 ニュー・カントン・スキ&ヌードル
New Canton Suki & Noodle

アルン・アマリン通り周辺
▶**MAP** P.227 A-4

🏠1858/1 1F Suwannin Place, Near
Soi 36 Arunamarin Rama 8 Bridge
Thonburi Arun Amarin Rd. Ⓜバ
ン・イー・カン駅から車で10分 ☎02-883-
5691 🕐10:00
〜21:00(L.O.〜
20:00)Ⓚ無休

THAILAND LOVER'S

ミカさん
東京生まれの旅行ライター兼ブロガー。卒業旅行でタイを訪れたのきっかけに、タイの魅力を発信中

パチャラさん
チェンマイ生まれで約数十年タイのサービス業界に従事。伝統料理とカフェ文化について勉強中

アランさん
タイ南部出身のシステムエンジニア。趣味が高じて、休日にはバンコクに訪れる観光客を相手に街なかを案内

旬のフルーツが食べ放題で贅沢なひとときが楽しめる！

ぷるぷる フルーツゼリー 食べ放題550B **04**

マンゴーやドラゴンフルーツなど、タイが誇る南国フルーツが食べ放題。果物好きならぜひ一度は訪れてほしい!(ミカさん)

ここでしか味わえない伝統スイーツのタイ風アフタヌーンティーで至福のひととき

アフタヌーンティー 650B **06**

ここのアフタヌーンティーは、カオニャオ・マムアンなど、タイの伝統的なお菓子が楽しめます。個人的にはレモングラスのお茶がおすすめ!(パチャラさん)

カニのだしがしみ込んだ春雨がおいしい!

プー・オップ・ウンセン 310B **05**

春雨と魚介を一緒に蒸した料理で、食のすすむ味です!定番のクイティアオにはない春雨の食感もポイント。(アランさん)

---

04 フルーツ・ビュッフェ
Fruits Buffet

ペッチャブリー通り周辺
▶**MAP** P.229 E-2
⌂BAIYOKE SKY HOTEL 18F, 222 Ratchaprarop Rd. ⊗Ⓑスクンヴィット線N2パヤ・タイ駅から徒歩15分
☎02-656-3939 ⏰10:00〜15:00
㉿無休

05 ソムサック・プー・オップ
Somsak Pu Ob

ウォンウィアン・ヤイ駅周辺
▶**MAP** P.230 A-1
⌂234 Lat Ya Rd. ⊗Ⓑシーロム線S8ウォンウィアン・ヤイ駅から徒歩10分
☎089-494-1000 ⏰15:00〜21:00
㉿月曜

06 エラワン・ティー・ルーム
Erawan Tea Room

サイアム周辺
▶**MAP** P.228 D-2
⌂Erawan Bangkok Mall 2F, Grand Hyatt Erawan Bangkok, 494 Rajdamri Rd. ⊗Ⓑスクンヴィット線E1チット・ロム駅から徒歩5分 ☎02-254-1234 ⏰10:00〜22:00(アフタヌーンティーは14:30〜18:00)
㉿無休

Colorful vivid Thai curry

カラフルで色鮮やかなタイカレー

#タイカレー #ゲーン #レッドカレー #イエローカレー
#グリーンカレー #マッサマンカレー #Kaeng #Gaeng

ゲーン・クア・サッパロット・グン 440B
エビ入りのパイナップルカレー。パイナップルの酸味と甘みがエビと意外に合う

繊細で奥ゆかしい味わい

スパイス・マーケット

Spice Market

スパイス市場をコンセプトにした、ホテル内にあるタイ料理レストラン。オープン以来、約40年間変わらない人気を誇る。タイ料理のほか、シェフの創作料理も人気が高い。

サイアム周辺 ▶MAP P.228 D-2
🏠Anantara Siam Bangkok Hotel 1F,155 Ratchadamri Rd. ⊗Ⓑシーロム線Ⓢ1ラーチャダムリ駅からすぐ ☎02-126-8866 🕐月〜土曜12:00〜14:30、18:00〜22:30(アラカルト)、日曜12:00〜15:30(インターナショナルビュッフェ)、18:00〜22:30(アラカルト) Ⓗ無休

インテリアにもこだわった内装空間

イエローカレー
Kaeng Kari

タイ北部のカレーを堪能

パタラ Patara

ロンドンをはじめ海外にも支店を持つ有名なタイ料理レストラン。カレーは北部特有の繊細な味を楽しめる。一軒家の内部はモダンなインテリアでまとめられ、洗練された高級感が漂う。

トン・ロー周辺 ▶MAP P.146
🏠375 Soi Thong Lo 19,Sukhumvit 55 ⊗Ⓑスクンヴィット線Ⓔ6トン・ロー駅から車で5分 ☎02-185-2960〜1、098-253-6380 🕐11:30〜14:30、17:30〜22:00 Ⓗ無休

ゲーン・ヌア・プー 485B
カニの濃厚な風味が美味なイエローカレー。ライス・ヌードル付

グリーンカレー
Kaeng Khiao Wan

ゲーン・ヌア 100B
牛肉と青唐辛子のグリーンカレー。料金にはロティ(パン)が含まれる

気軽にロイヤルレシピが味わえる

カルパプルック Kalpapruek

オーナーはプリンスの称号を持つ王族。店内は気軽に入りやすいカフェのような雰囲気だが、伝統的なロイヤルレシピがメニューに並ぶ。グリーンカレーが名物。

シーロム ▶MAP P.231 E-2
🏠27 Pramuan Rd. ⊗Ⓢシーロム線Ⓢ5スラサック駅から徒歩7分 ☎02-236-4335、02-236-4338 🕐9:00〜17:00 Ⓗ無休

先祖代々受け継ぐタイの味

ハーモニック Harmonique

先祖代々から継いできた家をレストランに、受け継いできた本場タイの味を提供するクラシックレストラン。どこか懐かしさを感じるレストランの趣と温かみのある家庭料理が心を癒やす。

チャルン・クルン通り周辺
▶MAP P.230 D-1
♠ 22 Charoen Krung 34 Alley, BangRak
⊗Ⓑシーロム線⑤⑥サパーン・タークシン駅から徒歩12分
☎ 02-237-8175 ⏰ 11:00〜20:00 Ⓡ無休

歴史ある空気漂う古民家レストラン

🍴 マッサマンカレー
Kaeng Matsaman

マッサマンカレー
320B
タマリンドペーストの甘さが醸し出すフルーティな香りと、スパイスやハーブの刺激的な風味が特徴

スパイスが食欲をそそる

ティプタラ Thiptara

ザ・ペニンシュラバンコクのレストラン。アユタヤ様式の古民家を移築した建物や、チャオプラヤー川を望む立地も魅力。毎晩19時からは伝統楽器の生演奏も楽しめる。

チャルン・クルン通り周辺
▶MAP P.230 C-2
♠ ザ・ペニンシュラバンコク（▶P.154）GF
☎ 02-020-2888 ⏰ 18:00〜22:30 Ⓡ日曜

🍴 レッドカレー
Kaeng Phet

ゲーン・ペット・ペットヤーン
590B
鴨肉入りレッドカレー。豆なすやたけのこをたっぷり味わえる

古民家を移築し、タイらしい雰囲気が楽しめる

王族にもファンのいる本格味

クルア・アプソーン
Krua Apsorn

王室に料理を提供したこともあるオーナーによる、本格的なタイ料理の数々が味わえる人気店。食事どきになると、タイ人はもちろん外国人旅行者で満席になる。

王宮周辺 ▶MAP P.232 C-3
♠ 169 Dinso Rd. ⊗Ⓜサーム・ヨート駅から徒歩10分
☎ 094-693-0455、080-550-0310
⏰ 10:30〜19:30 Ⓡ日曜

食堂といった趣だが店内は広い

🍴 グリーンカレー
Kaeng Khiao Wan

ゲーン・キヤオ・ワーン・ルークチン・プラー・グラーイ 120B
魚のつみれ入りグリーンカレー。つみれや野菜がたくさん入ったボリューミーな一皿

✒ 旅メモ タイ語でカレーはゲーン（Kaeng＝汁物）と呼ばれ、スープカレーのようにサラッとしている

GOURMET

7大タイ料理

タイ麺

ローカルグルメ

美食グルメ

チャイナタウングルメ

ダイニング＆バー

One of the world's three best soups, Tom Yum Kung

世界3大スープのひとつ、トム・ヤム・クン

#トムヤムクン #Tomyumkung #Spicythaisoup
#海老が絶品 #ハーブが決め手 #王道のタイ料理 #名店の味

トム・ヤム・クン
大400B、小200B
ぷりぷりのエビがたっぷ
りと入り、濃厚な味わい

「お母さんの家」という店名

バーン・クン・メー

Ban Khun Mae

マーブンクローン・センター内にあり、
店内はアンティークで落ち着いた雰囲気。
メニューが豊富で、味の評判も高い。
いちばん人気はココナツミルク入りのト
ム・ヤム・クン。

サイアム周辺 ▶MAP P.228 C-4
🏠マーブンクローン・センター（▶P.116）2F
🚇Ⓑシーロム線Ⓦナショナル・スタジアム駅か
らすぐ ☎02-048-4593 ⏰11:00〜22:00
(L.O.〜21:00) 🈳無休

パーティに最適
な個室も完備

トム・ヤム・クン
Tom Yum Kung

欧州の技法で作るタイ料理

タリン・プリン

Taling Pling

イギリスやヨーロッパで料理の技術やお
もてなしの心を学んだシェフが、生ま
れ育ったタイで、祖父母の味を広めた
いと始めたレストラン。ヤムウンセン
やカニチャーハンが人気で、現在は、
バンコク内に6店舗を構える。

スクンヴィット周辺
▶MAP P.231 F-4
🏠25 Soi Sukhumvit 34, Khlong Tan,
Khlong Toei, 🚇Ⓢスクンヴィット線Ⓔ6ト
ン・ロー駅から徒歩8分 ☎02-258-5308〜9
⏰10:30〜22:00 🈳無休

シーフードトム・ヤム・クン
290B
エビがたくさん入ったぜいたくな
スープは、エビのだしが溶け込
み濃厚な味わい

多人数でもゆったりと食
事が楽しめるモダンで
広々とした店内

GOURMET

7大タイ料理

タイ麺

ローカルグルメ

美食グルメ

チャイナタウングルメ

ダイニング&バー

トム・ヤム・クン
150B
エビ、イカ、貝などの魚介が、辛く酸味のあるスープを濃厚に仕立てる

川エビや川魚を使ったメニューが人気

カーオ Khao

タイの伝統料理を新たな技法でアレンジしたメニューが味わえるレストラン。新鮮な川エビや川魚を使った人気のタイサラダやスープをはじめ、どれも本格的ながらも日本人の味覚に合ったメニューがそろっている。

エカマイ周辺 ▶MAP P.147

🏠 15 Ekkamai 10 Alley, Khwaeng Khlong Tan Nuea, Khlongtun Nua ⓧⒷスクンヴィット線E6 トン・ロー駅から車で5分 ☎ 02-381-2575 🕚 11:30〜14:00、17:30〜22:00 🈳月曜

店内は高級感あふれる佇まい。緑の見える窓際が人気

トム・ヤム・クン
530B
川エビの出汁が効いたスープは後引く辛さ

屋台の名店が生んだ絶品

トム・ヤム・クン・バンランプー

Tom Yum Goong Banglamphu

親子2代にわたり続く歩道上の名物イートイン屋台。気さくな店主が作る具だくさんで濃厚なトム・ヤム・クンと、エビたっぷりの炒め物が旅行者に人気。場所はカオサン通りの近く。

カオサン通り周辺 ▶MAP P.232 C-2

🏠 198 Soi Kraisi, Khwaeng Talat Yot, Khet PhraNakhon ⓧ プラ・アティット桟橋から徒歩10分 ☎ 086-883-7676 🕚 9:00〜20:00 🈳月曜

約20mの長さを誇るテーブル席も見もの

東北イサーン地方の母の味

スパンニガ・イーティング・ルーム

Supanniga Eating Room

カジュアルな家庭料理店。全メニューがオーナーの祖母のレシピをもとにしており、味は濃厚だがそれほど辛くないので食べやすい。タイ料理のほか、牛肉のグリルも絶品。家具や食器はイサーンから取り寄せられたもので、サービスに加えて雰囲気も抜群！

トン・ロー周辺 ▶MAP P.146/P.231 G-3

🏠 160/11 Soi Sukhumvit55 ⓑスクンヴィット線E6 トン・ロー駅から徒歩15分 ☎ 091-774-9808 🕚 11:00〜22:00 🈳無休

店は大通りに面している。駅から伸びる道を歩いて通りの右側に発見

トム・ヤム・クン 240B
エビが大きく、濃厚、酸味が強めで味に深みがある。透明スープも選択可能

Crab and Egg Competition, Phu Patpong Curry

カニと卵の競演、プー・パッポン・カリー

#プーパッポンカリー #Phupatpongcurry #蟹の旨味が凝縮 #crabcurry
#蟹の炒め物カレー風味 #殻なしも注文可 #殻なしはヌアプーパッポンカリー

A
プー・パッポン・カリー
230B/100g
辛さはひかえめのカニと卵の
カレー。クリーミーでマイルド
な味わい

プー・パッポン・カリー
Phu Patpong Curry

So Wonderful!

B
プー・パッポン・カリー
420B(S)
卵のふんわり感が絶品!やさ
しい味付けで、ご飯によく合
う看板料理

カニ肉たっぷりのカレー

Ⓐ サボイ

Savoey

メニューが豊富で、特にプー・パッポン・カリーがお
いしいと昔から評判の名店。毎日、生きた状態のま
まカニやエビを仕入れているので鮮度は抜群。バン
コクに4店舗を展開。

サイアム周辺 ▶MAP P.229 F-4

🏠 Mercury Ville 2F, Ploenchit Rd. ⊗Ⓑスクンヴィット線
Ⓔチット・ロム駅からすぐ ☎066-095-5916 🕐10:00〜
22:00 ㊡無休

カジュアルで入りや
すい雰囲気

不動の人気を誇る元祖の味

Ⓑ ソンブーン・シーフード

Somboon Seafood

プー・パッポン・カリー発祥といわれる店。おいしい
新鮮な魚介が手ごろな値段で味わえると在住日本人
にも評判。料理はS・M・Lと3サイズ展開で、人数
に応じて選べる。

サイアム周辺 ▶MAP P.228 C-1

🏠 セントラル・ワールド(▶P.143) 6F ☎02-090-6602
🕐11:00〜22:00 ㊡無休

プー・パッポン・カリ
ー以外にも海鮮メニ
ューが豊富

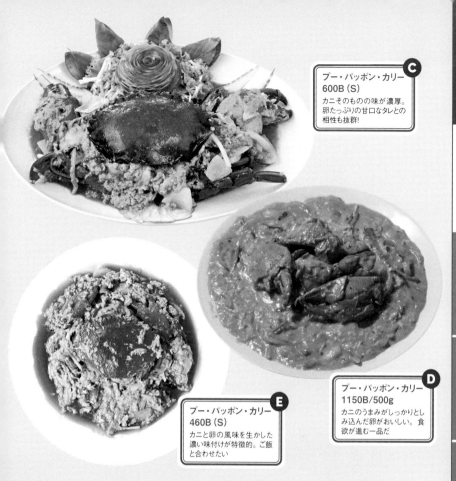

GOURMET

7大タイ料理

タイ麺

ローカルグルメ

美食グルメ

チャイナタウングルメ

ダイニング＆バー

プー・パッポン・カリー
600B (S) **C**
カニそのものの味が濃厚。
卵たっぷりの甘口なタレとの
相性も抜群！

プー・パッポン・カリー
1150B/500g **D**
カニのうまみがしっかりとし
み込んだ卵がおいしい。食
欲が進む一品だ

プー・パッポン・カリー
460B (S) **E**
カニと卵の風味を生かした
濃い味付けが特徴的。ご飯
と合わせたい

タイ各地の新鮮魚介を堪能

C ソントーン・ポーチャナー

Sornthong Pochana

タイ南部スラターニー県や東部
ラヨーン県から毎日新鮮な魚介
が届く中華＆シーフード・レス
トラン。「家庭的な雰囲気での
食事」がコンセプトで、大皿＆
良心的価格で人気がある。

スクンヴィット周辺
▶**MAP** P.227 C-5

🏠2829-2831 Rama 4 Rd.　🚇Ⓑスク
ンヴィット線Ⓔ5プロン・ポン駅から
車で5分　📞02-258-0118　🕐12:00
～22:00　㊡無休

店頭の生けすには大
ぶりな魚介がたくさ
ん

1軒の屋台から始まった名店の味

D ティーポチャナ

T-Pochana

新鮮な魚介が味わえるお店として
連日多くの地元民や観光客でにぎ
わう老舗レストラン。看板メニュ
ーのプー・パッポン・カリーやイカ
フライ、エビの春雨炒めなど、オ
ープンから変わらぬ味を提供する。

ヴィクトリー・モニュメント駅周辺
▶**MAP** P.229 E-2

🏠78/12-16 Ratchaparop Rd, Thanon
Phaya Thai,Khet Ratchtchatewi
🚇エアポート・レール・リンクⒶ7ラチャ
プラロップ駅から徒歩4分　📞02-247-
1061　🕐10:30～
22:00　㊡無休

表通りに面した店。店
内も広々として開放的

地元で愛される人気店

E クアン・シーフード

Kuang Seafood

旅行者も地元民も一緒に集う、
創業約20年のシーフード店。新
鮮な魚介がリーズナブルな値段
で味わえる。自慢のプー・パッ
ポン・カリーのほか、生ガキや
生エビも人気がある。

ヴィクトリー・モニュメント駅周辺
▶**MAP** P.229 E-2

🏠107/13 Soi Rang Nam　🚇Ⓑスクンヴ
ィット線Ⓝ3ヴィクトリー・モニュメント
駅から徒歩12分　📞02-642-5591、064-
457-1089　🕐11:00～翌1:00　㊡無休

エアポート・レール・
リンクのラチャプラ
ロップ駅からも歩い
て行ける距離

🖊 **旅メモ**　一般的にワタリガニを使いますが、ソフトシェルクラブも人気。

Khao Man Gai with plenty of chicken flavor

チキンの旨みたっぷりのカオ・マン・ガイ

#カオマンガイ #Khaomangai #海南鶏飯 #thaichickenrice
#人気屋台メニュー #鶏肉の炊き込みご飯 #チキンライス #yummyfood

カオ・マン・ガイ
40B
他店に比べ、しっとりふっくらと茹で上げた鶏肉が魅力。タレとの相性も抜群

Must!

バンコクでいちばん人気の繁盛店

ガイトーン・プラトゥーナム

Kaithong Pratunam

セン・セープの運河に近い、バンコクでは有名なカオ・マン・ガイの店。朝早くから深夜まで、いつ行っても客が絶えない。おいしさの秘密は、こだわりの自家製茹で鶏。

ペッチャブリー通り周辺
▶MAP P.229 E-3
🏠 Soi Petchaburi 30,New Petchaburi Rd. ⓈⒷスクンヴィット線E1チット・ロム駅から徒歩18分 ☎02-252-6325、061-656-9659 ⏰6:00〜14:00、15:00〜21:30
不定休

ピンクの看板が目印。いつでも行列が絶えない

ピンクのカオ・マン・ガイといえばココ!

カオ・マン・ガイ
Khao Man Gai

ジューシーさと爽やかなタレが◎

ピ・チャイ・ガイ・トーン

Phi Chai Khai Ton

1日平均300皿を売るこちらの食堂。こってりめのご飯としっとりジューシーな茹で鶏、マナオ（ライム）の酸味が爽やかなタレの相性バツグン！ カオ・マン・ガイ・トートも美味。

チャイナタウン周辺 ▶MAP P.228 A-5
🏠 23/6 Soi Sikorn 1, Trimit Rd. Ⓜフアランポーン駅から徒歩4分 ☎084-071-2998 ⏰7:00〜17:30（日曜は〜15:00）無休

カオ・マン・ガイ
50B
一口食べると、やわらかさとジューシーさにびっくり

タンパク質豊富で体にもいいぞ!

GOURMET

7大タイ料理

タイ麺

ローカルグルメ

美食グルメ

チャイナタウングルメ

ダイニング&バー

ポイントは元気が出る辛さ

カオ・マン・ガイ・メンシー

Khao Man Kai Mensii

ワット・サケット（▶P.43）の向かいにある問屋街にあり、カオ・マン・ガイ一筋約50年の老舗。中国海南島出身の祖父が始め、味を引き継ぐ。鶏・ご飯・タレの相性がバツグン。

王宮周辺 ▶**MAP P.228 A-3**

♠383/164 Soi Mensii 2,Chakkaphatdi Phong Rd. Ⓜサムヨート駅から車で5分 ☎091-599-6394 ⏰6:00〜15:00 ㊡無休

> **カオ・マン・ガイ 50B**
> ふっくらした鶏肉と相性のいいタレ。暑い最中、元気が出る辛さ!

ローカルな雰囲気が漂う店内

> **カオ・マン・ガイ 大85B、小70B**
> 米と赤玉ねぎ、レモングラス、バターを一緒に炊き、香りと味をつける

シンガポール風に炊き込む

ブーン・トン・キアット

Boon Tong Kiat

人気メニューは、シンガポール風のカオ・マン・ガイ。味がしっかりとついた炊き込みご飯に、素材を生かした薄味の鶏肉がのっている。肉は脂がほどよく、食べごたえあり。

トン・ロー周辺 ▶**MAP P.147**

♠440/5 Soi 55, Sukhumvit Rd. Ⓑスクンヴィット線E6トン・ロー駅から車で5分 ☎02-390-2508 ⏰9:00〜21:00 ㊡不定休

新嘉坡（シンガポール）の漢字が目印

唐揚げバージョンに注目

モンコン・ワタナー

Mongkhon Wattana

カオ・マン・ガイの名店。茹でた鶏肉を揚げたカオ・マン・ガイ・トートが人気。やわらかくさっぱりとした鶏肉とだしのしみたご飯、スパイシーなタレが絶妙。

バンコク都北部 ▶**MAP P.227 C-2**

♠1895/8 Pahonyothin37/1 Pahonyothin Rd. Ⓑスクンヴィット線N11ラチャヨーティン駅から徒歩3分 ☎087-107-3426/081-814-2605 ⏰6:00〜16:00 ㊡無休

店前につるされた大量の鶏肉がインパクト大

> **カオ・マン・ガイ・トート 大50B、小40B**
> サクサクに揚げた鶏肉をのせて。やや甘めのたれをつけて食べる

🖋 **旅メモ** カオ・マン・ガイはタレを鶏肉にかけて、鶏肉を一口サイズにカットして食べるのがベター。

There are still many standard gourmet foods in Thailand

まだまだあるタイの定番グルメ

#ガパオライス #Padkrapow #ソムタム #Somtum
#タイスキ #Thaisuki #Thaifood #定番タイ料理

ガパオ
GAPRAO
鶏肉をバジルと
炒めた国民食

ガパオライス 129B

❶目玉焼きとはひと味違う、ふわトロ食感が楽しめる
スクランブルエッグタイプ168B。 ❷店内は狭さを
感じさせない開放感あふれる造り

肉や卵の種類が選べる

ガパオ・タ・ペー
Gapow Tapae

牛肉や豚肉、卵の種類などを選んで自分好
みのガパオライスが味わえる専門店。カリ
ッカリに炒められた肉の食べごたえはイン
パクト大。

スクンヴィット周辺
▶MAP P.230 C-3
🏠39/1 Sukhumvit Rd, Khlong Toei Nuea,
Watthana Ⓜスクンヴィット駅/Ⓑスクンヴィ
ット線E4アソーク駅から徒歩5分
☎065-396-5291 🕐9:30～19:30 ㊡無休

スパイスやバジルにこだわり

パド・クラ・パオ
Original Pad Kra Pao 1993

スパイシーなガパオを提供する人気店。
豚肉や牛肉を使用したオーソドックスな
タイプも絶品だが、イカやエビがのっ
たシーフードタイプもおすすめ。

ウォンウィアン・ヤン駅周辺
▶MAP P.230 A-2
🏠231 Soi Charoen Rat 4, Khlong Ton Sai,
Khlong San Ⓑシーロム線S8ウォンウィ
アン・ヤン駅から徒歩3分 ☎084-224-6459
🕐11:00～21:00 ㊡水曜

おしゃれな看板
が目印。小さな
お店のため満席
覚悟で早めの時
間に行こう

ガパオライス 79B

ソムタム
SomTum
青パパイヤの
サラダ仕立て

ソムタム・キャロット
70B

千切りにしたにんじんとピーナツを和えたソムタム。色鮮やかでクセになる味

自分好みの味に出会える

ハイ・ソムタム・コンベント

Hai Som Tam Convent

屋台街で有名なコンヴェント通りにあるイサーン料理の店で、ソムタムのメニューも豊富。辛さ、甘さ、塩加減を細かく指示して、自分好みのこだわりソムタムを注文できる。

シーロム ▶MAP P.231 G-1

🏠2/4-5 Convent Rd. ⊗Ⓑシーロム線Ⓢ2サラ・デーン駅から徒歩3分 ☎02-631-0216 �🕐11:00〜21:00(土曜は〜20:00) ㊡日曜

イサーン地方の味を再現

ソムタム・ダー Somtum Der

ソムタム発祥の地、タイ東北部イサーン地方の、甘くなく塩辛い味を受け継ぐ店。味の決め手となる食材と調味料をイサーンから仕入れている。世界各地にも支店を持つ人気店。

シーロム ▶MAP P.231 G-1

🏠5/5 Saladaeng Soi 1 Saladaeng Rd. ⊗Ⓜシーロム駅／Ⓑシーロム線Ⓢ2サラ・デーン駅から徒歩5分 ☎02-632-4499 �🕐11:00〜23:00 ㊡無休

タム・スオー・サコンナコン
80B

イサーン地方の伝統的ソムタム。ビーフンと独特の風味があるギンネムの種を使う

タイスキ
Thai Suki
具材を鍋で煮込む
タイ風しゃぶしゃぶ

タイスキ
約500B(一人前)

ゴージャスな雰囲気のタイスキ

MKゴールド サラデーン店

MK Gold Saladang

タイスキ・チェーン「MK」の高級バージョン。通常のMKと異なり、牛肉はオーストラリア産、カキやカニといったMKゴールド限定の具材があるなど、素材にこだわっている。

シーロム ▶MAP P.231 G-1

🏠118 Soi Saladaeng, Silom Rd. ⊗Ⓜシーロム駅／Ⓑシーロム線Ⓢ2サラ・デーン駅から徒歩5分 ☎083-099-6228 �🕐11:00〜21:30 ㊡無休

》》HOW TO《《

おいしい
タイスキの食べ方

ここではタイスキを実際に食べる際の食べ方を伝授。さまざまな具材を楽しもう

▶ セットを注文し
単品を選ぼう

まずは野菜のセットを頼んで肉や魚介類など、好きな具材を注文しよう。アクを取りながらじっくり煮込むのがポイント

▶ 自分好みの
タレを作る

各店のタレににんにくや唐辛子、ライムなどを絞って自分好みの味付けに。辛すぎた場合は鍋のスープで味を薄めよう

▶ 変わりダネに
チャレンジ!

ヤングコーンやつみれの香草巻きなど、日本の鍋にはなじみがない具材があるのがタイスキの魅力

GOURMET

7大タイ料理

タイ麺

ローカルグルメ

美食グルメ

チャイナタウングルメ

ダイニング&バー

タイの麺を深掘り

> タイの麺料理は種類や調理法がたくさんあって、食べたいメニューや注文の仕方を迷うことも。ここで麺の種類や定番メニューをチェックしよう！

Part 1 タイ麺の基礎知識

タイの麺料理はメニューの種類の多さもさることながら、麺自体の種類も豊富。米粉でできた「米麺」と小麦粉の「小麦麺」が主だが、それ以外にも押さえておきたい麺や、調理法ごとの特徴を紹介

おもな麺の種類

Thailand Style

センミー

幅約1mm程度の米粉麺。捏ねた生地を細く絞り出し、一度茹でてから乾燥させる。日本のビーフンと同じで、コシとつるっとしたのどごしが楽しめる

センレック

センヤイと同様に作られるが、蒸した後に半乾燥させて幅5mm程度に断裁。代表する麺料理のパッタイは、このセンレックを使用することが多い

センヤイ

米粉麺。生地を蒸してから綿状に裁断するが、幅が1～3cmと太いのが特徴。つるりとしたのどごしとモチモチした食感が楽しめる。主に生麺として使用

センミー

小麦粉と卵で作られた麺を指すが、薄味のスープに小麦だけで作られた麺を入れた「タイ風ラーメン」をバミーと呼ぶケースもある。日本のラーメンの麺に似ている。

センママー

インスタント麺。ママーはタイのインスタント食品のメーカー名からその名が付いた。タイの屋台では、麺の種類でセンママーを選べることもある。

ウンセン

緑豆やタピオカでんぷんから作られた春雨のこと。ヤム・ウンセンなどのサラダやパット・ウンセンなどの炒め物の具材として使われる。

おもな調理法

茹でる

センヤイやセンミーなどを茹でて食べる。茹でた後に汁を注ぐ汁ありと汁なしが選べる。汁なしのメニューを「〇〇ヘン」と呼ぶ

汁あり

主なメニュー：クイティアオ、カオ・ソーイなど

汁なし

主なメニュー：バミー・ヘン、クイティアオ・ヘンなど

炒める

生麺や水で戻した乾麺を炒めて食べる。麺と一緒に具材を炒める場合と、具だけ後から炒めて上にのせるものがある。

主なメニュー：パッタイなど

揚げる

油で揚げた麺の上に、餡をかけて食べる。日本のあんかけ焼きそばに似ている。タイの定番麺料理、カオソーイではこの揚げた麺を使うこともある。

主なメニュー：ラートナー・ミークロープなど

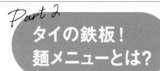

Part 2
タイの鉄板！麺メニューとは？

タイにはさまざまな麺料理があって、朝食に最適なさっぱり系から、ガッツリと味わいたいメニューまで楽しめる。朝早くから営業している店もあるので、1日麺の食べ歩きもおすすめ！

01 クイティアオ/クイティアオ・ヘン

鶏ガラなどでだしをとったうす味のスープに、茹でた麺を合わせて食べる定番のメニュー。米粉麺のことを同名のクイティアオと呼ぶため、汁ありの場合はクイティア・ナムと注文すると間違いにくい。

クイティアオ・ナム・ルクチン
朝から煮込んだ豚骨スープに、豚ひき肉やフィッシュボールなど具材もたっぷり

02 パッタイ

もちもちの食感が美味

パッタイ
スパイスが効いたパッタイは、鶏肉や豚肉などの具材がトッピングされたバージョンも

本来の名称はクイティアオ・パッタイで、米粉麺のタイ風炒めという意味。麺の種類によって、センヤイ・パッタイ、センミー・パッタイなど、呼び分けされることもある。麺とともに鶏肉やにら、もやし、エビやイカなどを炒める。

03 カオ・ソーイ/カオ・ソーイ・ヘン

ココナツミルクが入ったカレーベースのスープに、茹で麺と揚げ麺を入れて食べるカレーラーメン。主にチェンマイなどタイ北部で親しまれている。豚や鶏、牛肉など店や地域によって具材が異なるのも特徴。

カオ・ソーイ・ヘン
チェンマイ名物のカレーラーメン、パリパリ麺と具材が絡み合う

04 バミー/バミー・ヘン

バミー・ヘン
タイ風の汁なしラーメンで、ワンタン・焼き豚・カニをトッピング

汁ありなしはお好みで！

小麦粉と卵で作られた麺を使った料理のこと。日本のラーメンの麺に近いため、タイ人だけでなく日本人にも人気。具材はワンタンや焼き豚、カニなどが多い。

お昼はいつも大行列の人気店

01 ルン・ルアン

Rung Rueng

過去にミシュランのビブグルマンにも選ばれた有名店。豚骨とトムヤム味の2種のスープが選べる。

プロン・ポン周辺
▶MAP P.231 E-4
🏠10/3 Sukhumvit 26
⊗Ⓑスクンヴィット線E5プロン・ポン駅から徒歩5分
☎02-258-6746
🕐8:00〜17:00
㊡無休

強火で炒めたパッタイが名物

02 パッタイ・ファイタル

Pad Thai Fai Ta lu

民主記念塔のすぐ近くにたたずむパッタイ専門店。同店もミシュランのビブグルマンに選ばれた人気の店。

王宮周辺
▶MAP P.232 C-2
🏠115/5 Dinso Rd. Bawornivet, Phranakorn
⊗Ⓜサーム・ヨート駅から徒歩20分 ☎089-811-1888
🕐10:00〜24:00 ㊡無休

チェンマイ発カオ・ソーイ専門店

03 オン・トン・カオ・ソーイ

Ong Tong Khao Soi

カフェのような店内では、スープあり・スープなしなど、さまざまなカオ・ソーイが味わえる。タイ北部の名物。

アーリー駅周辺
▶MAP P.227 C-4
🏠31 Phahon Yothin Soi 7 Phahon Yothin Rd. ⊗Ⓑスクンヴィット線N5アーリー駅から徒歩3分 ☎02-003-5254
🕐9:00〜21:00 ㊡無休

もちもち自家製麺の老舗店

04 バミー・コン・セーリー

Bamii Khon Saelee

広東出身の初代のレシピを守り続けて約60年。もちもちした自家製麺だけでなく、炒飯もおいしい。

トン・ロー周辺
▶MAP P.146/P.231 G-4
🏠1081 SukhumvitRd. (Between Soi 55 and 57)
⊗Ⓑスクンヴィット線E6トン・ロー駅からすぐ ☎02-381-8180
🕐7:00〜22:00 ㊡第2・4火曜

Part 3

絶品のタイ麺を味わおう!

タイのソウルフードともいわれる麺料理は、種類やトッピングのバリエーションが豊富!自分好みにアレンジもでき、値段もお手ごろ。何度でも食べたい一皿をご紹介!

カレー味のカオ・ソーイ

クイティアオ・シップソン・パンナー

Kwitiau Sipsong Panna

シップソン・パンナーとは中国雲南にあるタイ族の故郷。カオ・ソーイやナム・キヤオなど北タイ料理が専門。

シーロム ▶**MAP** P.231 F-2

🏠16/4 Soi Silom 3, Silom Rd. ⊗Ⓑシーロム線 S2 サラ・デーン駅から徒歩7分 ☎086-334-1489 🕖7:30〜14:00 ㊡日曜

異なる麺の食感を楽しむ

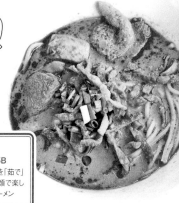

カオ・ソーイ
小35B、大45B
黄色の中華麺を「茹で」「揚げ」の2種類で楽しめる、カレーラーメン

Yummy!

ラートナー・タレー 70B
幅広麺と具がたくさん入った、醤油味のあんかけスープ

安くてうまい庶民の味方

イム・チャーン

Imm Chan

豊富なタイ料理のメニューがそろう、プロン・ポン駅前の食堂。麺類も充実しており、日本語メニューがあるのもうれしい。

スクンヴィット周辺 ▶**MAP** P.231 E-4

🏠669 Soi 37 Sukhmvit Rd. ⊗Ⓑスワンヴィット線 E5 プロン・ポン駅から徒歩5分 ☎089-813-7425 🕖7:00〜22:00 ㊡無休

見た目もオシャレなパッタイ

バーン・パッタイ

Baan Phadthai

レストラングループ「イッサヤー」系列のパッタイ専門店。オリジナルのタレやこだわったカニを使うなど、高級なパッタイを食べられる。

チャルン・クルン通り周辺 ▶**MAP** P.230 D-2

🏠16/4 Soi Silom 3, Silom Rd. ⊗Ⓑシーロム線 S6 サパーン・タークシン駅から徒歩5分 ☎02-060-5553 🕖11:00〜22:00 ㊡無休

パッタイ・プー 320B
もっちりとした麺にたっぷりのカニの身がからんで絶妙な味わい。ライムの爽やかさも食欲をそそる

自家製ダレが旨味をUP!

パッタイで有名な老舗
ティップ・サマイ
Thip Samai

1966年に創業した、わざわざタクシーで乗りつける地元の人もいる有名店。パッタイのほか卵包み、カニ肉のせなども人気。

王宮周辺 ▶**MAP** P.232 D-3

🏠313 Mahachai Rd., Samranrat, Prankorn.
Ⓜサーム・ヨート駅から徒歩10分 ☎02-226-6666
🕘9:00～24:00 ㊡火曜

> パッタイ・ホー・カイ　90B
> オリジナルのソースがもちもち感のある麺とからみ、クセになる味

> クセの少ないアヒル肉を使用

歴史を刻む名店の味
プラチャック・ペットヤーン
Prachak Petyaang

100年を超す歴史をもつ老舗の食堂。アヒルや豚の炭火焼きや麺料理など100種類以上のメニューがそろっている。

チャルン・クルン通り周辺 ▶**MAP** P.230 D-2

🏠1415 Charoen Krung Rd. Ⓑシーロム線[S6]サパーン・タークシン駅から徒歩5分 ☎02-234-3755 🕘8:30～20:00
㊡無休

> バミー・ペット　50B～
> ほどよい甘口のタレとコシのある麺で、食べる手が止まらなくなる

Which would you choose?

酸味の効いた絶品スープ
イェンターフォー・ワット・ケーク
Yentaafoo Wat Khek

ワット・プラ・シー・マハー・ウマー・テウィー（▶P.145）のそばにある食堂。いろいろな国籍の人でにぎわいをみせる。

シーロム ▶**MAP** P.231 E-2

🏠8 Pan Rd. Ⓑシーロム線[S5]スラサック駅から徒歩10分 ☎02-236-4393 🕘9:00～15:30 ㊡土・日曜
※カード不可

> イェンターフォー
> 小40B、大50B
> コクのある豚骨スープと赤色のトマトソース。元気が湧いてくる一杯

Local gourmet food full of individuality

個性あふれるローカルグルメ

#カオヤム #カントーク #イサーン料理 #Localfood
#ラープ #タマリンドソース #ローカルグルメ #Tamarindsause

スパイスが効いた南部料理

クアクリンパックソッド

Khua Kling Pak Sod

祖母から続く家族の味を後世に継ぐために開かれたレストラン。スズキを使った人気のイエローカレーや豚肉のエビペースト炒めをはじめとした、ブレンドスパイスの豊かな風味と香りが特徴的な、タイ南部の家庭料理の数々が堪能できる。

トン・ロー周辺 ▶MAP P.146/P.231 F-3

🏠 98/1 Soi Thonglor5 Sukhumvit55, Khlong Tan Nuea, Watthana ⊗Ⓑスクンヴィット線 E6 トン・ロー駅から徒歩9分 ☎086-053-7779 🕐9:00～21:00 ㊡無休

エビフライの タマリンドソース添え 580B

❶サックサクと揚がったエビに、タマリンドソースをかけた人気メニュー ❷いろんな種類の野菜と、魚の内蔵を使った発酵調味料、唐辛子をご飯に混ぜるライスサラダ

カオ・ヤム・パックターイ 240B

🍴 **タイ南部** 辛みに特徴あり

カオ・ヤム 160B

HOW TO

カオ・ヤムの食べ方

カオ・ヤムとはカオ＝ご飯、ヤム＝混ぜるという意味で、レモングラス、こぶみかんの葉っぱ、もやし、ザボン、インゲンなどの野菜や香草をご飯に混ぜて食べる料理です。味付けは魚を発酵させて作るナムブードゥーという調味料を使用。

おばあちゃんのピリ辛料理

バーン・アイス

Baan Ice

スタイリッシュな内装の店内で、オーナーであるアイス氏の祖母のレシピによる料理を提供するレストラン。同じタイ南部でもアンダマン海に面するプーケットとはひと味違う、濃い味付けでピリ辛のナコンシータンマラート県の味が楽しめる。

トン・ロー周辺 ▶MAP P.146/P.231 G-3

🏠 Somerset Bldg., 55 Sukhumvit Rd. ⊗Ⓑスクンヴィット線 E6 トン・ロー駅から徒歩12分 ☎02-381-6441 🕐11:00～21:40 ㊡無休

プラーガポン・ ヤム・タクライ 450B

❶香草と薬味とご飯、さまざまな食感と味わいが口の中で調和する一品 ❷揚げたスズキと、香草や薬味を一緒に食べる

セット・エウ・ヌア 450B

🍴 **タイ北部**
香辛料を多く使う

北部の定番料理「カントーク」のように1つのお盆の上に、唐辛子のディップやチェンマイのソーセージなどがのったオードブル

〞**HOW TO**〝

カントークとは？

カントークはお盆や丸テーブルに数種類の料理を置いて食べるスタイルのこと。料理の種類は店によって異なるが、食事を短時間で済ませたい人におすすめ。

オーガニック野菜で作ったタイ料理

ジンジャー・ファーム・キッチン

Ginger Farm Kitchen

チェンマイに本店を構えるレストラン人気レストラン。地元農家が作る有機栽培の野菜を使った「ファーム・トゥ・テーブル」をコンセプトに、北タイ料理を中心に安全で安心なタイ料理を提供。

バンコク都南部 ▶MAP P.227 D-5

🏠 3F 101 The Third Place, Sukhumvit Rd. Ⓢ Ⓑ スクンヴィット線 E11 プンナウィティ駅から徒歩6分 ☎ 02-010-5235 🕐 11:00~22:00 Ⓡ 無休

イサーン名物が味わえる

ザオ・エカマイ

Zao Ekkamai

タイ東北部にあるイサーンの郷土料理を提供する隠れ家的レストラン。イサーン料理の特徴は「自然の物はなんでも食べる」で、ソム＝「酸っぱい」とタム＝「叩く」が語源のソムタムというサラダや豚肉を使ったラーブという料理が人気。

エカマイ周辺 ▶MAP P.227 D-5

🏠 155 Soi Pridi Banomyong 25 Khlong Tan Nuea, Watthana Ⓢ Ⓑ スクンヴィット線 E7 エカマイ駅から徒歩25分 ☎ 063-246-9545 🕐 11:30~23:00 Ⓡ 無休

🍴 **タイ東北部**
イサーン料理
発祥の地

❶

**エビと蓮のスパイシー
サラダ 300B**

ラーブ 280B

❷

❶ソムタムをベースに蓮の茎と川エビを使ったサラダ ❷豚肉の細切りにミントやパクチーなどを混ぜたタイ風肉サラダ

✏️ **旅メモ** 地域によって気候も採れる食材も違うため、エリアによって料理の味のテイストが異なるのが特徴。

縦書きタブ（右端）:

GOURMET / 7大タイ料理 / タイ麺 / ローカルグルメ / 美食グルメ / チャイナタウングルメ / ダイニング＆バー

89

個性あふれるローカルグルメ

A
ソムタム・カイケム
80B
塩漬け卵を加えた
パパイヤサラダ

A
ガイ・トート
130B（半羽）
チキンの上にのった山
盛りの揚げにんにくが
ポイント

B
ガイ・ヤーン
200B
味付けされた鶏肉の
炭火焼き。2種類のタ
レで味変が楽しめる

B
プラーガポン・
ヌン・マナオ 340B
スズキのライム蒸し。
身がぷりぷりで絶品

A 40年以上愛される素揚げチキン

ポロ・フライドチキン

Polo Fried Chicken

鶏の唐揚げ、ガイ・トートは衣付きが主流だが、ここ
ではタイ南部風の素揚げ調理。カラッと揚がった鶏
肉は、朝からテイクアウトする人が絶えない。

シーロム ▶**MAP** P.229 F-5

🏠137/1-3 Soi Polo, Lumpini ⊗Ⓜル
ンピニー駅から徒歩15分 ☎02-655-
8489 🕐7:00〜21:00 ㊡第2月曜

B 鶏の炭火焼きの定番店

サバーイジャイ

Sabaijai

看板料理のガイ・ヤーンが在住者に絶大な支持を受け
ているイサーン料理店。シーフードや南部料理も。注
文時は写真付メニューがあり、旅行者も利用しやすい。

トン・ロー周辺 ▶**MAP** P.147/P.231 G-3

🏠87 Soi Ekkamai 3 ⊗Ⓑスクンヴィッ
ト線Ｅ7エカマイ駅から徒歩20分
☎02-714-2622 🕐10:30〜22:00
㊡無休

GOURMET

7大タイ料理

タイ麺

ローカルグルメ

美食グルメ

チャイナタウングルメ

ダイニング&バー

C
ナム・プリック・カイ・プー 500B
ペースト状にした塩漬けの蟹の卵に野菜をディップして食べる盛り合わせ

C
花の天ぷらの盛り合わせ
300B（小）/500B（大）
バタフライピーやバラなどの約8種の花を揚げたタイ風天ぷら

D
トム・ヤム・クン
320B（小）/580B（大）
新鮮なエビをふんだんに使用した、コクのある一品

C 目指すは"本物のタイ料理"
ルアン・マリカ

Ruen Mallika

最高級の食材のみを使用した王室料理が堪能できる本格レストラン。タイに古くから根付く、指で食べるという食事スタイルにこだわった料理の数々が味わえる。

スクンヴィット周辺 ▶**MAP** P.227 C-5

🏠 189 Soi Setthi Thawi Sap, Khlong Toei Ⓜクイーン・シリキット・ナショナルコンヴェンション・センター駅から徒歩9分 ☎084-088-3755 ⏰12:00〜23:00 ⊛無休

D 自慢のシーフード料理を堪能
レム チャルン・シーフード

Laem Charoen Seafood

タイ中央部にあるラヨーン県に本店を構える人気のローカルレストラン。店名からも分かるように、魚介にこだわる名店で、カニやエビを使ったメニューが豊富。

サイアム周辺 ▶**MAP** P.228 C-1

🏠 セントラル・ワールド（▶P.143）3F ☎081-234-2084 ⏰11:00〜21:30 ⊛無休

✎ 旅メモ ナム・プリックとは辛みと粘度のあるソース、またはディップのことを指す。

Bangkok gourmet address you want to go to now

今行きたいバンコク美食アドレス

(#タイ料理レストラン) (#一軒家レストラン) (#Twostarmichelin)
(#フルコースメニュー) (#世界トップクラスの味) (#Bangkokgourmet)

Genic!

テーブル一面に広がる料理の
美しさとおいしさに感動

ガー Gaa

タイの人気レストラン「ガガン」でスーシェフ
を務めていたガリマ・アローラさんが開いた店。
タイの食材を用いてインド料理の世界観を表
現したキュイジーヌは、5部構成の1コース制。

トン・ロー周辺 ▶**MAP** P.146/P.231 G-4

🏠 46 Soi Sukhumvit 53　🅑スクンヴィット線 E6
トン・ロー駅から徒歩5分
☎ 063-987-4747
🕐 17:30～21:00(土・日
曜は12:00～13:30、17:30
～21:00)　🈺無休

5つのテーマのなかのひとつ「The Fisherman's Fast」
3800Bは、魚介がたっぷり。テーマごとに料理数品で構
成されるので、コースの品数はかなり多い

NY仕込みのモダンなタイ料理

ル・ドゥ LE DU

「ル・ドゥ」とは、タイ語で季節
の意味。タイの最高学府チュラ
ロンコン大学卒業後、NYに渡り
料理の世界に進んだシェフのトン
さんが、新しいタイ料理を提案。
コースは4品か6品の2種類から
選べる。

シーロム ▶**MAP** P.231 F-2

🏠 399/3 Silom Soi 7　🅑シーロム線 S3 チョン・ノンシー駅
から徒歩3分　☎ 092-919-9969　🕐 18:00～22:00　🈺日曜

「6コース・テイス
ティング・メニュ
ー」3590Bのなか
の2品。豚の炭火
焼きと、エビとオ
ーガニックライス

「9コース・テイスティ
ング・メニュー」
4500Bは、タイの東
北地方、スリン県産
の牛肉をメインに使
用した華やかな一品
(コースの一例)

ストーリーが
詰まった一皿

キャンバス

Canvas

テキサス出身のライリー・サンダースさんが、タイの
食材を使って作るインターナショナルな料理に、バン
コクのグルメシーンの最先端を感じられるはず。ディ
ナーのみ、9品の1コース制。

トン・ロー周辺 ▶**MAP** P.146/P.231 G-3

🏠 113/9-10 Soi Sukhumvit 55
🅑スクンヴィット線 E6 トン・ロー
駅から徒歩12分　☎ 099-614-1158
🕐 18:00～20:30　🈺月曜

GOURMET

7大タイ料理

タイ麺

ローカルグルメ

美食グルメ

チャイナタウングルメ

ダイニング&バー

日本人シェフによる創作フレンチ

メッツァルーナ

Mezzaluna

タワー・クラブ・アット・ルブアの最上階65階にあり、ミシュラン2つ星を7年連続獲得中という偉大な記録を持つレストラン。川崎シェフが手掛ける7皿のコースメニューは日本とフランスの旬の食材を使った料理ばかりだ。

チャルン・クルン通り ▶MAP P.230 D-2

🏠タワー・クラブ・アット・ルブア（▶P.154）65F
☎02-624-9555
🕐18:00～24:00（L.O.～22:00）㊡日曜

❶2023年8月に白と黒を基調としたモダンな内装にリニューアルし、大人な雰囲気に　❷「新潟県産・村上和牛の炭火焼き」（ほか全7品）8000B季節ごとにメニューやスタイルは変わるが、和牛の炭火焼きはシグネチャーとして年間を通して楽しめる

代々引き継がれた伝統の味

ザ・ローカル・バイ・オームトーン

The Local by Oamthong Thai Cuisine

老舗「オームトーン」を改装したぜいたくな一軒家レストラン。4つの個室があり、オーナーが収集した骨董品が飾られた店内は高級感が漂う。

スクンヴィット周辺 ▶MAP P.230 C-3

🏠32-32/1 Soi 23 Sukhumvit Rd.　Ⓜスクンヴィット駅／Ⓑスクンヴィット線 E4 アソーク駅から徒歩10分
☎02-664-0664
🕐11:30～22:30
㊡無休

「アペタイザー・セット」200Bは、伝統のレシピに基づいて作られた料理。北部の名物麺カオ・ソーイをはじめとする5種類の前菜セット

ワールドワイドな新しいタイ料理

ブルー・エレファント

Blue Elephant

110余年前に建てられたコロニアル調の洋館がひときわ目をひく。世界のメディアからの注目も高い店。提供されるのは伝統的タイ料理と現代風タイ料理のほか、新たな境地を開く創作料理も。

シーロム ▶MAP P.231 E-2

🏠233 South Sathorn Rd.
Ⓑシーロム線 S5 スラサック駅から徒歩1分　☎02-673-9353～6
🕐11:30～14:30、17:30～22:30
㊡無休

❶コロニアルな雰囲気が漂う店内　❷「ゲーン・マッサマン・ゲ」780Bは、さつまいも、ローストピーナッツ入りの南部産ラムのココナツミルクカレー

Exotic China Town Gourmet

異国情緒満点! チャイナタウングルメ

#チャイナタウン #Chinatown #中華街 #バミーの名店
#チャイナタウンカフェ #ミシュランビブグルマン #Bibgourmand

❶食べるのがもったいないほどかわいいお粥セットは、中華式お粥セット129Bと、フラワーティー180B ❷エキゾチックな壁際の席が人気

❶プリップリのエビワンタンとカニ爪が食べ応えのある、エビワンタンとカニ爪入りバミー・ヘン150～550B ❷揚げエビワンタン75～140B

中華街らしいおしゃれカフェ

ロントウ・カフェ

Lhong Tou Café

せいろに美しく盛られたお粥セットや、壁に沿って組まれたテーブル席などがフォトジェニックなカフェ。お粥のほか、各種ハーブティーやタイミルクティー、スイーツも豊富なので、いつ行っても楽しめる。

MAP P.228 A-5

🏠538 Yaowarat Rd. ⊗Ⓜワット・マンコン駅から徒歩6分
☎085-824-6934
🕐8:00～22:00 Ⓗ無休

甲殻類好き必見のローカルフード

オーディン・クラブ・ワンタン・ヌードル

Odean Crab Wonton Noodle

バミーと呼ばれるタイ風ヌードルが味わえる人気店。汁ありの「バミー・ナーム」と汁なしの「バミー・ヘン」のどちらかを選んで注文するスタイルだが、お店のおすすめは汁なしタイプ。

MAP P.228 A-5

🏠724 Charoen Krung Rd, Talat Noi,Samphanthawong
⊗Ⓜフアランポーン駅から徒歩9分 ☎086-888-2341 🕐8:30～19:30 Ⓗ無休

GOURMET

7大タイ料理

タイ麺

ローカルグルメ

美食グルメ

チャイナタウングルメ

ダイニング&バー

Take a Break ...

チャイナタウンとは？

チャイナタウンは、ヤワラート通りを中心としたバンコクの観光名所のひとつで、タイの新鮮で豊富な食材を使用した中華料理店が軒を連ねるエリア。さらには金製品や金細工、アクセサリーなどを取り扱う金行というお店や雑貨店も多く、連日多くの観光客でにぎわっている。

❶プリップリのカキがたっぷりカキ好きにはたまらない「ホイ・トード」100B〜。ふんわりとクリスピーが選べる　❷地元で人気の食堂。客足が絶えない

プリップリのカキがたまらない！

ナイ・モン・ホイ・トード

Nai Mong Hoi Thod

『ミシュランガイド』のビブグルマンに選ばれたこともある食堂。衣をカリカリにするホイ・トードと、衣をやわらかくふんわりからめるオースワンの2種類が看板メニュー。もう一皿食べたい！と思うほどおいしい。

MAP P.228 A-4

🏠539 Thanon Phlap Phla Chai
Ⓜ️ワット・マンコン駅から徒歩5分　☎089-773-3133
🕐10:00〜19:00（日曜は〜17:00）　㊡月・火曜

❶マナガツオのお粥は、あっさりとしたスープでカロリーを気にする人にもおすすめ400B　❷スズキとマナガツオの盛り合わせ300B

100年近くの歴史を誇る老舗粥店

シャンギーカオトムプラー

Siang Ki Khao Tom Pla

日本の雑炊にあたる「カオトム」というお粥を提供する同店は、ヤワラートで100年近く営業を続ける超老舗。魚介のだしで煮込まれたお粥は、炭火の香りもほのかに香る一品。

MAP P.232 D-4

🏠54 Soi Charoen Krung 12, Samphanthawong
Ⓜ️ワット・マンコン駅から徒歩7分　☎089-968-6842
🕐15:00〜21:30　㊡無休

🍴 旅メモ　ヤワラート通りにはワット・トライミットという寺院があり、総重量5.5トンの黄金仏像が人気。

Spectacular dining & bar

絶景ダイニング&バーでまったり♡

バンコクの夜景を一望

フォトジェニックなスポットとしても大人気なレストラン

眼下に広がる夜景

シロッコ／スカイバー

Sirocco / Sky Bar

世界で最も空に近いダイニング&バー。チャオプラヤー川とバンコクの夜景に加え、一流シェフが手掛ける地中海料理の数々が楽しめる。さらにレストランの先端には、まるで宙に張り出したようなバーカウンター「スカイバー」を併設。

チャルンクルン通り周辺 ▶MAP P.230 D-2

🏠1055, Silom Rd. Ⓑシーロム線[S6]サパーン・タークシン駅から徒歩8分 ☎02-624-9555 🕐18:00〜24:00(L.O.〜23:00) ⊗無休

ゆったりとした時間を

カクテル各種899B。サーブするグラスにもこだわっている

上質なシャンパンとカクテル

クリュ・シャンパン・バー

CRU Champagne Bar

有名なスカイバー「レッド・スカイ」のさらに上、地上59階にあるラグジュアリーなバー。店は楕円形で360度見渡せる眺望を誇る。シャンパンに加え、ユニークなカクテルメニューも豊富にそろうのでぜひチェックして。

サイアム周辺 ▶MAP P.228 C-1

🏠59F Centara Grand at Central World 999/99 Rama 1 Rd. Ⓑスクンヴィット線[E1]チット・ロム駅から徒歩5分 ☎02-100-6255 🕐17:00〜翌1:00 ⊗無休

ビール党にうれしい

30階のルーフトップエリアではガラスの壁際で飲むことができる

高所で楽しむクラフトビール

ブリュースキー

Brewski

スコットランドやベルギーなど、おもに海外のクラフトビールが楽しめる。タイのビールレシピをもとに海外で醸造したビールもある。カジュアルな雰囲気で入りやすいのもポイント。

スクンヴィット周辺 ▶MAP P.230 C-4

🏠29・30F Radisson Blu Plaza Bangkok, 489 Sukhumvit Rd. Ⓜスクンヴィット駅/Ⓑスクンヴィット線[E4]アソーク駅から徒歩5分 ☎02-302-3333 🕐17:00〜翌1:00 ⊗無休

ビル群からチャオプラヤー川まで一望

さまざまな方角から眺望を楽しもう

バンコクの絶景を360度見渡せる

ヤオ・ルーフトップ・バー

Yao Rooftop Bar

「バンコク・マリオット・ホテル・ザ・スリウォン」33階に位置するルーフトップバー。チャオプラヤー川からバンコクで話題のアイコニックな建築「マハナコン」(▶P.145)まで見渡せる。料理が充実しているのもうれしい。

シーロム ▶MAP P.231 E-1

🏠バンコク・マリオット・ホテル・ザ・スリウォン(▶P.153) 33F ☎02-088-5666 🕐17:00〜24:00 ⊗無休

GOURMET

7大タイ料理

タイ麺

ローカルグルメ

美食グルメ

チャイナタウングルメ

ダイニング&バー

Take a Break ...

究極のリバーサイドディナークルーズ

船上で本格ディナーを味わえる「マノーラ・ダイニング・クルーズ」。アナンタラ・リバーサイド・リゾート&スパが運航する、趣ある木造船で行く2時間のディナークルーズ。チャオプラヤー川沿いに建ち並ぶ高級ホテルやライトアップされたワット・アルンを眺めながら、ディナーが楽しめる。**MAP**▶P.227 A-5

眼下に広がる夜景にうっとり

ムーン・バーの
スケルトン床も
楽しんで

どこまでも続く光の海

ヴァーティゴ&ムーン・バー

Vertigo & Moon Bar

バンコクで最初に登場したルーフトップのレストラン&バー。おしゃれなフロアは、まるで大都市のイルミネーションに浮かぶ船のデッキのよう。

シーロム▶**MAP P.231 H-2**

🏠61F Banyan Tree Bangkok, 21/100 South Sathorn Rd.
Ⓜルンピニー駅から徒歩8分 ☎02-679-1200
🕐レストラン18:00〜22:30、バー17:00〜翌1:00 Ⓧ無休

素敵なバンコクナイト

スタイリッシュな店内
でお酒を楽しんで

ジャズと夜景に酔いしれる

スリー・シックスティ

Three Sixty

高級ホテルの最上階にある360度の展望を誇るジャズ・ラウンジ。斜めに張り出した窓からは、蛇行するチャオプラヤー川とバンコクの夜景が眼下に見渡せる。

チャルン・クルン通り▶**MAP P.230 C-1**

🏠ミレニアム・ヒルトン・バンコク(▶P.155) 32F
☎02-442-2000 🕐17:00〜翌1:00 Ⓧ無休

ワット・アルンの絶景を満喫

川の向こう岸に
揺らめく幻想的
なワット・アルン

ワット・アルンを一望!

チョム・アルン

Chom Arun

ワット・アルンの対岸に位置し、本格的なタイ料理が楽しめるレストラン。チャオプラヤー川を眺めながらの食事は、旅行気分を盛り上げてくれる。ルーフトップの人気席は予約がマスト。

王宮周辺▶**MAP P.232 B-4**

🏠392/53 Maha Rat Rd. Ⓜサナーム・チャイ駅から徒歩
5分 ☎095-446-4199 🕐11:00〜21:30 Ⓧ無休

高層ビル群の灯りで一杯

高層ビル群が煌め
くゴージャスな夜
景にうっとり

伝統的なベルギー料理に舌鼓

ベルガ・ルーフトップ・バー&ブラッスリー

Belga Rooftop Bar & Brasserie

ソフィテル・バンコク・スクンヴィットの32階からバンコクの夜景を一望できるダイニング。最高級ムール貝の酒蒸しやグレーシュリンプコロッケなど、伝統的なベルギー料理が美しい景色とともに堪能できる。

スクンヴィット周辺▶**MAP P.230 B-4**

🏠189 Sukhumvit Rd, Khlong Toei Nuea, Watthana Ⓜスクン
ヴィット駅/Ⓑスクンヴィット線 E4 アソーク駅から徒歩4分
☎02-126-9999 🕐17:00〜24:00(金・土曜は〜翌1:00) Ⓧ無休

🖋 **旅メモ** 良い席を確保したいなら予約は必須。高級レストランやバーではほとんど英語が通じる。

BOOK CAFE

タイの屋台グルメを知る

屋台が生み出す本場の味

いつでも手軽に、そして安くておいしい！ そんな庶民の味といえば屋台グルメ。タイ人の生活に欠かせない日常食であり、観光客にとってはその地域の味や食文化をより身近に感じられるフード。ここでは地元の人に愛される屋台グルメをご紹介。さらに屋台の基本情報や、実際に食べられる場所もピックアップ。近年、街の再開発や発展とともに屋台が減ってきているので、まだ未体験の人は、今すぐ屋台グルメ旅にでかけよう。

#おもな屋台メシ

麺
最も一般的な屋台料理。麺の種類と具を選び、指さしで注文しよう（▶P.84）

クイティアオ・ナムサイ
豚骨でだしをとった澄んだスープの麺。豚のつみれや内臓を具に

パッタイ
ライスヌードルを炒めた料理。屋台や食堂などのメニューにあるポピュラーな料理

カオ・ソーイ
中華麺を「茹で」・「揚げ」の2種類で楽しめる、カレーラーメン。チェンマイの名物料理

CHECK

バンコクの屋台事情Q&A

Q.どこに出店してるの？
大通りの歩道、ソイ（小道）などに多いが、バスターミナルや市場など人の集まるところにも出店している。夜は繁華街周辺で見かける。

Q.営業時間は？
おおむね、6時頃から22時頃まで。繁華街の近くなどでは夜中まで営業する屋台も。

Q.テイクアウトは？
ほとんどの料理、ドリンクがテイクアウト可能。汁ものはビニール袋に入れてくれる。

Q.注文の仕方は？
英語はほとんど通じない。基本的に素材が店先に並んでいるので、指をさして注文する。調理法のリクエストはタイ語で

Q.水は大丈夫？
どの屋台も衛生状態がよいとは言い難いので、飲み水、氷、なま物には注意が必要。

屋台麺の頼み方

1 麺を選ぶ
主流はクイティアオと呼ばれる米麺（ほかは右記）。あっさり味には細麺、こってり味には太麺を。

2 具を選ぶ
麺の具は、肉や魚のつみれやチャーシュー、シーフードも豊富。好みの具を指さしでトッピング！

3 スープを選ぶ
鶏ガラや豚骨ベースの澄んだスープ（ナムサイ）、濃厚で辛い、赤黒いスープ（ナムトック）、汁なし（ヘン）が定番。

4 調味料で仕上げ
テーブル調味料は砂糖、唐辛子、唐辛子入りの酢、魚醤が定番。

センミー
極細米麺（ビーフン）

センレック
幅3～4mm。パッタイに

センヤイ
幅約1～3cm。スープに◎

バミー
細めの中華麺

惣菜
各種惣菜が鍋や皿に並んでいる。2〜3品選んでご飯にのせてもらう。持ち帰りもOK。

ガパオ
鶏そぼろのホーリーバジル炒め。右は空芯菜炒め

豚の野菜炒め
豚肉をピーマン、玉ねぎなどの野菜と炒める。ピリ辛の味

エビのガーリック炒め
殻付の川エビ炒め。エビ味噌も美味

おやつ&スナック
肉詰、串焼き、魚肉団子など。指をさして、何本欲しいか伝えればOK。

シュウマイ
ピーナツを振りかけたシュウマイもおやつ感覚

串焼き
鶏や豚のつくねが多い。焼きたてのあつあつを食べたい

#ここで食べよう!

SPOT 1
さわやかな空気に包まれて朝食を

ルンピニー公園フードコート
Lumphini Park Food Court

バンコク市民が憩う公園の一角の、十数の屋台が集うエリア。具だくさんの豆乳や、あっさり味の麺類など、やさしい味の朝食を地元の人が買いに来る。

`シーロム` ▶MAP P.231 H-1
🏠Rama IV Rd. Ⓜルンピニー駅から徒歩7分
🕐6:00〜10:00（店舗により異なる）⑭店舗により異なる

クィチャーイ
たっぷりのにらを米粉の皮で包んだもの。モチモチで美味。タイの醤油をつけて食べてもよい。 50B

ギョウサー・トート
付け合わせにちょうどいい揚げ餃子。6個で30Bという安さがうれしい。 30B

バミー・ナーム
鶏ガラスープに、ムーデーン（赤い豚肉）、鶏肉団子などのせた中華麺。 45B

SPOT 2
お昼時には地元の会社員で賑わう

シーロム・スクウェア・フード・センター
Silom Square Food Center

シーロムエリア最大級の屋台街。お昼時には周辺の企業で働く、地元の会社員で満席状態に。テーブルをはさんで両側に計30軒以上の屋台が並ぶ。

`シーロム` ▶MAP P.231 F-1
🏠45 Soi Narathiwas Ratchanakarin Surawong Rd. Suriya Wong, Bang Rak Ⓑシーロム線52 サラ・デーン駅より徒歩10分 🕐6:00〜20:00（火・土曜は5:30〜19:30）⑭無休

パッタイやクイッティアオ、カオ・マン・ガイなどの定番メニューから地元のローカルフードまで、さまざまな料理が味わえる

SPOT3
本格チャイナフードを

チャイナタウン
Chinatown

ヤワラート通り周辺のチャイナタウンには、レストランはもちろん、手ごろな価格で食事が楽しめる屋台がある。肉まんやシュウマイ、中華菓子などを片手に散策できる。

`チャイナタウン` ▶MAP P.232 D-5
🏠Yaowarat Rd.周辺 Ⓜワット・マンコン駅から徒歩5分 🕐早朝から深夜（店舗により異なる）⑭無休

エビシュウマイ
あつあつのシュウマイが入ったせいろが路地のあちこちに

フードコートで
タイグルメを満喫

何を食べようか迷ったり
屋台に抵抗がある人も
気軽にタイグルメが楽します。

❶フードコートとは思えないほどおしゃれな店内 ❷屋台の味を安心して味わえるストリートフードコーナー

タイ各地の有名店ばかりが59店舗！
イータイ
Eathai

地方料理や屋台ゾーン、デザートエリア、物産店の「タラート・イータイ」が集合した、タイ全土の味と物が楽しめる場所。さまざまな地域の名物料理を食べ比べることができる。

サイアム周辺
MAP P.229 F-4
🏠セントラル・エンバシー（▶P.117）LGF
🚇Bスクンヴィット線 E2 プルン・チット駅からすぐ ☎02-160-5992、02-160-5995
🕙10:00〜22:00(L.O.〜21:30) 無休

豚肉をカリカリに揚げたムー・クロップ 135B〜

エビのせタイ風焼きそばに野菜を添えたパッタイ・クン・シェブアイ 285B

大きな手長エビが入ったトム・ヤム・クン・メナム 200B

バンコクの人気店が一堂に集結
アマリン・フード・コート
Amarin Food Court

バンコク内のグルメ店が一堂に集結した人気のフードコート。パッタイやカオ・マン・ガイ、ガパオライスなど、ローカルフードの名店の味が楽しめる。決済は独自の電子マネーで、退店時に残金が返金されるシステム。

サイアム周辺
MAP P.228 D-2
🏠496/562 Phloen Chit Rd.（アマリンプラザ4F）
🚇Bスクンヴィット線 E1 チット・ロム駅から徒歩2分
🕙10:00〜19:00 無休

ふっくらとした鶏肉とチキンスープで炊いたカオ・マン・ガイ 55B

各地の名店の味がここ1カ所で味わえる

ポピュラーな麺料理で国民に愛されているクイティアオ 80B

OLやビジネスマンにも人気
ピア21フード・ターミナル
Pier 21 Food Terminal

ターミナル21内にあり、値段は街の屋台並み。定番のタイ料理からイスラム料理まで20近くのブースがある。タイの麺料理とフルーツジュースがおすすめ。

スクンヴィット周辺 **MAP** P.230 C-4
🏠ターミナル21（▶P.149）5F 🚇Mスクンヴィット駅/Bスクンヴィット線 E4 アソーク駅からすぐ ☎02-108-0888
🕙10:00〜22:00 無休

1000席以上と広々した店内

40B程度からそろうリーズナブルなタイ料理が人気

Bangkok

Shopping in Thailand

ごほうびにもおみやげにも、
最適なタイ雑貨をチェック!

タイのトレンドが集結した
人気ショッピングセンター
アイコンサイアムへGO!

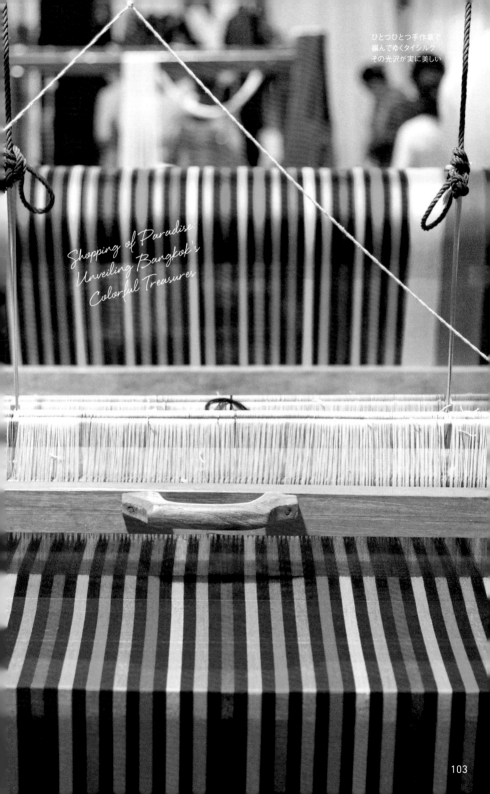

ひとつひとつ手作業で
編んでゆくタイシルク
その光沢が実に美しい

Shopping of Paradise:
Unveiling Bangkok's
Colorful Treasures

Shopping 9
買うの旅テク

#01

タイの物価はどのくらい？

タイの物価は全体として日本より安く、おおよそ日本の3分の2程度といわれている。ただし、近年は徐々に上昇傾向にあり、観光客向けの店やレストラン、デパートなどでは日本と同等の料金の場合もある。

ビール
35B 前後
（約140円）

インスタントラーメン
10〜20B
（約40〜80円）

ミネラルウォーター
7〜10B
（約28〜40円）

プリッツ 1箱
10〜15B
（約40〜60円）

#03

買い物するときはエコバッグの持参を

主要なスーパーやコンビニでは無料のレジ袋が廃止されていて、有料袋しかないことも。買い物をする際は手提げ袋やエコバッグなどを持参したい。なお、デパートなどで買い物をした場合は、そのブランドの買い物袋が付いてくるので安心を。

#02

屋台や夜市では現金を持ち歩こう

屋台やナイトマーケットで買い物をする際は、商品の単価が安いことや現金しか使えない店も多いため、現金を持ち歩こう。特に少額の1B、5B、10Bなどの硬貨や、20B、50B、100B札は多めに持っておきたい。500B札や1000B札だと「お釣りが出せない」と断られたり、嫌な顔をされることもある。

#04

両替は街中の両替所やATMで

円からバーツへの両替は日本でも可能だが、レートが良くないため、必ず現地で両替しよう。現地でも空港のレートは良くなく、無駄な手数料がかかるため、空港では最低限の両替にとどめ、高額な両替は街中の両替所やATMで行おう。

#05

最新のトレンドを掴むなら
サイアムエリアへGO！

バンコクーの繁華街・サイアムには、巨大なショッピングセンターや若者向けのファッションブランド、飲食店などが集まるエリア「サイアム・スクエア」がある。スパや雑貨店などもあり、一日中いても飽きないエリアだ。

#07

デパートでの買い物は
6〜8月が狙い目！

タイのデパートやショッピングモールでは毎年6〜8月にかけて「アメージングタイランド・グランドセール」というセールが行われる。洋服、アクセサリー、民芸品、ブランド品などが10%から最大80%オフに。さらにスパやホテルなどが対象になることもある。

#06

タイの雰囲気を味わうなら
水上マーケットもおすすめ

外国人観光客向けに人気のダムヌン・サドゥアク水上マーケットをはじめ、タイには数多くの水上マーケットがあり、郊外に行けば行くほど、そのエリア独特の雰囲気が楽しめる。船に乗りながらお目当ての商品を見つけた

ら、値段交渉でお得にゲットしよう。

#08

VAT（付加価値税）
還付制度で買い物をよりお得に！

VAT（付加価値税）とは日本の消費税のようなもので、タイ国内で購入する商品には7%のVATが課税されている。この7%分を出国時に、空港の税務局で変換してもらえる制度があり、「VAT REFUND」

の表示のあるお店で、同日に同一店舗で2000B以上の物を購入した場合に限り、お店および空港で必要な手続きをすると、税金が戻ってくる。

#09

露店などのマーケットでは
値切り交渉してみよう

タイで買い物をするなら「値段交渉」にチャレンジしてみよう。特に市場や露店

などでは値段交渉次第で安くなることも。なお、その際は「定価から20%OFF」「何かおまけをつけてもらう」「難しそうなときは潔く諦める」を念頭に行うのが成功のカギ。

105

タイシルクの基礎知識

#タイシルクとは?

タイシルクとは、タイの伝統的な絹織物のことを指し、主に東北部のイサーン地方で盛んに生産されている。イサーン地方で採れるシルクは、その他のシルクと違い繊維が太いため、丈夫で強い光沢感を生み出すのが特徴。また、タイシルクは生地を織る際に縦糸と横糸にそれぞれ違う種類の繭からとった絹糸を使うことで、その縦糸と横糸の凹凸が独特の肌触りを生み出すのもポイント。なお、いまでこそ養蚕技術や縫製技術が上がり、機械での作業も増えたが、基本的には1つ1つ手作業で職人の手によって作られるため大量生産が難しく、その希少性から高級品とされている。

タイ産のシルクは、他よりも繊維が太く、また異なる糸で編み込むため、光沢感が強くでて高級感抜群

#タイシルクの始まり そして製造工程

タイシルクの歴史は、紀元前2640年頃に古代中国やインドで絹織り文化が誕生し、その文化が中国人の商人によってタイを含むアジア各地に伝えられたのがきっかけとされている。

タイシルクの製造工程は、まずは繭を作る蛾の幼虫・蚕(カイコ)を育てるところから始まる。専用の機器に蚕を敷き並べ、そこに餌となる桑の葉を与えて蚕を成長させる。やがて成長した蚕がさなぎになるために口から糸を吐き、それが絹糸の元となる繭へ。その後、収穫した繭を熱湯に浸けて繊維をほぐしやすくしてから、複数の繊維を束ねて1本の絹糸へ紡ぐ。そして紡いだ絹糸で生地を織る際に、さまざまな色に染色し、ドレスのような衣装からポーチやストール、スカーフといったアイテムへ加工されていく。

繭は熱湯に浸けて繊維をほぐし、複数束ねて1本の絹糸へ紡いでいく

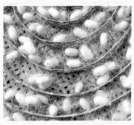
らせん状に仕切りを設けた大きな竹ザルに蚕を並べて育成

おもな製品

ストール

シンプルな白色や単色系の物から柄物までバリエーションが豊富なストール。

ポーチ

耐久性の高いタイシルクは、ポーチやバッグなどに使われることも多い。

ネクタイ

タイシルクと聞くと女性向けのイメージがあるかもしれないが、ネクタイの素材として使われることも。

#ジム・トンプソンの功績

自国のアメリカで建築家として活動していたジム・トンプソン（本名ジェームズ・ハリソン・ウィルソン・トンプソン）は、第二次世界大戦中に自らの志願でアメリカの諜報機関CIAの前身であるOSSの一員になりバンコクへ。戦争終結後、そのままバンコクに定住した彼は、オリエンタル・ホテル（現在のマンダリン　オリエンタル　バンコク）の経営に携わったのち、タイシルクの魅力に惹かれる。当時、衰退の一途をたどっていたタイシルク産業を復活させるために、私財を投げ打って復興と普及に努めた結果、タイシルクはタイの有力な産業のひとつとして地位を築いた。また彼の名前を冠したブランドは、タイシルクのハイブランドとして世界的な人気を誇っている。

CHECK　ここで買える！

ジム・トンプソン▶P.110

本店には衣類や小物、寝具まで多くの商品が並ぶ

＼ ジム・トンプソンの歴史に触れよう ／

アメリカ出身のシルク王の旧居

ジム・トンプソンの家

Jim Thompson House

タイのシルク王として知られるジム・トンプソンが1959年から8年間過ごした家。チーク材を用いてタイの伝統建築を再現している。

サイアム周辺 ▶MAP P.228 C-3
🏠 Soi Kasemsan 2, Rama 1 Rd. ⓑシーロム線W1ナショナル・スタジアム駅から徒歩6分 ☎02-216-7368 🕙10:00～18:00（チケット販売は～17:00）㊡無休 ㊙200B

❶部屋の2階には美術品なども展示されていて見学が可能 ❷実際にタイシルクを編んでいる光景も見られる ❸庭が見えるカフェ

年に1度だけの一般公開

ジム・トンプソン・ファーム

Jim Thompson Farm

タイ東北部、イサーンの文化や芸術を伝えるため、毎年12～1月頃限定でオープンする人気スポット。タイシルクを作る工程はもちろん、農園やお花畑など、盛りだくさん。

ナコーン・ラチャシマー県 ▶MAP P.226 C-2
🏠 Tambol Takob, Amphur Pak Thong Chai, Nakhon Ratchasima(Korat) ⓧバンコク中心部から車で約3時間 ☎02-700-2566（バンコクオフィス）🕙9:00～17:00 ㊡無休 ※毎年12～1月頃限定オープン

フェアトレードのハンディクラフト

プーファー

Phufa

シリントーン王女が主宰する、タイ北部・東北部支援プロジェクトショップ。山岳民族が作るシルク製品のほか、バッグや小物なども並ぶ。売り上げのほとんどは生産者に還元されている。

スクンヴィット周辺 ▶MAP P.230 A-4
🏠123 Soi 7 Sukhumvit Rd. ⓑスクンヴィット線E3ナーナー駅からすぐ ☎02-650-3311 🕙8:00～18:00（土・日曜は10:00～18:00）㊡無休

#王室プロジェクトによって誕生

【 バッグ 】
シルク製品以外に、山岳民族が作るバッグなどの雑貨も

【 ショール 】
タイ東北部の100％シルク製の逸品。プーファーのショップでは格安で手に入る。500B～

107

自分でも欲しくなってしまうおみやげばかり！

調査

タイLOVER'S推しの
雑貨＆みやげコレクション

Shopping List

A
急須、湯飲み、トレイのセット

A **セラドン焼の楊枝入れ**
120B

レジェンドはセラドン焼の専門店。実用性の高い食器やインテリア向けの飾り物など、たくさん種類があるのでおみやげに最適。（アランさん）

B
トゥクトゥクの置物
165B

B
グラス
135B

B
スプーンとフォークのセット
60B

変わり種のおみやげならここがいちばんかも。タイ版コカ・コーラグラスなど、日本人オーナーが見つけてきた面白いアイテムが豊富です。（ミカさん）

C
東北部イサーン地方の織物で作ったクッション
600B

タイの織物は触り心地はもちろん、その独特の模様がいかにもタイっぽくておみやげにぴったりです。部屋の模様替えにもおすすめ。（パチャラさん）

C
東北部イサーン地方の織物で作ったテーブルランナー
400B

D 上蓋の裏に鏡がある人気商品

110B〜

> 女子向けのアイテムなら
> バンコクに約20店舗あ
> るナラヤをチェック! 大き
> なリボンが付いたバッグ
> などかわいいアイテムが
> 豊富です。(ミカさん)

D 大きなリボンが
付いたバッグ

D ぬいぐるみ

195B

カラフルなコットンを使った、
ほっこりかわいいぬいぐるみ

D ミトン

赤のドット柄がか
わいらしいミトン

E ジュエリーボックス

400B

> 貝殻や水牛の角などで作った、光沢感あふれ
> る雑貨が人気のお店。指輪などを入れるのに
> 最適なボックスは超かわいい!(パチャラさん)

A シンプルで普段使いしやすい
レジェンド

The Legend

サイアム周辺 ▶**MAP** P.228 D-3

🏠486/127 Rajthevi
Intersection, Rajthevi Rd.
🚇B.スクンヴィット線N1ラーチャテ
ウィ駅からすぐ ☎02-215-6050,
087-695-2930 Ⓚ無休
🕙10:00〜22:00

B 心躍るアジアン雑貨
クーン

Koon

スクンヴィット周辺 ▶**MAP** P.231 E-4

🏠2/29 Soi, Sukhumvit 43
🚇B.スクンヴィット線E5プロン・ポン
駅から徒歩6分
☎094-438-3819
Ⓚ水曜 🕙10:00〜18:00

C 在住日本人マダムの御用達
パーヤー

Paya

トン・ロー周辺 ▶**MAP** P.147

🏠203 Soi Tong Lo 10,
Sukhumvit Soi 55. 🚇B.スクン
ヴィット線E6トン・ロー駅から車で5
分 ☎02-711-4457 Ⓚ日曜
🕙9:00〜18:00

D キュートなプチプラ雑貨
ナラヤ

NaRaYa

サイアム周辺 ▶**MAP** P.228 B-1

🏠サイアム・パラゴン(▶P.117)3F
☎02-610-9418
🕙10:00〜22:00 Ⓚ無休

E 繊細な白蝶貝のアイテムを
ジェムライン

Gemline

スクンヴィット周辺 ▶**MAP** P.230 D-4

🏠2/2 Soi 20 Sukhumvit Rd.
🚇Mスクンヴィット駅/Bスクンヴィッ
ト線E4アソーク駅から徒歩8分
☎02-258-1505 Ⓚ日曜
🕙9:00〜18:00

Get your favorite traditional goods

こだわりの伝統雑貨をゲット

#タイ雑貨　#タイシルク　#Thaisilk　#ジムトンプソン　#jimthompson

#民族雑貨　#美しい光沢感　#最高級のベンジャロン焼

世界に誇るタイ・シルクの名作

ジム・トンプソン　Jim Thompson

アメリカ人、ジム・トンプソン氏が立ち上げてから約70年。いまや高級シルクの世界的な名店として知られている。定番商品から衣服やバッグなどの期間限定コレクションまで幅広いアイテムが、世代を超えて愛されている。本店はカフェも併設。

シーロム ▶MAP P.231 G-1
🏠 9 Surawong Rd.　Ⓜシーロム駅　Ⓑシーロム線 52 サラデーン駅から徒歩5分　☎02-632-8100、065-518-6900
🕘9:00～20:00

コーディネートのワンポイントにしたい美しいストール　各4000B

子ども服の種類も豊富。ポップなタイのプリントがかわいい　1400B

キュートな　象のぬいぐるみ。同じ布でもパターンが違うのでじっくり選んで　890B(左)、990B(右)

ジム・トンプソン 店舗List

セントラル・ワールド店▶P.143
サイアム周辺 ▶MAP P.228 C-1
☎ 02-613-1453　🕘10:00～22:00　㊡無休

アウトレット店
バンコク都南部 ▶MAP P.227 D-5
☎ 02-332-6530　🕘9:00～18:00　㊡無休

スワンナプーム国際空港店▶P.213
バンコク都東部 ▶MAP P.227 B-2
☎ 081-376-4054(ウエスト店)、085-660-7341(イースト店)
🕘24時間　㊡無休

ザ・エムクオーティエ店▶P.149
スクンヴィット周辺 ▶MAP P.231 E-4
☎ 081-906-7917、02-003-6349　🕘10:00～21:00　㊡無休

サイアム・パラゴン店▶P.117
サイアム周辺 ▶MAP P.228 B-1
☎ 02-129-4449　🕘10:00～21:00　㊡無休

Take a Break ...

ジム・トンプソンとは？

タイシルクの発展と普及に半生をささげた米国人。かつて素朴な家内工業品にすぎなかったタイ・シルクの潜在的な美しさに着目し、欧米人好みのセンスを取り入れて一大産業へと成長させた。シルク販売で莫大な財産と名声を得たが、1967年にマレーシアで忽然と姿を消し、現在も行方不明。

優れた品質の最高級ベンジャロン焼

タイ・ベンジャロン

Thai Benjarong

▶ 店内には
金彩を施した
焼物がずらり

かつては王室専用だったという豪華なベンジャロン
磁器を製造販売する老舗。金彩はすべて18金。透
明感のある上質なボーンチャイナを使った繊細で緻
密な食器は、最高級ホテルなどでも使用されている。

チャルン・クルン通り ▶MAP P.230 D-1

🏠 23 Charoen Krung Soi 24, Talard
Noi, Sampantawong, River City
Bangkok 3F Room 325-326
Ⓜ️Ⓑシーロム線 S6 サパーン・ターク
シン駅から車で10分
☎ 096-951-9156
🕙 10:30〜23:00 🈚 無休

ラベンダーカラーがやさしい印象。カップ＆
ソーサー 2500B 、ポット 5800B

顔を寄せ合う愛らしい
象が2頭。ソルト＆ペ
ッパーのセットはベスト
セラー 2400B

なめらかな光沢のシルク製品

アニタ・タイ・シルク

Anita Thai Silk

▶ オーダー
メイドも可能
（所要日数は
約4日）

日本を含む世界約50カ国に輸出している、1959年
創業のタイシルクの老舗。広い店内にはクッション
やバッグ、テーブルウエアなど、エレガントなシルク
製品が並ぶ。

シーロム
MAP P.231 E-2

🏠 294/4-5 Silom Rd.
Ⓜ️Ⓑシーロム線 S5 スラサッ
ク駅から徒歩9分 ☎ 02-
234-2481、02-237-8486
🕙 9:00〜17:30（土曜は〜
17:00) 🈚 日曜

🔺 コットンのボストンバ
ッグとコーディネートした
いおそろいのスカーフ

🔺 ジュエリーボックスは優
雅な光沢のタイシルクと、
大ぶりビーズがフェミニン

▶ タイシルク
を使った写真
立ては、さまざ
まなデザイン
がそろう

モダン・エスニックなアイテムが多数

ソップ・モエ・アーツ

Sop Moei Arts

▶ 日本人のボラ
ンティアスタッフ
がいるので買い
物も安心

タイ北西部のソップ・モエに暮らす山岳民族カレン族。その自立を
支援するプロジェクトの直営ショップ。伝統織物をモダンデザインと
融合させたテーブルウエアやバッグなどが並ぶ。

スクンヴィット周辺 ▶MAP P.146/P.231 E-3

🏠 8 Room 104 Sukhumvit 49/9 Rd. Ⓜ️Ⓢスクンヴィット線 E5 プロン・ポン駅
から車で5分 ☎ 02-119-7269 🕙 9:30〜17:00 🈚 日・月曜

カレン族手作り
の竹と籐を使っ
たカゴ。
小 2900B

カレン族の民族衣装の
布をバッグに。
小／2900B、大／3600B

旅メモ 「セラドン」とはサンスクリット語で「緑色の石」という意味。最近は紫や青のものもある。

Popular Thai General Store Cruise

人気タイ雑貨店クルーズ

#象グッズ #ナチュラル雑貨 #タイデザイン #ドイトン
#goodsouvenir #タイみやげ #旅の思い出 #chin

象雑貨

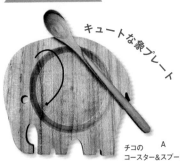

キュートな象プレート

A
チコの
コースター＆スプーン
オリジナルのチーク材コー
スターとスプーンのカゴ入
りギフトセット
375B（2組セット）

遊び心あふれるタイ雑貨

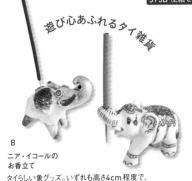

B
ニア・イコールの
お香立て
タイらしい象グッズ。いずれも高さ4cm程度で、
お香は別売り
右185B、左490B

インテリアにも使える
ちょうどいいサイズ感

C
ピース・ストアの
立体パズル
縦と横のパーツを交
互にスライドさせて
バラしたり、組み立
てたりして楽しめる。
ウッド製
330B

自然派雑貨

保湿効果抜群の
リップクリーム

C
ピース・ストアの
リップバーム
自然素材を用いたバー
ムはストロベリー、オレン
ジ、アボカドなど7種類
各180B

軽くて履きやすい
ラクラクサンダル

A
チコの
ポンポン
サンダル
オリジナルのポンポンサン
ダル。色も豊富にそろう
人気アイテム 各530B

ナチュラルな
風合いが魅力

A
チコの
カゴバック
タイの布をアクセント
にしたオリジナルの
カゴバッグは大人気
1700B

おみやげに最適な
超軽量うちわ

A
チコの
ポンポンうちわ
天然の葉を乾燥さ
せて作ったうちわ。
ポンポンがかわいい
270B（S）

少数民族雑貨

カラフルな色合いが Good

D
ドイトン・ライフスタイルの
ポーチ
かわいらしい柄のポーチ。ちょっとした小物を入れるのに最適
250B

服装が一気に華やぐ
スカーフコーデに

D
ドイトン・ライフスタイルの
スカーフ
カラフルな彩りがかわいらしい
手織りのスカーフ
2900B

一点モノの
ハンドメイドポーチ

E ロフティー・
バンブーの
チン族の
刺繍ポーチ
カラフルなフリンジ
と、素朴な刺繍が
かわいいポーチ
350B

お手頃価格な
"民族"アクセサリー

E
ロフティー・バンブーの
ブレスレット
タイ北部の民族が作った、
しっかりとした作りの布製
各90B

ハイセンスで実用的な雑貨

A チコ Chico

日本人オーナーのチコさんがデザインしたオリジナル雑貨が、店内にたくさん。猫形のラテアートが話題のカフェも併設。シャム猫とふれあえる猫の家もある。

エカマイ周辺 ▶MAP P.147
↑321 Soi Ekkamai 19, Sukhumvit 63 Rd., Klongton Nua, Wattana ⊗Ⓑスクンヴィット線E7 エカマイ駅から徒歩30分
☎02-258-6557 ⏰11:00～17:00 ㊡火曜

種類豊富なセラドン焼が人気

B ニア・イコール Near Equal

閑静な住宅街の大きな一軒家を改装。オーナーは日本人で、アジア各国から集めた雑貨を販売していて、タイ北部で作られているセラドン焼やピアスなどのアクセサリーが人気。

スクンヴィット周辺 ▶MAP P.231 E-3
↑20/7 Soi Sukhumvit 41 ⊗Ⓑスクンヴィット線E5 プロン・ポン駅から徒歩9分 ☎02-003-7588 ⏰10:00～18:00 ㊡無休

幸せな気分を誘うアイテム

C ピース・ストア Peace Store

2フロアの店内でエスニックのかわいいアイテムがズラリ。アクセサリーや食器、キュートな象形のインセンスなど、どれも手ごろで女子の心をつかむ品ぞろえ。

スクンヴィット周辺 ▶MAP P.230 D-4
↑7/3 Soi 31 Sukhumvit Rd. ⊗Ⓑスクンヴィット線E5 プロン・ポン駅から徒歩10分 ☎02-662-0649 ⏰10:00～17:00 ㊡水曜

ドイトン発のアクセサリー

D ドイトン・ライフスタイル DoiTung Lifestyle

タイ北部のドイトンで作られた手芸品、雑貨を取り扱うセレクトショップ。スカーフやバック、おしゃれな食器、アクセサリーなど、あらゆる工芸品を購入できる。

シーロム ▶MAP P.231 H-1
↑1875, 1 Rama IV Rd, Lumphini,Pathum Wan ⊗Ⓜルンピニー駅からすぐ ☎02-252-7114 ⏰8:30～17:30 ㊡日曜、祝日

日本人好みの山岳民族雑貨

E ロフティー・バンブー Lofty Bamboo

日本人夫妻が経営する店で、タイの山岳民族と作ったオリジナル雑貨を扱う。プロン・ポン店もオープン。近年はオリジナルファブリックも展開。

スクンヴィット周辺 ▶MAP P.230 C-4
↑ターミナル21(▶P.149)1F ⊗Ⓜスクンヴィット駅/Ⓑスクンヴィット線E4 アソーク駅からすぐ ☎02-261-6570
⏰10:00～22:00 ㊡無休

✎ 旅メモ ドイトン・ライフスタイルが扱う製品を作っているチェンライ県・ドイトンは、コーヒーが有名な産地。

The most advanced in the world!? Conquering Bangkok's SC

世界一進んでる⁉ バンコクのSCを攻略

(#バンコクショッピングセンター) (#バンコクのトレンド) (#Thaifashion)
(#Thaipopulargourmet) (#バンコク観光スポット) (#サイアムエリアが熱い)

タイの最旬が集う規格外のモール

アイコンサイアム　Iconsiam

チャオプラヤー川沿いにあり、9階建ての
モール2棟は広さ約52万㎡とタイ最大。
店舗数は約500で、100以上の飲食店、
インドア水上マーケット、美術館、映画館
などなんでもある。サイアム髙島屋も進出。

チャルン・ナコーン駅周辺
▶MAP P.230 C-1

🏠 299 Soi Charoen Nakhon 5, Charoen Nakhon
Rd. ☎ 02-495-7000 🕙 10:00〜22:00 無休

─── ACCESS ───

★Ⓑチャルン・ナコーン駅から
ゴールドライン G2 チャルン・ナコーン駅改札出てすぐ。
★Ⓑサパーン・タークシン駅から
＊シャトルボート…駅の2番出口を下りるとサートーン船着場がある。9:00〜23:00.15分間隔で運航。
★Ⓑクルン・トン・ブリー駅から
＊シーロー…1〜3番出口の間あたりから3分
＊徒歩…15分

Genic!

❶6階フードホールには、高さ15mの滝が降り注ぐ　❷各フロアも個性的なデザインで、どこを撮ってもフォトジェニック

アイコンクラフトはおみやげの宝庫!

アカ族の村で栽培されたアカ・アマ・コーヒー **250B**

トゥクトゥクをあしらったボールペンのセット **120B**

タイらしいおみやげが手に入る。商品数が多いので必ずお気に入りが見つかるはず

スックサイアムは伝統文化のテーマパーク

タイ北部料理の代表格、鶏肉入りカオ・ソーイはマイルドな味 **80B**

ぷりぷり食感の豚足煮込みをご飯にのせた、カオ・カームー **70B**

水上マーケットをイメージして作られた販売エリア。タイらしいおみやげや食品が買える

ロマンティックな雰囲気の店内

デザイン性の高い洋服がそろう

ムエタイを彷彿とさせるシャツワンピース **4200B**

襟元のビーズ使いと、南国柄の生地がかわいい（参考商品）

ノスタルジック&レトロな世界観
クローゼット　Kloset

コケティッシュな魅力でインパクト大！（参考商品）

「ヴィンテージ×モダン」なデザインが新しい、タイを代表するブランド。手の込んだ刺繍やレースなど、ノスタルジックな世界観が世界的に人気で、芸能人の着用率も高い。

🏠1F　☎02-658-1729　🕙10:00～22:00　㊡無休

タイを代表する個性派ブランド
ソーダ
SODA

バナナチャーム付きのショルダーバッグ **1490B**

世界的にも注目されているタイ発の人気ファッションブランド。コンセプトが異なる複数のショップを展開。パンク&ロックがテーマのオリジナリティあふれる洋服がそろう。

🏠1F　☎02-251-4995　🕙11:00～20:00　㊡無休

サイアム・センター
Siam Center

ソーダやグレイハウンドなど世界的に人気のタイブランドがそろう。リニューアルでさらに充実！

サイアム周辺 **MAP** P.228 A-1
🏠979 Rama 1 Rd.　❌🅑🄲🄴🄽 サイアム駅からすぐ　☎02-658-1000　🕙10:00～22:00　㊡無休

オープンスペースの店内に、服やグッズが整然とディスプレイされている

広い店内に雑貨、アクセサリー、衣類など幅広く展開

バックプリントのTシャツは、旅の記念にもぴったり **1700B**

洗練されたデザインが人気
グレイハウンド
GREYHOUND

絶妙なカラーのキャップにロゴを効かせて **1500B**

ベーシックにほどよくトレンドを取り入れたアイテムがそろう。素材やディテールへのこだわりが特徴で、帰国後も着回せる。同フロアにブランドが展開するカフェもある。

🏠1F　☎02-658-1000　🕙10:00～22:00　㊡無休

タイのイラストが描かれたアロハ風シャツ **2190B**

文具や雑貨も多い。かわいいイラストのポストカード **60B**（右）、**120B**（左）

コラボアイテムを探すならココ
アブソリュート・サイアム・ストア
Absolute Siam Store

タイブランドとデザイナーたちのコラボアイテムがそろう個性派ショップ。アパレルのほか、かわいい雑貨も見つかるので、個性的なおみやげを探すのにもおすすめ。

🏠1F　☎02-658-1000（代）　🕙10:00～22:00　㊡無休

✎ 旅メモ　アイコンサイアムは、BTSゴールドライン開通によって、より手軽に行きやすくなった。

プチプラ
お買い物SPOT!

友達へのばらまきみやげや旅の思い出グッズ。リーズナブルにそろえたいならココに行くのが正解! 同じ店でたくさん買うのが安くなるポイント。

新館と本館に分かれ、1000店以上の店舗がそろう

タイらしいものよりは、今流行っているアイテムが多い

地下1階から4階まではレディースファッションのテナントがずらり

ワンシーズンのプチプラアイテムも買いやすい

バンコクっ子御用達
プラティナム・ファッション・モール

The Platinum Fashion Mall

洋服やアクセサリーの店が所狭しと並ぶファッションビル。

サイアム周辺 ▶MAP P.229 E-3

🏠 222 Phetchaburi Rd. ⊗Ⓑスクンヴィット線E1チットロム駅から徒歩13分 ☎ 02-121-8000 ⏰ 9:00〜20:00 🈵無休

BTSナショナル・スタジアム駅からスカイウォークが便利

タイ語TシャツやユニークTシャツ、雑貨など、いわゆる定番みやげもある

小さな店舗では現金のみ。両替ショップもあるので安心して買い物できる

ばらまき系グッズは6階に集結
マーブンクローン・センター

MBK Center

ガジェット類から雑貨、ウエア、家具などあらゆるジャンルの店がそろう。

サイアム周辺 ▶MAP P.228 A-2

🏠 444 Phaya Thai Rd. ⊗Ⓑシーロム線W1ナショナル・スタジアム駅からすぐ ☎ MBKコールセンター1285 ⏰ 10:00〜22:00 🈵無休

バンコクSCリスト

それぞれのSCの特徴を理解して、自分の希望に合ったSCを選ぶのがポイント。

在住者も通う食の名店が集結!

ザ・エムクオーティエ

The EmQuartier

国内外のブランドはもちろん、ユニクロやBEAMSなど、日本のアパレルも出店。バンコクの人気レストランが集まる上層階のフードタウンも人気。ツーリスト・カードあり。

▶ P.149

ハイブランドならココ!

セントラル・エンバシー

Central Embassy

ハイブランドからタイ初出店まで、約200店舗が集結。

サイアム周辺
▶MAP P.229 F-4
🏠1031 Phloen Chit Rd. Ⓜ Ⓑスクンヴィット線 E2 プルン・チット駅からすぐ ☎02-119-7777 ⏰10:00～22:00 ㊡無休(店舗により異なる)

ラグジュアリーなスパが充実!

ゲイソーン・ヴィレッジ

Gaysorn Village

バンコク随一の高級SCゲイソーンが、一大ライフスタイルモールに。ラグジュアリーブランドはもちろん、話題のカフェやスパも人気。ココにしか出店していない旗艦店も多い。

▶ P.143

欲しい物が見つかるメガモール

セントラル・ワールド

Central World

ZENと直結し、総面積55万㎡を誇るバンコク最大級の巨大SC。ショップやレストラン、映画館など500以上の店舗がそろうので、欲しい物はたいてい見つかる。ツーリスト・カードあり。

▶ P.143

個性派ショップが大集合

ターミナル21

Terminal 21

世界のターミナルをイメージして造られた、ユニークなSC。アパレルから雑貨まで個性的な店舗が集まる。トイレや施設内の通路など、いたるところに写真撮影スポットがあって華やか。

▶ P.149

衣・食・遊がそろう抜群の安定感!

サイアム・パラゴン

Siam Paragon

バンコク屈指の大型SC。タイの人気ブランドなどがある。1階の「パラゴン・フードホール」(▶ P.29)も人気。

サイアム周辺
▶MAP P.228 B-1
🏠991/1 rama 1 Rd. Ⓜ Ⓑ CEN サイアム駅から直結 ☎02-610-8000 ⏰10:00～22:00 ㊡無休

これもおすすめ！

肌に合ったアイテムを選ぼう
ナチュラルコスメ

今使用している化粧品が
肌に合わず悩んでいる人は
自然由来の素材の製品が多い
タイコスメを試してみよう。

\ タイコスメの特徴 /

①　オーガニック製品が多い

さまざまなハーブを使用するタイでは、コスメにもハーブなどの自然由来の素材を取り入れることが多い。また近年では動物実験を行わないクルエルティフリーの製品も。

②　コストパフォーマンスがよい

物価の安さだけでなく、原料となる素材の原産国でもあるため、高品質で低価格なプチプラコスメも多く、コンビニやスーパーで買うこともできる。

③　汗や皮脂に強く、化粧が崩れにくい

一年を通して高温多湿なタイでは、汗をかいてもテカリにくく、化粧も崩れにくい製品が多いのが特徴。冷房による乾燥を防ぐため、潤いも重視されている。

タイ独自の上質プロダクト
タン
THANN

タイのスキンケア業界を代表するブランド。おしゃれなパッケージのスキンケアやアロマグッズは、男性にも人気。

サイアム周辺
MAP P.228 D-1
🏠 ゲイソーン・ヴィレッジ（▶P.143）3F
☎ 02-656-1399
🕙 10:00〜20:00
㊡ 無休

保湿効果抜群のライス・エクストラクト・ボディ・ミルク　990B

イチオシ

オレンジ、ナツメグなどをブレンドした、スパイシーな香りのエッセンシャルオイル　890B

繊細な絵柄のムーンケーキソープは、おみやげにぴったり　290B

米ぬか油やライスパウダーなどを配合したソープ・バー　205B〜

イチオシ

レモングラスやマンダリン、ベルガモットなどの香りが楽しめるアロマキャンドル　2150B

蓮や高麗人参根エキスなどを配合したボディローション　950B

シルクのようなしなやかさと光沢を与えてくれるシャンプー＆コンディショナー　各590B

ハリウッドセレブも愛用
パンピューリ
PANPURI

ゴージャスで洗練された店舗に、すべてのパンピューリ製品が並ぶ。天然成分のスキンケア製品や雑貨など、充実の品ぞろえ。

サイアム周辺
MAP P.228 D-1
🏠 ゲイソーン・ヴィレッジ（▶P.143）2F
☎ 065-940-9888　🕙 10:00〜20:00
㊡ 無休

思わずバケ買いしたくなるハンドクリーム。梨とフリージアのエレガントな香りに癒やされる **290B**

（イチオシ）

日焼け後の肌をケアするボディローション。ラベンダーの香りでリラックス **1090B**

人気の高いセブン・ポーレン・オーガニックフェイス・オイル **3350B**

天然由来の上質なハーブを使用
アーブ
Erb

最高級オーガニック素材を使ったアーブのセントラル・チットロム店。ジャスミンの商品が有名で、比較的値段は手ごろ。

サイアム周辺 MAP P.229 F-4

🏠5F, Central Chidlom, 1027 Phloen Chit Rd
Ⓑスクンヴィット線 E1 チット・ロム駅からすぐ
☎02-793-7777　🕙10:00〜20:00　無休

定番人気のバーソープは全7種類。ギフトにもぴったり **360B**

自然の恵みが凝縮
バス&ブルーム
BATH & BLOOM

タイ国内で20店舗以上を構える人気スパブランド。ココナッツやレモングラスなどタイ産の厳選された原料を使ったプロダクトはどれも香りが濃厚。ギフトボックスもかわいいので何品か選んでおみやげにも。

サイアム周辺 MAP P.228 C-1

🏠セントラル・ワールド（▶P.143）2F　☎02-590-0196
🕙10:00〜22:00　無休
※パッケージはリニューアルの可能性があります。

（イチオシ）

ジャスミンの香りがするやさしいハンドクリーム **520B**

レモングラスが香るナチュラルソープ **150B**

（自分好みの香りを選ぼう！）

ヴァージンココナッツオイルを使ったボディローション **590B**

5つ星ホテルやスパで採用
ハーン
HARNN

人気の石鹸やアロマオイル、キャンドル、ハーブティーなど多彩な品ぞろえ。スパ施設では、プロダクトを使った施術が受けられる。

サイアム周辺 MAP P.228 B-1

🏠サイアム・パラゴン（▶P.117）4F　☎02-610-8000
🕙10:00〜22:00　無休

箱入りのハンドクリームセットはおみやげに◎ **1120B**

（イチオシ）

厳選された植物エキスに加え、オーガニックオリーブオイルやアルガンオイルなども配合したボディ用保湿液 **1250B**

瓶入りのハーブティー。オーガニックジンジャーとレモングラスなど、スパイシーな香りが魅力 **520B**

軽やかなつけ心地で紫外線から肌を守る日焼け止めクリーム。無香料で肌にやさしい **1150B**

Cute Organic and affordable cosmetics

CUTEなオーガニック&プチプラコスメ

#コスメ #タイコスメ #Thaicosmetics #タイ化粧品 #Lowpricegoodcosme
#日本でもプチブーム #コンビニでも手に入る #スーパーでも手に入る

オーガニックコスメ

カオコー・タレープの石鹸
ツボクサとクリナクサをブレンドした100%ナチュラルな石鹸 50B

ジニャのベビーバーム
パッケージもキュートなベビーバーム。米国農務省のUSDA認証 495B

カオコー・タレープのリップクリーム
タイの有名オーガニックブランドのリップクリーム。気軽に買える値段もうれしい 90B

アバイブーベのCCクリーム
SPF50のCCクリーム。日差しの強いタイでも活躍しそう 400B

アバイブーベのヤードム
タイみやげの定番ヤードムも、オーガニックブランドのものなら安心 25B

グラのハンドクリーム
マンゴーとタンジェリンのハンドクリームは、パッケージもかわいい 385B

トロピカーナのプリングオイル
口の中をココナツオイルですすぐ、ココナツオイルプリング 215B

ロイヤルプロジェクトのリップバーム
カテキンとシアバター配合のリップバームは、コンパクトで軽いのでおみやげにもぴったり 各125B

ロイヤルプロジェクトの歯磨き粉
王室が手がけるロイヤルプロジェクト商品の歯磨き粉。口に入れるものこそ、オーガニックにこだわりたい 80B

ジニャのココナツオイル
使い勝手の良いココナツオイルは、いくつあっても便利 180B

120

プチプラコスメ

ビューティーコテージのリップ

絶妙な中間色がそろうとうわさのビューティーコテージのマットリップ。カラーも豊富 **495B**

ビューティーコテージのアイブロウ

暑いタイでも消えない便利なアイブロウ。筆付きなのもうれしい **345B**

オリエンタル・プリンセスのハンドクリーム

星座シリーズのハンドクリームは、特別なおみやげにぴったり **175B**

シーネの携帯コスメ

BBクリームや日焼け止めなどをパウチしたコスメは旅に便利 **各49B**

ミスティーンのメイクアップツイスト

アイシャドーにもリップにもなる優秀コスメ。見た目もキュート **189B**

ココで買えます!

高品質なコスメを探すなら	たくさんのお店が集結!	タイでおなじみの大型スーパー	バラマキ系グッズはおまかせ
レモン・ファーム Lemon Farm コスメや食品など、自然派商品が多数そろうオーガニックスーパー。 ▶P.146	**セントラル・ワールド** Central World 総面積55万㎡を誇る広大な売り場に話題のショップや店舗が集まる。 ▶P.143	**ビッグC** Big C タイ全土に展開する量販店。他のスーパーより同じ商品が安いことが多い。 ▶P.122	**マーブンクローン・センター** MBK Center 約2500店が入店している、8階建ての人気メガ・ショッピングセンター。 ▶P.116

旅メモ 「セブン-イレブン」などで買えるコスメは、使い切りサイズが多く、価格もお手頃。

For easy souvenirs, go to the supermarket

ばらまきみやげならスーパーへ

#おみやげ #タイみやげ #ばらまきみやげ #スーパーが便利
#コンビニでも手に入る #お酒は販売時間に注意 #ilovesupermarket

タイといえばコレ DRINK

ビア・シンハー
1933年にタイで誕生したフルーティーな味わいのビール。シンボルはタイの獅子 36B 320㎖

ビア・チャーン
象を意味するネーミングのビール。アルコール度数6.4でしっかりとした味わい 32B 320㎖

ビア・リオ
爽やかなのどごしのビール。タイでは氷を入れてごくごく飲む人もいる 35B 320㎖

LEO

THAI TEA MIX

タイティー・ミックス オリジナル
オレンジ色のタイのブランド紅茶。ティーバッグで便利 130B

麺好きにどうぞ NOODLE

カップヌードル トム・ヤム・クン味
タイの味を楽しめる日清のインスタント麺。酸味と辛みのバランスが絶妙! 39B(3コ)

カップヌードル クリーミー シーフード味
日本のシーフード味に似ていて食べやすい。スパイスはひかえめだがしっかりタイの味 39B(3コ)

SPICY

ママー チキングリーン カレー味
マイルドな辛さのカレー味。スイートバジルの香りもいい 35B(3コ)

ママー トム・ヤム・クン味
日清よりもあっさりとした味わいで、酸味と辛みがしっかり 35B(3コ)

タイでおなじみの大型スーパー バンコク29店舗

ビッグC

Big C

地元で人気のタイ全土に展開する量販店。他のスーパーより同じ商品が安いことが多い。1階には格安のハーブ製品の店や、フードコートも入る。

サイアム周辺 ▶MAP P.228 D-1
🏠97/11 Ratchadamri Rd. ⓑスクンヴィット線E1チット・ロム駅から徒歩7分 ☎02-250-4888 🕐9:00〜24:00 ㊡無休

バンコク在住日本人の御用達 バンコク5店舗

フジ・スーパー

UFM Fuji Super

食品から調味料までばらまきアイテムがズラリ。在タイ日本人向けにおみやげ人気ランキングが店内で発表されているので参考に。

スクンヴィット周辺 ▶MAP P.230 D-4
🏠Soi 33/1 Sukhumvit Rd. ⓑスクンヴィット線E5プロン・ポン駅から徒歩5分 ☎02-258-0697 🕐8:00〜22:00 ㊡無休

Take a Break ...

タラート・イータイ　Talat Eathai

イータイの一角にある物販コーナー。ジム・トンプソンやブルー・エレファントのグルメみやげや、フォン・オムの石鹸など、少々高級なみやげの宝庫。大切な人へのみやげ選びに。**イータイ▶P.100をチェック！**

❶イータイついでにお買い物！
❷ジム・トンプソン・ファームのハーブティー各180B

\\ みやげの定番 //
SNACK

コアラのマーチ マンゴー味

サクッとした食感のあとに濃厚なマンゴーの味が広がる **89B**

GOOD FLAVOR

プリッツ トム・ヤム・クン味（右）、ラープ味（左）

タイ料理の定番、トム・ヤム・クン味と、ピリ辛タイサラダ、ラープ味の限定フレーバー **各43B**

ポッキー マンゴー（右）チョコバナナ（左）

マンゴーチョコとチョコバナナでコーティングしたタイ限定味。かわいいパッケージも◎ **各12B**

ドライフルーツ

KUNNAの半生タイプのドライマンゴーと、サクサクのドライココナッ。本場フルーツの味を楽しめる **150B**

カオニャオ・マムアンスナック

もち米とマンゴーの定番おやつをフリーズドライに。意外なほどリアルに再現！ **179B**

ちょっといいものが見つかる高級店 　バンコク5店舗

セントラル・フードホール

Central Food Hall

タイのものをはじめ、世界中の質の高い食材を取りそろえる高級スーパー。ナチュラルコスメなども販売している。

サイアム周辺 ▶MAP P.228 C-1
🏠 セントラル・ワールド（▶P.143）7F
☎ 02-613-1636 🕐 10:00〜22:00
🈳 無休

高級品とプチプラグッズが混在する 　バンコク11店舗

グルメ・マーケット

Gourmet Market

高級デパートやショッピングセンターに入る食料品店。高品質のグルメみやげやタイの伝統菓子、調味料なども扱う。

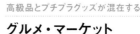**スクンヴィット周辺 ▶MAP P.231 E-4**
🏠 ザ・エムクオーティエ（▶P.149）GF
☎ 02-269-1000 🕐 10:00〜22:00
🈳 無休

まだまだある！
バンコク近郊の
デイマーケット

約1万軒もの
お店のなかから、
掘り出し物を
見つけよう。

❶多くの観光客でにぎわう
❷熱中症に気をつけて
❸おみやげ探しにもぴった
り。多く購入すれば割引交
渉もしやすくなる

週末限定！ バンコク最大規模の公設市場
チャトゥチャック・
ウイークエンド・マーケット
Chatuchak Weekend Market

バンコク市街北部にあるチャトゥチャック公園で、
毎週土・日曜に開催されるデイマーケット。通称
ＪＪ。敷地内には、ファッションから雑貨、日用
品まで、1万もの露店がひしめく。マーケット内は
まるで迷路のようなので、気になる店を見つけた
らセクションとアドレス番号をメモしておこう。

バンコク都北部 MAP P.227 C-3
🏠Chatuchak Park ㊩Ⓜガムペーン・ペット駅／Ⓑスクンヴィッ
ト線 N8 モー・チット駅から徒歩2分 ☎02-272-4270～2
🕘9:00～18:00 ㊡月～金、祝日（店舗により異なる）

手編みバッグ
大きな持ち手が使
いやすい。飾りを外
せばシンプルに

ことりのピアス
やさしいピンクが、
上品なファッション
にも意外となじむ

さくらんぼピアス
キッチュなデザイン
がかわいい。おみや
げにもぴったり

ワンピース
鮮やかなグリーンと
ピンクの組み合わ
せが南国らしい

タイ語Tシャツ
タイ語の早見表やタイ版コカ・
コーラのロゴなどをプリント

┤ ここもおすすめ！ ├

フルーツや食材ならここ！
オートーコー市場
Or Tor Kor Market

タイの農業協同組合が経営する市場で、
タイ全土からえりすぐりの生産物が集ま
る。旬のフルーツや野菜などのほか、惣
菜店やフードコートもある。

バンコク都北部 MAP P.227 C-3
🏠101 Kamphaengphet Rd. ㊩Ⓜガムペー
ン・ペット駅／Ⓑスクンヴィット線 N8 モー・チッ
ト駅から徒歩5分 ☎02-279-2080 🕘6:00
～18:00 ㊡無休

何を楽しむ？

BEATY

ICE

KEYWORD

スパ＆マッサージ

OTHERS!

本格的な高級スパから
お手軽スパまで種類が豊富

2人のセラピストが
施術をするオアシス・
スパの人気コース

Supreme Healing:
Enjoy the Ultimate
in Relaxation

タイ初の熱波師が送る
本格アウフグースによる
サウナプロダクト

127

Beauty 磨く の 旅テク 8

マッサージといえば
やっぱりタイが一番!
スパやネイルも
捨てがたいね〜

CARROT

#01

美容情報サイトの
クーポンでお得に施術

美容大国タイでエステやスパ、ネイルサロンなどを探すならクーポンサイト「GoWabi」が便利。受けたいメニューごとや今いる場所でのエリアリサーチが可能で、美容院やクリニックなど、幅広いカテゴリーから探せる。GoWabiだけのお得な特典やクーポンがあり、定期的に行われるメガセールでは最大95%オフのメニューも。店選びに役立つ口コミや評価も見ることができて、気に入ったメニューはサイト上で予約・決済まで行える。

#02

来店前にチェック!
施術前の基本マナー

タイのマッサージやエステの施術を受ける際は、日本とはシステムが違うことも。事前予約が必要かどうか、チップの有無など、最低限のルールやマナーを確認しておこう。

予約	持ち物	チップ
店によっては予約なしで受けられるところもあるが、人気店などの場合は数時間待つこともあるため、予約しておくほうが安心。電話かメール、予約フォームで事前に予約しよう。	施術に必要なものは店側に用意されているので、原則手ぶらで行っても大丈夫。ただし、店によっては現金決済のみのところもあるため、財布は忘れずに。	タイではチップを払う習慣があり、マッサージやスパの場合、40〜100B程度(高級店は200〜300B程度)のチップが必要。お釣りが出ないよう20B札や100B札を持っておこう。

#03

タイ古式マッサージ
受ける際の注意点

2019年にタイの無形文化遺産に登録されるほど、国内外を問わず高い評価を受けているタイ古式マッサージ。本国では医療行為としても認められているほど、高い効果が期待

できるが、体の状態によっては受けない方がいいときもあるので、施術を受ける際は体の状態を確認しよう。

- 食後すぐの施術は避ける
  食後は食べ物を消化・吸収するために、血液が消化器官に集中し活動が活発になるが、マッサージなどを受けると、その活動が妨げられる可能性がある。また満腹状態でのストレッチは苦しく、十分に身体を伸ばせない。最低でも食後30分は時間を空けよう。
- 怪我や持病がある場合は要相談
  ただの肩こりや筋肉疲労であれば問題ないが、捻挫や打撲などの怪我をした状態で施術をすると逆効果になることもある。また、タイ古式マッサージは全身の血流が良くなるため、心疾患や高血圧などの循環器に持病がある人は、事前にかかりつけ医へ相談しておくのがベスト。
- 生理中、妊娠中かどうか
  生理中はマッサージの影響で血流が良くなり、経血量が増えるなどの影響が出ることがある。また、妊娠中はむくみやコリに悩まされやすくマッサージを受けたくなるが、身体の状態によってはかえって負担がかかる危険性もあるため、極力控えよう。

#04

身体の外も中もキレイになる
ハーブの力がすごい!

ハーブの生産が盛んなタイでは、古くから食材としてだけでなく、化粧品や日用品、サプリメントなど、幅広い用途で活躍。もちろんエステやマッサージなどのプロダクトとしても使われている。体のことで悩んでいたり疲れが取れない人は、マッサージやスパを受けるのはもちろん、体の中にも積極的にハーブを取り入れてみるのがおすすめ。

#05

タイコスメを買うなら
コンビニやスーパーが便利

タイではショッピングモールなどの大掛かりな施設に行かなくても、スーパーやコンビニでもタイコスメを買うことができる。品数も豊富で、ちょっとした空き時間や移動の合間に立ち寄ることができるので、おみやげ用に買ったりするのにもおすすめ。

日本でおなじみのセブン-イレブンは、タイ国内だけでも1万店舗以上あるので、ドラッグストアや専門店を探すのに困ったときは、チラッと店内をのぞいてみよう

#07

指先もオシャレに！
ネイルサロンへGO！

近年、タイの女性の間でも人気のネイル。それに合わせてネイルサロンも増加。日本では1万円ぐらいするようなメニューでも、物価の安いタイなら数千円から楽しめる。だからこそタイに行く際はネイルも楽しんでみよう。

チャバ ネイル&アイラッシュ プロ
CHABA Nails & Eyelashes Pro
`サイアム周辺` ▶**MAP**P.228 D-1
🏠ゲイソーン・ヴィレッジ（▶P.143）L
Ⓜ️Ⓑスクンヴィット線[E1]チット・ロム駅から徒歩5分　☎02-656-1022
🕚11:00〜21:00　⊛無休

#06

タイでもサ活ができる
本格ロウリュウ体験

熱波師によるアウフグースが体験できるタイ初のサウナ施設がオープン。日本人オーナーが経営していて、つねに上質なサービスを提供している。サウナのあるスパだけでなく、エステメニューも豊富なため両方受けるのもおすすめ。

イチリン ウェルネス
Ichirin Wellnes
`スクンウォット周辺` ▶**MAP**P.231 E-4
🏠89/8 Sukhumvit 24 Alley, Khlong Tan, Khlong Toei,
Ⓜ️Ⓑスクンヴィット線[E5]プロン・ポン駅から徒歩10分　☎02-048-4593　🕙スパ10:00〜22:00（エステ&マッサージは〜20:00）　⊛無休（年末年始、ソンクランは休み）　💰750B〜

#08

日程に余裕があるのなら
タイマッサージを覚えよう

タイ古式マッサージの総本山、ワット・ポーのマッサージ学校。1回4時間のレッスンで修了証が貰えるタイヨガコース（金曜のみ実施）から、開業を考える人向けの本格的なコースまでメニューが豊富。一番人気は4〜5日でタイ古式マッサージが学べる基本コースで1万9500B。

ワット・ポー・マッサージスクール・スクムビット校
WAT PO'S THAI TRADITIOINAL MASSAGE SCHOOL SUKHUMVIT BRANCH
`スクンヴィット周辺` ▶**MAP**P.231 E-4
🏠1/54-55 Soi 39, Sukhumvit Rd.
Ⓜ️Ⓑスクンヴィット線[E5]プロン・ポン駅からすぐ
☎02-261-0568　🕘9:00〜19:00　⊛日曜
※掲載内容は2024年1月時点の情報です

厳選スパでリトリート体験

#プチリゾート気分 #極上の癒し体験 #伝統のマッサージ
#体の内側からキレイに #歴史に裏打ちされた確かな技術 #spa

5つの浴槽でリラックスタイム

①

②

③

④

⑤

①パンピューリが提案する世界観が堪能できる　②併設カフェでは健康を考慮したウェルネスメニューを提供　③オーガニック・レインボーサマー・ロール160B（左）や、グリルしたサーモンとオーガニック野菜350B（右）など、料理はどれも華やか　④パンピューリのプロダクトを使用　⑤トリートメントメニューも豊富にそろう

体の内側からきれいになる
トータルビューティを追求

パンピューリ
ウェルネス

PANPURI WELLNESS

クリーンビューティブランド「パンピューリ」による日本式の温泉、スパ、カフェ、ショップを備えたウェルネス施設。ゲイソーン内にあり、深夜フライトの際に荷物を預けてショッピングを楽しみ、スパでリラックスして過ごすという使い方も便利。

サイアム周辺
▶**MAP** P.228 C-1
🏠 ゲイソーン・ヴィレッジ（▶P.143）
12F　◎Ⓑ®スクンビット線Ⓔ®チット・ロム駅から徒歩5分
☎ 02-253-8899　🕙 10:00～22:00
㊡ 無休　温泉 750B

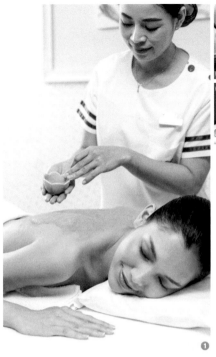

❶レッツリラックスのオリジナル・スパプロダクトを使用 ❷下呂の湯・高温温泉、炭酸泉など、さまざまな浴槽がある ❸洗練された雰囲気のマッサージルーム ❹レッツリラックスのオリジナルスパグッズなども購入できる

日本式のスーパー銭湯とタイの人気スパがコラボ

レッツリラックス・スパ&温泉

Let's Relax Spa & Onsen

タイを代表する人気のデイスパ「レッツリラックス」が手がけた、日本のスーパー銭湯式の温泉スパ施設。ホテルの5階フロアをまるごと使用し、バラエティ豊かな温泉風呂や岩盤浴、スパルームを完備。ホテルの宿泊者以外も利用できる。

トン・ロー周辺 ▶MAP P.146/P.231 G-3

🏠5F, Grande Centre Point Sukhumvit 55,300 Sukhumvit Soi 55 ⊗ Bスクンヴィット線 E6 トン・ロー駅から車で3分 ☎02-042-8045 🕐10:00～24:00 ※12歳以下は利用不可 ⊛無休 ⊛温泉750B～

心身の健康を追求したメニュー

コラン・ブティック・スパ

Coran Boutique Spa

オリジナル素材と独自の施術開発メニューが魅力。タイ式マッサージのタイ厚生省認可校を併設し、セラピストの腕は確か。古いお屋敷を生かした清潔感のある空間にも癒やされる。

スクンヴィット周辺 ▶MAP P.230 B-4

🏠3F, Dream Hotel Bangkok 10 Sukhumvit 15 Rd.
⊗Mスクンヴィット駅/Bスクンヴィット線 E4 アソーク駅から徒歩5分
☎082-658-1088（日本語対応）、02-254-8500
🕐10:00～21:00 ⊛無休
⊛アーユルヴェーダ120分2200B

❶施術の腕、気遣いなどセラピストの質が高い。安心して身を任せられ、熟練のマッサージで体も心もほぐれる ❷トリートメントにはフランスなどヨーロッパ産のプロダクトを使用 ❸木材と暖色の照明、やわらかな自然光がここちよい

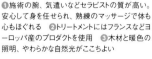

BEAUTY

高級スパ

お気軽スパ

ローカルスパ

厳選スパでリトリート体験

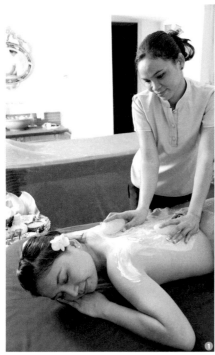

❶スクラブはセルフ・イに効果の高いオイルと花粉を配合している。温かい石でマッサージすればしっとりやわらかな肌に　❷まるで異世界に来たかのような気分になるレトロな空間　❸ジャクジー付の落ち着いたヴィラタイプも4室用意　❹皮膚科、アンチエイジングのクリニックも併設

瀟洒な隠れ家でのんびりくつろぐ

ディヴァナ・ヴァーチュ・スパ

Divana Virtue Spa

タイの高級一軒家スパの先駆け的存在。緑が生い茂る庭に囲まれた美しい館は、オフィス街のオアシスそのもの。タイ古式とアーユルヴェーダや指圧をミックスしたマッサージなどが好評だ。

シーロム ▶MAP P.231 E-2

🏠10 Srivieng Silom, Bangrak　⊗Ⓑシーロム線55 スラサック駅から徒歩5分　☎02-236-6788　🕐11:00〜23:00（受付は〜21:00）　⊛無休☀3〜5日前に要予約
Ⓜアロマリラックスマッサージ90分2350B

癒やしの館で至福のスパ体験

オリエンタル スパ

The Oriental Spa

マンダリン オリエンタル バンコクのスパ。タイ初の本格スパとして誕生し、世界のエクセレントスパにも選出。セラピストチームも表彰されるなど、タイ屈指のクオリティを誇る。ペントハウスではアーユルヴェーダも受けられる。

チャルン・クルン通り周辺
▶MAP P.230 D-2

🏠マンダリン オリエンタル バンコク（▶P.154）
⊗Ⓑシーロム線56 サパーン・タークシン駅下車、サートーン桟橋から専用ボートで5分　☎02-659-9000（専用ボートを利用する際は要TEL）
🕐10:00〜20:00
⊛無休
Ⓜマッサージ120分6850B

❶スパスイートはラグジュアリーなジャクジー付き　❷天然のプロダクトは新鮮そのもの　❸オイルはオリジナル　❹チーク材を豊富に使った、タイの伝統が薫る空間

演出と確かな技術で癒やされる

トレジャー・スパ

Treasure Spa

住宅街に建つ家庭的なスパ。民家を改築した室内からはハーブの香りが漂う。伝統を守る堅実なタイ式とアロマオイルやハーブを使った癒し系マッサージの融合が見事。BTSトン・ロー駅前からの送迎サービスあり。

トン・ロー周辺 ▶MAP P.146

🏠 33 Soi Thong Lo 13, Soi Torsak Sukhumvit Rd. Ⓡ Ⓑ スクンヴィット線 E6 トン・ロー駅から車で5分 ☎ 02-391-7694, 087-793-4360 🕐 10:00～22:00（受付は～20:00）休 無休 ¥ アロマオイルマッサージ60分1600B～

❶数種類のハーブが入ったハーバルボールでのマッサージは芯からじんわり効く ❷オリエンタルな布で装飾された温かみのある白い室内 ❸テラコッタの中にはハーブがいっぱい。お灸のような効果がある

一流の技と自然に癒やされる

スパ・ボタニカ Spa Botanica

スコータイホテルのガーデン内に専用棟が建ち、ヒーリング感満点のスパ。セラピストはテクニックもサービスもバンコク有数の一流ぞろい。パッケージメニューでじっくりと心身のケアを行いたい。

シーロム ▶MAP P.231 H-2

🏠 The Sukhothai Bangkok 13/3 South Sathorn Rd. Ⓜ ルンピニー駅から徒歩8分 ☎ 02-344-8676 🕐 10:00～22:00（受付は～21:00）休 無休 ¥ スコータイシグネチャーマッサージ90分5000B

❶なめらかで温かい玄武岩を体のツボなどのポイントに置き、凝り固まった筋肉をほぐす ❷施設内には中庭があり移動中や待機中でも自然の癒しを感じられる造りに

豊かな緑に囲まれたヒーリングスパ

オアシス・スパ

The Oasis Spa

緑に囲まれた、まさに都会のオアシス。小鳥のさえずる静かな環境で、確かな技術のセラピストによるトリートメントが堪能できる。

スクンヴィット周辺 ▶MAP P.230 D-3

🏠 64 Soi Sawasdee, Sukhumvit 31 Ⓡ Ⓑ スクンヴィット線 E5 プロン・ポン駅から車で6分 ☎ 02-262-2122 🕐 10:00～22:00（最終受付は19:00）休 無休 ¥ マッサージ120分2700B～

❶チークウッドと明るいナチュラルストーンを使ったインテリア。部屋はバス付 ❷ファブリックにはジム・トンプソンのシルクを使用

 旅メモ　フラワーバスは、バラの花びらを用いるのが一般的だが、タイでは蓮の花を使うことがある。

A relaxing spa in the city

街の癒しスポットお気軽スパ

#気軽にタイ古式マッサージ #買い物ついでに立ち寄れる
#駅チカマッサージ #全身の凝りを解消 #quickspa #thisisgreat

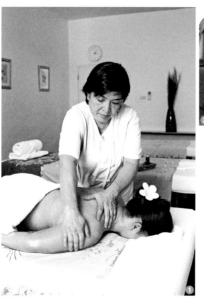

❶マッサージに適したふっくらとした手を持つ
セラピストが多い ❷交通の便が最高に良い
❸友達同士やカップルで利用できる広々とし
た部屋 ❹マッサージに使うオイルは好みや
効果を考慮して3種類から選ぶ

駅から徒歩1分の便利なロケーション

アーバン・リトリート

Urban Retreat

ここのマッサージの特徴は、縦につながる筋肉を上から下
までほぐすため、右半身と左半身を分けて行うこと。メ
ニューは40種類以上もある。旅行者だけでなく在住者も
日常的に利用しやすいよう、料金と施術のバランスがよい。

スクンヴィット周辺 ▶**MAP** P.230 C-4
🏠 348/1 Sukhumvit Rd. Ⓜスクンヴィット駅 Ⓑスクンヴィット
線E4 アソーク駅からすぐ ☎02-229-4701～3 🕙10:00～
22:00(受付は～20:00) 🈺無休 🈸タイマッサージ120分650B

生ハーブの癒し効果を実感

アジアハーブ
アソシィエィション プロンポン店

Asia Herb Association Phrom Phong Shop

自社オーガニック農園の採れたてハーブで
手作りされる「生ハーバルボール」を使った
温熱療法が人気。18種類の生ハーブの芳
香と薬効が疲れた体を芯から温めほぐし
てくれる。タイマッサージと生ハーバルボー
ルのセットは、タイならではの体験!

スクンヴィット周辺 ▶**MAP** P.231 E-4
🏠 50/6 Sukhumvit Soi 24, Klongton
Ⓑスクンヴィット線E5 プロン・ポン駅から徒歩
7分 ☎02-261-7401 08-9999-1234
🕙9:00～24:00(受付は～22:00) 🈺無休
🈸タイ古式マッサージ60分700B～
❶免疫力がアップするハーバルボールはタイの伝
承医学 ❷深夜まで営業し、良心的な料金にも大
満足の高級街スパ ❸自社オーガニック農園で栽
培した18種類のハーブが入ったハーバルボールは、
自己免疫力の回復や毒素排出の効果がある

気軽に通えるカジュアルなスパ

キング・アンド・アイ・スパ&マッサージ

King and I Spa & Massage

4種類のフランス製アロマオイルを使うマッサージなどが手ごろな料金で受けられる。マッサージ・アカデミーを修了したスタッフのみを採用しているので技術も確か。タイの王宮に伝わるロイヤル・タイマッサージの免許を持つセラピストも。

スクンヴィット周辺 ▶MAP P.230 B-4

🏠 Sukhumvit Plaza 1F, Soi 12 Sukhumvit Rd. Ⓜ Ⓜスクンヴィット駅 / Ⓑスクンヴィット線Ⓔ4 アソーク駅から徒歩3分 ☎ 02-653-0700 ⏰ 10:30～23:00（受付は～22:00）🈲 無休 🈷 アロマテラピーマッサージ70分1100B

❶指先を使った指圧でゆっくりとコリをほぐしてくれる　❷植物とアジアン雑貨が配された、ここちよい空間　❸入りやすい雰囲気

❶広々としたエントランス。タイ式マッサージは120分650B　❷とてもきれいなマッサージルーム

地元の人にも大人気の店

ヘルス・ランド

Health Land

観光客だけでなく、地元の人も足繁く通う人気店。オリエンタルで高級感あふれる雰囲気だが、料金は意外にリーズナブル。マッサージの腕も確かと評判が高い。

スクンヴィット周辺 ▶MAP P.230 B-3

🏠 55/5 Sukhumvit 21 Rd. Ⓜ Ⓜスクンヴィット駅 / Ⓑスクンヴィット線Ⓔ4 アソーク駅から徒歩10分 ☎ 02-261-1110 ⏰ 9:00～24:00（最終受付は21:30）🈲 無休 🈷 タイマッサージ120分650B

ユニークなメニューが豊富にそろう

ルアムルディー・ヘルス・マッサージ

Ruamrudee Health Massage

1階はフット、2階はタイ式マッサージ、3階はアロマ用の個室と分かれている。シグネチャーは、熱した塩の壺を使ってハーブの効果を最大限に引き出す、ソルトポット・マッサージ。首、肩、腕のコリをほぐすマッサージは女性にも人気。

サイアム周辺 ▶MAP P.230 A-4

🏠 20/17-19 Soi Ruamrudee, Wireless Rd. Ⓑスクンヴィット線Ⓔ2 プルン・チット駅から徒歩9分 ☎ 02-252-9651 02-252-9639 ⏰ 10:00～24:00（受付は～23:00）🈲 無休 🈷 アロマテラピーマッサージ60分900B～

❶塩のほかタイのハーブがたっぷり入ったソルトポットはじんわりと体のコリをゆるめていく　❷セラピストに身を委ね、凝り固まった筋肉をここちよくストレッチしてくれる古式マッサージ

地元で人気のローカルマッサージ

#穴場マッサージ #日本人経営 #ロコおすすめマッサージ
#効果絶大 #台湾式もあり #毎日受けたい #localmassage #footmassage

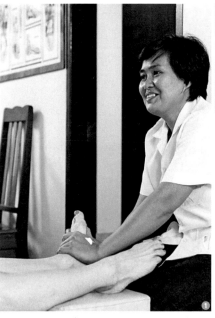

足裏マッサージの本家本元

徐瑞鴻診療所

Chee Sui Hong

約20年前タイに若石健康法をもたらし、台湾式足裏マッサージの先駆者となった故・徐瑞鴻氏の診療所。単なるマッサージ店ではなく、本格的な治療院。足つぼで体調を判断し、カッピングや整体など個々に合わせた施術も行う。定期的に通う人も多い。

❶当日のコンディションを見ながらプロが施術
❷冷や汗が出る痛さだが、ホンモノの施術にリピーターが続出

トン・ロー周辺 ▶**MAP** P.231 F-4

🏠21 Soi Napasap Yeak 1, Soi 36 Sukhumvit Rd. ⊗Ⓑスクンヴィット線E6 トン・ロー駅から徒歩7分 ☎081-835-0974, 088-184-1155, 02-123-8500 ⏰8:00〜21:00(受付は〜20:00) ⊛無休 ⊛マッサージ40分 300B〜

日本語対応可能な本格的タイマッサージ

ハピネスマッサージ

Happiness Massage

日本人オーナーが経営し、家族連れや子ども連れも安心して施術が受けられるマッサージ店。4フロアからなる店舗で、フロアごとに異なるマッサージを提供。日本語対応もしてくれるため、タイ語や英語が苦手な人でも安心して本格的なタイマッサージが体験できる。

スクンヴィット周辺 ▶**MAP** P.230 C-3

🏠24/2 Soi Sukhumvit23,Sukumvit Rd. Klongtoey Nua,Wattana ⊗Ⓜスクンヴィット駅から徒歩5分 ☎063-304-0839 ⏰11:00〜24:00 ⊛無休 ⊛タイ古式マッサージ60分 300B〜

❶親切な接客と丁寧なマッサージが自慢 ❷絶妙な座り心地のリクライニングソファで受けるマッサージはまさに至福のひと時 ❸伝統的なタイ古式マッサージとフットマッサージのセットは同店人気 No.1メニュー

緑の空間とマッサージで心も体も癒される

ネイチャー・タイ・マッサージ

Nature Thai Massage

外装や内観にふんだんに緑を取り入れ、入店しただけで心が癒される人気店。もちろん施術自体も一級品で、お店のおすすめはタイ古式マッサージにハーバルコンプレックスを取り入れたセットメニュー。身体の凝りやむくみと、お肌の質を一気にまとめて改善してくれる。

スクンヴィット周辺 ▶MAP P.231 E-4

🏠 1,6 Sukhumvit 24 Klongtan Klongtoei
Ⓝ Ⓑスクンヴィット線 E5 プロン・ポン駅からすぐ
☎ 080-616-2464 ⏰ 10:00～24:00
🈳 無休 💰 フットマッサージ60分 590B

❶ナチュラルな空間が広がる内観　❷施術室には洗面台やシャワールームも完備されていて、ホテルのスイートルームのような華やかさ　❸外の景色を眺めながら優雅な気分で施術が受けられるリクライニングシート。座りごこちも抜群

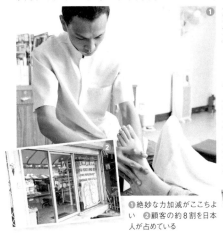

❶絶妙な力加減がここちよい　❷顧客の約8割を日本人が占めている

日本人に人気のサロン

木先生の足の裏マッサージ

Moku Thai Traditional Massage Foot Relaxology

若石健康法をもとにした台湾式足裏マッサージが、在住日本人に大人気。リラックスを目的としているため、強さは好みに応じて変えてくれる。ボディマッサージはタイ式と台湾式をミックス、首や頭はタイ式で行う。道具は使わず手のみの施術。

スクンヴィット周辺 ▶MAP P.230 D-4

🏠 106/7 Soi 22,Sukhumvit Rd. Ⓝ Ⓑスクンヴィット線 E5
プロン・ポン駅から車で5分 ☎ 086-789-1569 ⏰ 10:00～18:00 🈳 火曜 💰 フットマッサージ60分 300B～

日本式サービスが評判のタイ古式マッサージ店

アットイーズ マッサージ&スパ

at ease massage & spa

高い技術力ときめ細かなサービス、リーズナブルな値段で支持を集める人気店。オーナーが日本人なので日本語予約OKなのもうれしい。バンコク内に複数店舗あり、どこも交通至便で行きやすい。

スクンヴィット周辺 ▶MAP P.230 D-4

🏠 Soi 33/1 Sukhumvit Rd. Ⓝ Ⓑスクンヴィット線 E5 プロン・ポン駅から徒歩5分 ☎ 061-682-2878 ⏰ 9:00～23:00(受付は～22:00) 🈳 無休 💰 タイ古式マッサージ60分 450B～

❶部分マッサージや、お得なセットメニューもあり、いごこちがいい　❷店内は清潔感があり、いごこちがいい

旅メモ マッサージを受けた際は施術後や会計後にチップを渡すのが習慣化している。

こちらもおすすめ

ホテルスパで
非日常体験

一流ホテルが提供する
ホテルスパならではの技法や
施術目的を理解してスパ&
マッサージを体験してみよう

路面店とホテルスパの違いは?

ホテルスパは、利用者への非日常的な空間の提供と
心身のリフレッシュが目的。一方、路面店は、慢性
的な悩みを改善するのが目的で、定期的に通いやす
いのが特徴。

タイのホテルスパの特徴

タイでは、マッサージが医療行為として認められるな
ど、古くからマッサージ文化が発達してきました。近
年ではスパも人気で、バンコクなどの主要観光地では、
最高級のスパを提供する一流ホテルが増えている。
ホテルスパでは、熟練のセラピストによる高い技術
に加え、マッサージ先進国から新しい技法を取り入
れるなど、常に質の高いメニューを追求している。
なかには宿泊プランとパッケージになっているホテル
も多いので、気軽に体験することができるのも特徴。

ホテルの場合、フィットネスが併設されている場所も多く、スパと合
わせて取り入れることで、より心身のリフレッシュが可能に

実際のメニューをチェック

オリエンタル スパ
The Oriental Spa
▶P.132

❶ユーカリと海藻塩のスクラブと、汚れを取り除く泥パックが人気
❷各所に緑が配された空間で、心も身体もリラックスできる

〈メニュー〉
オリエンタルハーモニー 9000B (120分)
オリエンタルシグネチャー 4800B (90分)

＼ まだまだある洗練されたホテルスパ ／

❶ ザ・ペニンシュラバンコク
▶P.154

〈メニュー〉
ザ・ペニンシュラロイヤルタイマッサージ 4000B (90分)
王族に受け継がれてきた伝統的な技術を使用したタイマッサージ

❷ パーク ハイアット バンコク
▶P.155

〈メニュー〉
ボディ&ソウル・バランシング・マッサージ 7533B (120分)
身体の希望箇所の重点的な施術60分と顔の施術60分のセット

❸ シャングリ・ラ バンコク
▶P.155

〈メニュー〉
ターメリック・ライスボディ・エクスフォリエーション 2200B (60分)
天然素材のウコンを使ったアンチエイジング。角質や古くなった細胞を取り除く

何を楽しむ？

TOWN

Town の旅テク 9

街歩き

道中の移動手段や
タイ独自のルールなど
覚えておくと役立つ
旅テクを紹介！

#01

BTS&MRTを使うなら
ICカード の検討も◎

バンコク市街を走るBTSとMRTには、日本の
Suicaと同様のICカードがあり、これらを使えば、
電車に乗るたびに乗車券を買う必要がなく、移動
がよりスムーズになります。BTSは「ラビット・カード」
で、MRTは「ストアド・バリュー・カード」という名
称で発行されています。

2種類のICカード比較

ラビット・カード
発行手数料100Bと利用残
高100Bの200Bから発行が
可能で、最大4000Bまでチ
ャージができる。

ストアド・バリュー・カード
発行手数料30Bとデポジッ
ト50B、利用残高100Bの計
180Bから発行可能。

#02

交通機関を利用する際
便利なアプリ はコレ！

旅先で役に立つのが交通機関のルートや、今いる
場所から目的の場所までの道のりが分かるアプリ。
とくに慣れない場所や国だったり、日本語の案内
がなかったりすると、迷ってしまうもの。そんな時
に役立つ3つのアプリをインストールしておこう。こ
れさえあれば大概の場所へ移動できる。

移動に便利なアプリ3選

Google マップ

定番の地図アプリ。目的地までのルートだ
けでなく、その場所の情報も調べられる。

乗換路線図

世界各国の路線図アプリ。BTS、MRT、SRT、
エアポート・レール・リンクの4路線が見られる。

ViaBus

目的地をセットするだけで、タイの主要都市
で利用可能なバス情報が確認できる。

#03

新ターミナル
クルンテープ・アピワット中央駅
（元・バンスー中央駅）に注目

フアランポーン駅に変わって、新たなターミナル駅
として作られた「クルンテープ・アピワット中央駅」
（MAP ▶ P.227 B-3）。既にSRTダークレッドライン
とMRTブルーラインが乗り入れていて、バンコ
ク北部やドン
ムアン国際空
港への利便性
が大幅にアッ
プした。

#04

大気汚染 に注意！

近年、バンコクの大気汚染問
題が深刻化。呼吸器系のリス
クであるPM2.5の数値も上昇
傾向に。だからこそ旅先では
AQI（空気質指数）をチェック。
50以下なら「良い」、101以上
なら「健康に良くない」など6
段階で状態を表示。大気が汚
れている時は室内で過ごすか、
綺麗なところへ足を運ぼう。

大気の汚染状況が
エリアごとに数値化
されていてわかりや
すい

IQAir AirVisual

世界都市50万カ所以上の大気の状態を
リアルタイムで確認できる気象アプリ。

#05

覚えておきたい 街なかで 気をつけたいこと

いつもの何気ない行動がタイではNGだったりするので注意。知っておいた方がいいマナーや注意事項をおさらい。

うっかりやりがちな行動に注意

● お酒が買えない時間がある
屋内の寺院や公園など、公共の場での飲酒は禁止。酒類の販売時間も決まっていて、仏教の祝日や選挙関連日などは販売も禁止。

● 仏教に対する配慮が必要
タイでは僧侶や寺院に対する配慮が必要で、僧侶に触れたり指をさすのは失礼な行為に。特に女性が触れるのは戒律に反する。

● 朝夕はBTSやMRTの利用を
7～9時と17～18時ごろは通勤・通学による渋滞ラッシュのため、その時間帯の移動は交通機関を活用しよう。

● ボディタッチに注意
「人の頭は神聖、左手と足の裏は不浄」という考えが浸透してるタイでは、他人の頭に触れることは失礼な行為にあたる。

● 雨季は交通渋滞に注意
6～10月は、朝夕に激しいスコールが降ることも。雨のときはタクシーの取り合いと、渋滞がひどいので余裕を持った行動を。

● 夏季には水分補給を
1年で最も暑い季節は最高気温が40度になることも。夏季にタイを訪れる時は常に水分補給を心がけよう。

#07

2つの観光案内所で 旅先の情報をGET

グルメから買い物、スパやエステなど、タイの最新情報を探しているなら観光案内所へ行こう。玄関口のスワンナプーム国際空港をはじめ、タイ国内に数十カ所以上あるので、行く先々で探して活用したい。

タイ国政府観光庁（TAT）

政府管轄の観光事務局。タイ国内に約40カ所ある。
● 主な場所
・スワンナプーム国際空港
・バンコク事務局
・チェンマイ事務局
・パタヤ事務局

タイ観光支援センター（TAC）

観光案内だけでなく、旅行中のトラブルやクレーム処理などにも対応。約11カ所。
● 主な場所
・スワンナプーム国際空港
・ドンムアン国際空港
・チェンマイ県
・チョンブリー県

#06

Wi-Fiフリースポットを 活用しよう

バンコクでは、街のいたる所に無料で使えるWi-Fiスポットがある。空港や鉄道の車内、観光スポットやデパート、ホテルなど、観光客が訪れそうな場所にも多く、その場所は年々増加している。また、政府が提供する「Free Public WiFi」というサービスもあり、駅やバスターミナル、県庁、警察署、観光地など、タイ国内の約2万カ所以上の場所で接続が可能。

#08

コインロッカーを使って 上手に街歩き！

グルメにファッションに雑貨と、いろんな物が安く手に入るからと買い物していると、両手が荷物でいっぱいになることも。そんなときはタイ初のコインロッカー「LOCK BOX」を活用しよう。MRTやBTS主要駅や、デパートなどに設置されていて、1時間30Bから利用できる。

#09

困ったときは 翻訳機能を活用しよう

旅中に困るのが現地の人とのコミュニケーション問題。上手にコミュニケーションが取れればもっと楽しく過ごせるはず。そんなときに便利なのが翻訳サービス。アプリだけでなくブラウザで使えるサービスもあるので、使いやすいものを探してみよう。

141

サイアム

どんな街？

「バンコクの原宿」とも呼ばれる、流行に敏感な若者の集う繁華街。セントラル・エンバシーをはじめとする巨大ショッピングセンターのほか、若者向けのブティックや飲食店が集まる。

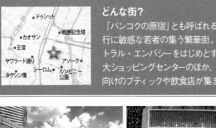

街歩きのポイント

POINT 01 バンコクの流行が
詰まったSCへ

洋服やコスメを物色しつつ、おしゃれカフェでひと休み。一日いても飽きない!

POINT 02 観光しながら
パワスポ体験!

街にはいたるところにブーム(祠)が。地元の人にならって幸せ祈願!

POINT 03 よりどりみどりな
サイアムグルメ

買い物途中の食事に役立つカフェも豊富。人気店をピックアップ!

POINT 04 高レベルな教育機関や
アートな施設も豊富

タイ屈指の高レベルな教育が受けられる大学やアートギャラリーなど教育と芸術文化にも触れられる

❶ SCをつなぐスカイウォーク ❷ チット・ロム駅からプラティナム・ファッション・モールへも足を延ばそう ❸ 最新トレンドが集まるサイアム周辺は連日多くの人でにぎわう

サイアムMAP

- GOURMET
- SHOPPING
- ENJOY
- STAY
- BEAUTY

セン・セープ運河
Khlong Saen Saep

P.116 プラティナム・ファッション・モール

サイアム・ケンピンスキー

プラ・ピッカネート
P.41 プラ・トリムルティ

P.122
ビッグC

P.53
バンコク・アート&カルチャー・センター
サイアム
ディスカバリー

スターバックス・セントラル・ワールド D

サイアム
パラゴン P.117

セントラル・ワールド B

アノーマー・グランド

W1 ナショナル・スタジアム駅
National Stadium
パトゥムワン
プリンセスホテル
マーブンクロン
センター P.116
サイアム・スクエア
スカイスケープ P.54
E カフェ・トレアドル

P.115
サイアム・センター

P.8
マンゴー・タンゴ
付録P.11
クルアイ・クルアイ

サイアム・スクエア・ワン P.29
サイアム駅
Siam
ラーマ1世通り
Rama I Rd.

P.28
レック・フット・マッサージ
中央警察本部

ゲイソーン・ヴィレッジ A
プラ・メー・ラクシュミー
P.29

ゲイソーン・タワー

グループ

P.40 エラワン・ブーム C
アマリンドラ ディラージャ

インターコンチネンタル
バンコク

チット・ロム駅
Chit Lom
E1

N
0 — 200m

周辺図 P.228-229

TOWN

サイアム

シーロム

トン・ロー&エカマイ

スクンヴィット

カオサン

❶人気SCでお買い物

最旬のショップやグルメが集まるサイアム周辺。
ショッピングセンターも多く、買い物目当てなら
立ち寄りたい!

一流ブランドが集う
ワンランク上の高級SC

Ⓐ ゲイソーン・ヴィレッジ

Gaysorn Village

巨大な吹き抜けのある空間に、世界の一流ブランドが集結。タイの高級ブランドや洗練された家具、ハイセンスなアジアン雑貨などを扱う4階建てのショッピングセンター。

タイの人気ブランド、タンのシャンプー&リンス

MAP
P.228 D-1
🏠999 Phloenchit Rd.
Ⓑスクンヴィット線 E1 チット・ロム駅から徒歩3分 ☎02-656-1149
🕐10:00〜20:00(レストランによっては〜22:00)
㊡無休

広さはバンコクでNo.1

Ⓑ セントラル・ワールド

Central World

総面積55万㎡を誇る広大な売り場に話題のショップやレストラン、映画館など500以上の店舗がそろう。ジム・トンプソンもある。ZENとも直結している。

MAPP.228 C-1
🏠4, 4/1-4/2, 4/4 Ratchadamri Rd. Ⓑスクンヴィット線 E1 チット・ロム駅から徒歩5分
☎02-640-7000
🕐10:00〜22:00 ㊡無休

❸おしゃれグルメがそろう

カフェやスイーツも定番から話題の店までさまざま。
歩き疲れたら休憩しよう!

世界2位の大きさを誇る

Ⓓ スターバックス・セントラル・ワールド

Starbucks Central World

タイ最大にして世界2位の規模を誇る。希少なコーヒー豆を扱うスターバックスリザーブのエクスペリエンス・バーのほか、ビールのようなナイトロコーヒーを味わえるコーナーもある。

バタフライピーで色付けしたパンの卵サンド 95B

MAPP.228 C-1
🏠セントラル・ワールド1F
☎084-438-7336
🕐10:00〜22:00 ㊡無休

❷神聖な場所で御利益祈願!

ショッピングセンター内や街なかに
突如現れるパワースポット。
祈願したい!

美しい翡翠色の守り神

Ⓒ アマリンドラディラージャ

Amarindradhiraja

エラワン・ブームの奥、アマリン・プラザの脇に建つ小さな祠。アマリンとはインドラ神の別名で、ヒンズー教の神として有名。お祈りに訪れる人の献花や供え物が絶えない。

MAPP.228 D-2
🏠496-502 Ploenchit Rd. Ⓑスクンヴィット線 E1 チット・ロム駅からすぐ ☎02-650-4704
🕐参拝自由

天才や秀才が集まるカフェ

Ⓔ カフェ・トレアドル

Cafe Toreador

"タイの東大"と呼ばれているチュラロンコーン大学内にあるカフェは、静かで落ち着ける場所として学校関係者以外の人も訪れる人気店。軽食からドリンクまでメニューも豊富。

MAPP.228 D-5
🏠254 Phaya Thai Rd, Pathum Wan, Ⓜサム・ヤーン駅から徒歩11分 ☎098-298-7165
🕐8:00〜17:00 ㊡日曜・祝日

健康に良いとして話題のオーツミルクを使用したストロベリーオーツミルク 95B

シーロム

どんな街？

ルンピニー公園から南西に伸びるシーロム通りがメインストリート。高級ホテルやレストランが点在する近代的なオフィス街ながら、夜になると露店や屋台が並ぶ。

街歩きのポイント

POINT 01　話題の人気SPOTをめぐる！

314mの高さからバンコクの絶景を楽しめる、一番人気の観光スポット。

POINT 02　一軒家レストランで食事を

喧騒を離れ、落ち着いた雰囲気のなかで伝統料理やモダン・キュイジーヌを味わおう。

POINT 03　昼間の顔とは一変する
ナイトな一面も必見

バンコク屈指の繁華街、パッポン・ナイト・バザールをはじめ、昼とは違ったチョイ悪なバンコクが楽しめる。

ルンピニー公園

Lumphini Park

MAP P.231 H-1

🏠 Rama IV Rd. Ⓜシーロム駅／Ⓑシーロム線
Ⓢ2 サラ・デーン駅
から徒歩3分
☎ 02-252-7006
🕐 4:30〜22:00
⊗ 無休 ⊕ 無料

❶バンコク都市部に大きくそびえ立つ高層ビル。人気のグルメ店からスカイバーや展望エリア、高級ホテルなどが入居 ❷ 大都会のオアシス、ルンピニー公園もおすすめ ❸名物のフードコートを利用すれば公園で朝食もとれる ❹シーロムの交差点はいつも交通量が多く熱気があふれている

シーロムMAP

❶話題のスポットを めぐり歩こう

シーロム周辺には歴史を感じる寺院から
近未来的なビルまで、さまざまなスポットを
めぐりたい！

ビジネス街に忽然と現れる極彩色の寺院

Ⓐ ワット・プラ・シー・マハー・ ウマー・テウィー

Wat Phra Sri Maha Uma Dewi

シーロム通りにあるヒンズー
教寺院。入口には無数の神
像が彫られた極彩色の門が
そびえ立ち、不思議なムード
が漂う。

MAP P.231 E-2

🏠 Silom Rd. ⓑシーロム線 S5 スラサック駅から徒歩9分
🕐 6:00〜20:00 ㊡無休 ㉾無料

最上層の
展望エリアで遊ぼう

Ⓑ マハナコン・ スカイウォーク

74階からも市街を一望
できる

Mahanakhon Skywalk

74階にあるガラス張りで360度見渡せるフロ
アと、78階の屋外ルーフトップで構成。78階
にはドリンクを出すスタンドがあるので、絶景
と一緒に楽しんでみては？

MAP P.231 F-2

🏠 114 Narathiwat Ratchanakarin Rd. ⓑシーロ
ム線 S3 チョン・ノンシー駅から徒歩2分 ☎ 02-677-
8721 🕐 10:00〜24:00 ㊡無休 ㉾1000B（イベン
トにより異なる）

❷グルメならこの2軒

シーロムでグルメ楽しむなら、隠れ家的な一軒家レストラン
がおすすめ。家ごとに違った趣が感じられる。

アートに囲まれて優雅に食事ができる名店

Ⓒ バーン・カニタ＆ギャラリー

Baan Khanitha & Gallery

有名な「バーン・カニタ」の支店で、店内に
はタイの絵画がずらり。伝統的タイ料理の
ほか、シーフードメニューが豊富。

MAP P.231 G-2

エビを炒めたクン・ライ・
スア・パッド・ソンクルアン
760B（手前）

🏠 69 South Sathorn Rd. ⓑシーロム線 S2
サラ・デーン駅から徒歩10分 ☎ 063-474-6857、
063-474-6859 🕐 11:00〜23:00 ㊡無休
㉾L1000B〜D1500B〜

王家の人々が愛した宮廷料理

Ⓓ タンイン *Thanying Restaurant*

国王の料理人を務めていた母からレシ
ピを学んだオーナーが、タイの宮廷料理
を今に伝えるために始めたレストラン。

甘酸っぱいチリソースがス
パイシーなスズキのフライ
270B〜

MAP P.231 E-2

🏠 10 Thanon Pramuan,Between Soi 17&Soi 19, Silom Rd. ⓑシー
ロム線 S5 スラサック駅から徒歩5分 ☎ 02-236-4361、02-235-0371
🕐 11:30〜22:00 ㊡無休 ㉾LD1000B〜

❸シーロムの夜に チャレンジ

チョットディープな雰囲気を楽しみたいなら
夜のシーロムもおすすめ。ナイトバザール
などにぎやかなスポットが豊富。

値段は付いていな
い物も多い。交
渉自体を楽しんで

世界的にも有名な
バンコクーの歓楽街

Ⓔ パッポン・ナイト・バザール

Patpong Night Bazaar

約250mの間に露店が建ち並ぶ、バンコ
クを代表するマーケットのひとつ。Tシャ
ツや腕時計、香水、バッグなどが並ぶ。

MAP P.231 F-1

🏠 Patpong Rd. ⓑシーロム線 S2 サラ・デー
ン駅から徒歩3分 🕐 18:00〜24:00 ㊡無休

 旅メモ　マハナコン・スカイウォークの後は、ティース（▶付録P.13）でアフタヌーンティーがおすすめ。

TOWN

サイアム

シーロム

トン・ロー＆エカマイ

スクンヴィット

カオサン

トン・ロー＆エカマイ

どんな街？

バンコクでも指折りの高級住宅街。通り沿いには洗練されたレストランや、おしゃれなカフェが並び、ショップの集まる複合施設も点在。今バンコクで最もホットなエリアだ。

街歩きのポイント

POINT 01　ソイ55をぶらり散歩！

東京でいえば青山のようなエリア・ソイ55。大人なエリアを満喫しよう。

POINT 02　洗練されたショップへGO！

落ち着いた雰囲気で通称"裏トン・ロー"と呼ばれているエカマイも散策しよう。

POINT 03　在住日本人が多く日本語が通じる場所も

バンコク屈指の高級住宅街で在住日本人も多いため、日本人向けのカフェやスパなどがあり過ごしやすいエリア。

❶ソイ55をめぐり歩き

ハイセンスな住宅街、ソイ55は、人の多さもにぎやかさもほどよい感じで、落ち着いた街歩きを楽しみたい人にピッタリ。

おしゃれ飲食店＆カフェが集結！

Ⓐ コモンズ The Commons

トン・ローのランドマークともなっている地域密着型の複合施設。ルーツ・アット・トン・ロー（▶付録P.14）やショップなど、30店近くが入店。

MAP P.146

🏠 335 Thong Lo Soi 17, Sukhumvit 55 Rd.
Ⓢ Ⓑスクンヴィット線 E6 トン・ロー駅から車で5分 🕐Ⓦ店舗により異なる

広く明るい売り場は天然由来の製品ばかり

タイのオーガニック製品が集結

Ⓑ レモン・ファーム

Lemon Farm

タイ人の健康志向の高まりにともないオープンしたオーガニックスーパー。食品、化粧品やサプリなど自然派商品がそろう。

MAP P.146/P.231 G-3

🏠 2F, 55th Thonglo, Thong Lo Soi2, Sukhumvit 55 Ⓢ Ⓑスクンヴィット線 E6 トン・ロー駅から徒歩8分 ☎02-381-0195, 081-712-3186 🕐9:00～21:00 Ⓦ無休

ハーブティーのフレーバーはレモングラス＆ローゼルなど

The Garden Tea
125B

トン・ロー＆エカマイMAP

Soi Thong Lo 10

P.111 ソップ・モエ・アーツ　P.74 パタラ

トレジャー・スパ P.133　付録P.14 ルーツ・アット・トン・ロー　コモンズ

Soi Akkhara Phat

日本村

アフター・ユー 付録P.9

スターバックス

Soi 53

グランド・センターポイント・スクンヴィット5
P.131 レッツリラックス・スパ＆温泉

付録P.14 フィル・コーヒー　P.77 スパンニガ・イーティングルーム

P.88 バーン・アイス　P.92 キャンパ

P.88 クアクリンパックソッド

サマセット

Soi Paidi Maidi 2　トップス・マーケ

Soi 51

P.92 ガー　ソイ55（Soi Thong Lo）

Ⓑ レモンファーム 55thトンロー

ポーラン　ホテル・ニッコー・バンコク

ウー・アーバン ラスティック・ホテル

トン・ロー駅 Thong Lo E6

メー・ワリー付録P.9

セブンイレブン　バミー・コン・セー！ P.85

Sukhumvit Rd スクンヴィット通り

バンコク・マリオット・ホテル スクンヴィット

P.28 オクターブ・ルーフトップ ラウンジ＆バー

Soi 34　Soi 36　Soi 38　Soi 40

N

0　200m

周辺図 P.231下図

❷別名"裏トン・ロー"

より落ち着いた雰囲気で食事や買い物を楽しみたいならエカマイへ。別名"裏トン・ロー"と呼ばれているが、隠れた名店が多い。

店主が目利きしたレザー製品

ⓒ アン・ファッション・ビンテージ

(un) FASHION Vintage

本革にこだわった、状態の良いカバンと靴を販売している。靴は欧州とアメリカ、カバンは世界中から買い付けた品々。併設されたいごこちのよいカフェも大人気。

色の良い本革のカバン 1000〜2000B

革靴 700〜1300B

MAP P.147/P.231 G-3
♠ 3, Ekkamai Soi 10, Sukhumvit 63
Ⓑスクンヴィット線 E7 エカマイ駅から車で5分 ☎ 094-421-2411
🕘 9:00〜18:00 無休

バンコク最先端のブティック＆ カフェ

ⓓ オニオン Onion

フランスとノルウェーの洋服、カバンを扱うセレクトショップ＆カフェ。オリジナルブランド「オニオン」のTシャツもかわいい。

ロゴがかわいいオニオンのTシャツ 490B〜

MAP P.147
♠ 19/12 Ekkamai 12 Rd. Ⓑスクンヴィット線 E7 エカマイ駅から車で5分 ☎ 02-550-7336、088-665-4592 🕘 11:00〜19:00（カフェは9:00〜18:00）無休

❸日本が恋しくなったら

トン・ロー周辺は在住日本人が多く、日本人経営のお店や、街なかで日本人と遭遇する機会も多い。日本が恋しくなったら訪れよう。

洗練された東北部料理を味わう

ⓔ スパンニガ・イーティング・ルーム

Supanniga Eating Room

濃厚で辛さがひかえめなタイ東北部イサーン料理の店。カジュアルだがおしゃれな雰囲気で、ランチ、ディナーのどちらにもオススメ。『ミシュランバンコク』にも掲載。店内を飾る家具や食器などのインテリアも見もの！
▶P.77

味が濃いトム・ヤム・クンも大人気 240B

日本人オーナーのセレクト

ⓕ チコ Chico

タイらしいアイテムがそろうセレクトショップ。ポンポンサンダルやバッグのほか、象のポーチやアクセサリーなど、欲しいものが見つかる。
▶P.113

フリンジが大人っぽい仕上がりのオリジナルのかごバッグ 2500B
象のアップリケがかわいいコインケース 140B

【地図】P.113 チコⓕ / セブンイレブン / トンロー警察署 / ファミリーマート / アヴェニュー / ブーン・トン・キアット P.81 / P.109 バーヤー / セブンイレブン / ドンキモール / P.90 サバーイジャイ / アン ファッション ビンテージ ⓒ / エカマイショッピングモール / カーオ P.77 / オニオン ⓓ / ビッグC / メジャーシネプレックス / プラネタリウム＆科学博物館 / 東バスターミナル / エカマイ駅 E7 Ekkamai / セブンイレブン / ゲートウェイ・エカマイ / マンゴーマニア 付録P.11 / ワット・タートン / BTS スクンヴィット線

Bangkok Map "Sukhumvit Rd."

スクンヴィット

どんな街?

高級デパートや個性的なショッピングモールの並ぶスクンヴィット通りを中心に、南北に多数のソイが伸びるにぎやかで、エキゾチックな雰囲気漂うエリアだ。

街歩きのポイント

POINT 01 個性派ソイをウォーク!

ソイ＝路地や脇道のこと。個性的なソイが多く集まるスクンヴィット通りを探索しよう。

POINT 02 3大SCをコンプリート!

ショッピングセンターでにぎわうスクンヴィット通り。3大SCでお買い物を楽しもう。

POINT 03 多様な文化が入り混じるナーナーエリアも注目!

ナーナー駅を中心とした歓楽街が有名で、元々はイスラム文化が濃かったが、今では欧米の人も増え、さまざまな文化が感じられる街に。

欧米人が行き交う、多国籍なグルメ通り

Ⓐ ソイ11 Soi11

MAP P.230 B-4

⊗Ⓑスクンヴィット線 E3 ナーナー駅から徒歩3分

各国料理店やクラブが点在する通り。スパニッシュ、フレンチ、イタリアンの名店もあり、在住外国人たちの間で熱いエリア。

アラブ情緒たっぷりの小道

Ⓑ ソイ3/1 Soi3/1

通称「アラブ人街」と呼ばれる通り。イスラム料理店やイスラム系の旅行代理店などが数多く並ぶ。異国情緒たっぷりのこのエリアは、夜になると歓楽街の顔に。

MAP P.230 A-4

⊗Ⓑスクンヴィット線 E3 ナーナー駅から徒歩5分

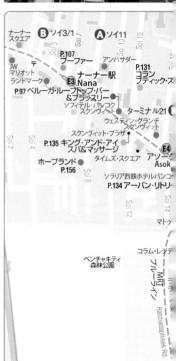

ナーナースクエア　Ⓑソイ3/1　Ⓐソイ11

JWマリオットランドマーク　プーファー　アンバサダー P.107

P.131 コラン ティック・ス

E3 Nana　ナーナー駅

P.97 ベルーガ・ルーフトップ・バー＆ブラッスリー
ソフィテル・バンコク スクンヴィット

ターミナル21

ウェスティン・グランデ スクンヴィット

スクンヴィット・プラザ

P.135 キング・アンド・アイ スパ＆マッサージ

タイムズ・スクエア

ホープランド P.156

E4 アソーク Asok

ソラリア西鉄ホテルバンコ P.134 アーバン・リトリ

マドゥ

コラム・レジデ

ベンチャキティ 森林公園

MRT ブルーライン

Ratchadaphisek Rd.

コチラのソイもおすすめ!

日が落ちてからが本番!

ソイ・カウボーイ Soi Cowboy

スクンヴィット通りのソイ21と23を結ぶ路地にある歓楽街、ソイ・カウボーイ。カウボーイハットをかぶったアメリカ人がバーを開いたことに由来している。

このエリアだけで40軒近くのバーが並ぶ

MAP P.230 C-4

⊗Ⓜスクンヴィット駅／Ⓑスクンヴィット線 E4 アソーク駅から徒歩3分

スクンヴィット通りのランドマーク

ⓒ ザ・エンポリアム

The Emporium

バンコクの高級デパートの草分け的存在。ルイ・ヴィトンなど世界の一流ブランドが充実している。4階は高級スーパーマーケットのグルメ・マーケット。5階には映画館も入っている。

MAP P.231 E-4

🏠622 Soi 24 Sukhumvit Rd. ⓑスクンヴィット線 E5 プロン・ポン駅からすぐ ☎02-269-1000 🕐10:00〜22:00 ⓗ無休

スクンヴィットMAP

N

0　　200m

周辺図 P.230下図

- ザ・ローカル・バイ オームトーン P.93
- カバオ・タ・ベー P.82
- ハピネスマッサージ P.136

ティエン夫人の家

スクンヴィット駅
Sukhumvit
- ソイ・カウボーイ P.148
- RSM ムエタイ・アカデミー P.61
- ピース・ストア P.113
- ラディソン・ブルー
- ブリュースキー P.96
- ジェムライン P.109
- フジ・スーパー P.122
- ザ・エム クオーティエ ⓓ
- P.137 アットイーズ マッサージ&スパ

ブロン・ポン駅 E5
Phrom Phong
ベンチャシリ公園 ⓒ
ザ・エンポリアム

◎タイシルクの殿堂、ジム・トンプソンも入店。バッグは1350Bくらいから

名店ぞろいの巨大ショッピングモール

ⓓ ザ・エムクオーティエ The EmQuartier

地上9階、3つの建物でショッピングモールとレジデンスからなる。タイ初出店となる世界的なブランドやグルメの名店も多い。高級スーパーのグルメ・マーケットが入店。

MAP P.231 E-4

🏠695, 693 Sukhumvit Rd. ⓑスクンヴィット線 E5 プロン・ポン駅直結 ☎02-269-1000 🕐10:00〜22:00 ⓗ無休

駅直結のSCが便利

スクンヴィットもバンコクを代表するショッピングセンターが立ち並ぶ。駅から直結しているところも多く、初めてでもわかりやすい

◎若いバンコクっ子が多い

▶頭上にはのれんや提灯の飾り

地元の若者も集うショッピングモール

ⓔ ターミナル21

Terminal 21

空港ターミナルがコンセプトで、「パリ」「ミラノ」など、世界の都市名をフロア名にしている。必見は東京がテーマの1階フロア。原宿や渋谷など町名の大きなプレートが設置されていて、独特な雰囲気。

MAP P.230 C-4

🏠88 Sukhumvit Soi 19, Sukhumvit Rd. Ⓜスクンヴィット駅/ⓑスクンヴィット線 E4 アソーク駅からすぐ ☎02-108-0888 🕐10:00〜22:00 ⓗ無休

✎ 旅メモ　スクンヴィット周辺も日本人が多く、日本人向けの飲食店や病院もあり、定住場所としても最適。

TOWN

サイアム

シーロム

トン・ロー&エカマイ

スクンヴィット

カオサン

Bangkok Map "Khao San Rd."

カオサン

どんな街?

バックパッカーの聖地でもあり、世界中からの旅人の熱気を肌で感じられる通り。格安の衣料品や雑貨、おみやげの店が並ぶ。、夜は屋台やバーがにぎわうエリアだ。

街歩きのポイント

POINT 01 カオサン通りを
ぶらり旅

初めての景色を探しながら街ゆく人とふれあう。旅人の心を取り戻して進もう!

POINT 02 由緒ある寺院で
お参り

この地を切り開いた先人たちに寺院で感謝を捧げながら、タイの歴史にふれよう。

POINT 03 世界各国の人と
交流できる

カオサン周辺は安宿も多く、世界各国のバックパッカーが訪れるため、タイの中でもさまざまな国の人と交流できる。

おすすめスポット

バンランプー市場

若者向けのカジュアルなウエアを扱うショップが多い

衣料品中心のローカル市場

バンランプー市場

Talat Banglamphu

手ごろな衣料品やアクセサリーの露店がズラリと並び、連日地元の人々でにぎわっている。

MAP P.232 B-2
⊗カオサン通りから徒歩5分
⊕店舗により異なる(月～木曜7:30～15:00、金～日曜は～17:30くらい)

❶長期滞在者の多いカオサンは夜の街も名物で朝までにぎやか ❷寺院も多く祈願もおすすめ ❸グルメも雑貨も、ホテルまで格安の店が多い

N
0   200m
周辺図 P.232

❸ プラ・スメン砦
❹ プラ・アティット通り

プラ・ピン・クラオ
桟橋
プラ・アティット
桟橋

チャオプラヤー川

P.77
トム・ヤム・クン・バンランプー ❸
❹ バーバリ・ビストロ
ワット・チャナ・ソンクラーム ❺
❶ バンコク
ツーリスト
センター
国立美術館
国立劇場
サナーム・ルアン
(王宮前広場)
国立博物館
プラ・メー・トラーニー
バンランプー市場
❻ ワット
ボウォーン・ニウェート
カオサン通り
パディ・ロッジ
Ratchadamnoen Klang Rd.
ロイヤル
民主記念塔

カオサンMAP

TOWN

サイアム

シーロム

トン・ロー&エカマイ

スクンヴィット

カオサン

❶バックパッカーの聖地

海外旅行客が多いカオサンは、昔から変わらない
タイの原風景が感じられるエリア。

川沿いのおしゃれ
ナイトスポット

Ⓐ プラ・アティット通り

Phra Athit Rd.

チャオプラヤー川と並行して
走る通りには、おしゃれでモ
ダンなカフェやレストランが
並び、夜はバーのネオンがと
もる。ライブバーもあり、個
性的な内装の店が多い。

MAP
P.232 B-1
Ⓧ カオサン通り
から徒歩10分

バンコクの街と水路を守った古い要塞

Ⓑ プラ・スメン砦

周辺は芝生の広
がる公園に整備
されており、白い
建物が映える

Phra Sumen Fort

チャオプラヤー川とバンランプー運河の分岐点にある200
年前の要塞。城壁の最北端に位置し、重要な防衛線や水
上交通の要所だった。外観のみ見学可。

MAP P.232 B-1

トム・ヤム・クン
具がたっぷり入って
濃厚な一杯 150B

🏠 Phra Athit Rd. Ⓧ カオサン通りから
徒歩10分 🕘 8:00〜21:00（サンティチ
ャイ・プラカン公園） Ⓗ 無休 Ⓨ 無料

屋台の絶品トム・ヤム・クン!

Ⓒ トム・ヤム・クン・バンランプー

Tom Yum Goong
Banglamphu

親子2代にわたり続く歩道
上の名物イートイン屋台。
気さくな店主が作る具だく
さんで濃厚なトム・ヤム・
クンと、エビたっぷりの炒
め物が旅行者に人気。

▶P.77

パッカナー・ブラー・ケム
魚の塩漬けと野菜の炒め。シャ
キシャキな野菜と好相性 80B

❷由緒ある寺院は必見

カオサンの地を切り開いた先人たちの由緒ある
寺院も名物。ご利益にあやかりたい。

勝負前にお参りしたい寺院

Ⓔ ワット・チャナ・ソンクラーム

Wat Chana Songkhram

チャナは勝つ、ソンクラームは
闘いを意味する寺院。創建は
アユタヤ王朝時代に遡り、戦
勝寺院と呼ばれ、必勝祈願す
るとご利益があるといわれる。

ラーマ1世の弟
を祭る祠が立
つ。彼がビルマ
侵攻の際に祈
願した場所

MAP P.232 B-2

🏠 Chakraphong Rd. Ⓧ カオサン
通りからすぐ 🕘 8:00〜16:00
Ⓗ 無休 Ⓨ 無料

おしゃれなおみやげならココ!

Ⓓ バーバリ・ビストロ

化粧ブランド「TRI」
のパズルの形をした
スクラブ石鹸。さま
ざまなフレーバーが
楽しめる 95B

Barbali Bistro

オーナー自らが厳選したグッズを販売する雑貨店。
タイ出身アーティストの絵画やサスティナブルな商品
が並ぶ。

MAP P.232 B-2

🏠 58 Phra Athit Rd, Chana Song khram, Phra Nakhon
Ⓧ プラ・アティット桟橋からすぐ ☎ 094-846-5445
🕘 14:00〜24:00 Ⓗ 無休

王族ゆかりの寺

Ⓕ ワット・ボウォーン・ニウェート

Wat Bowon Niwet

ラーマ4世が創始した仏教の新
派・タマユットニカーイ派の総
本山。厳格な戒律で知られる。
タイの全仏教徒の1割ほどだが、
王族らに信者が多く格が高い。

本堂の内部見学は特別公
開時のみ

MAP P.232 C-2

🏠 Phra Sumen Rd. Ⓧ カオサン通りから徒歩3分 🕘 8:30〜
17:00 Ⓗ 無休 Ⓨ 無料

Exquisite accommodation at the hotel of your dreams

憧れホテルで極上ステイ

#バンコクホテル #リゾートホテル #贅沢な時間 #インフィニティプール
#Luxuryhotel #Suiteroom #絶景ビュー

ホスピタリティあ
ふれるスタッフが
出迎えてくれる

洗練された空間が
旅の満足度をUP

近未来的なモダンスタイル

ウォルドーフ・アストリア・バンコク

Waldorf Astoria Bangkok

ヒルトンのラグジュアリーブランドホテル。建築家のアンドレ・フーが、タイの伝統的な要素を組み入れながら設計した、洗練された空間が広がる。ホテル内には6軒のレストランやラウンジがあり、バンコクの美食シーンも楽しめる。

サイアム周辺 ▶**MAP** P.228 D-2

🏠 151 Ratchadamri Rd.
Ⓜ Ⓑ スクンヴィット線 E1 チット・ロム駅から徒歩5分 ☎ 02-846-8888
Ⓗ Ⓢ Ⓣ 1万2000B～
日本予約 1800-011-342（ヒルトン・リザベーションズ＆カスタマー・ケア）

❶16階の屋外にあるプールは、近未来的な空間が広がる ❷モダンなタイらしさを感じる、広々としたスイートルームの寝室 ❸明るく開放的なスイートのバスルーム ❹ダイニング「ブル＆ベアー」では、自慢のグリル料理が楽しめる

❺朝食は、ビュッフェの他にメニューから好みの料理をチョイスできる ❻タイ料理をはじめとする多国籍料理のほか、原木から切りたての生ハムなど、豪華な食材もたくさん

Take a Break ...

バンコクの夜景を独占! ルーフトップバー

バンコク市内のホテルには高層階や最上階に、見渡す限りの絶景が楽しめるルーフトップバーがあるところが多く、フォトスポットとして注目を集めている。なかには、フードメニューが充実しているバーやレストランなどもあるので、お酒が苦手な人にもおすすめ。

スタッフのユニフォームもモダンでかわいい

絶景が楽しめる
穴場ホテル

360度のスカイビューがポイント

バンコク・マリオット・ ホテル・ザ・スリウォン

Bangkok Marriott
Hotel The Surawongse

チャイナタウンやシーロムへ行くのに便利な立地のホテル。周囲を遮るものが何もない屋上のルーフトップバーやインフィニティプールなど、開放的な空間が魅力。モダンさとタイらしさを融合したインテリアも、旅行気分を盛り上げてくれる。

シーロム ▶MAP P.231 E-1
♠262 Surawong Rd.　⊗Ⓑシーロム線
S3 チョンノンシー駅から徒歩15分
☎02-088-5666　Ⓝ⑤5500B〜
日本予約 FREE 0120-92-5659(マリオット予約センター)

❷ Mクラブフロア以上の予約で利用できる「Mクラブラウンジ」は、絶景を眺めながらの朝食が楽しめる。
❸ カクテルタイムではアルコールや食事も豊富で、利用価値大!

❶空中に浮かんでいるかのようなインフィニティプールは必見　❹Mクラブラウンジ、スイートの客室。タイらしいエッセンスを感じる洗練された空間　❺白を基調としたベッドルーム　❻芸術的なタオルアート

ラグジュアリーホテル

贅沢な空間を確保し、上質なインテリアをそろえたホテルなら充実のホテルステイが体験できる

❶ツーベッドルームの主寝室。より優雅なひとときを過ごせる ❷52階からの眺望が楽しめるクラブラウンジ。朝食や自家製スコーンなどとアルコールを朝6時から18時まで楽しめる ❸部屋は川を眺められるリバービューと街並みが楽しめるシティビューから選べる

世界一高いルーフトップバーが魅力

タワー・クラブ・アット・ルブア

Tower Club at lebua

バンコクの街並みとチャオプラヤー川を一望できる5つ星ホテル。63階の屋上にある世界一高いルーフトップレストランのシロッコ（▶P.96）や7年連続ミシュラン2つ星を獲得している日本人・川崎シェフによる創作フランス料理が味わえるメッツァルーナ（▶P.93）など、名店ぞろい。

チャルン・クルン通り周辺 ▶**MAP** P.230 D-2
🏠1055, Silom Rd.
Ⓑシーロム線(S6) サパーン・タークシン駅から徒歩8分 ☎02-624-9999
Ⓢ⊤8100B～

多くのタイ著名人に愛されたホテル

マンダリン オリエンタル バンコク

Mandarin Oriental, Bangkok

1870年創業の、伝統と格式を誇る名門ホテル。なかでも往時をほうふつとさせるコロニアル調のオーサーズ・レジデンスのスイートは豪華そのもの。スパやレストランのレベルも高く、映画『サヨナライツカ』の舞台としても話題に。

チャルン・クルン通り周辺 ▶**MAP** P.230 D-2
🏠48 Oriental Ave. Ⓑシーロム線(S6) サパーン・タークシン駅下車、サートーン桟橋から専用ボートで5分 ☎02-659-9000 Ⓢ⊤2万5350B～ 日本予約 FREE 0120-663-230（マンダリン オリエンタル ホテル グループ）

❶天井のベルが特徴的なロビー。内装にはチーク材をふんだんに使用 ❷プレミアムスイートの広いバスルーム ❸チャオプラヤー川の景色を一望できるスイートルーム

❶窓からはチャオプラヤー川が一望できる ❷フォルムが美しい。37階建て

最新の設備が魅力

ザ・ペニンシュラバンコク

The Peninsula Bangkok

W型にデザインされたホテル棟は、すべての客室からゆるやかにうねるチャオプラヤー川が眺められる。電動のカーテンや浴室に埋め込まれたテレビなど、最新設備が充実。

チャルン・クルン通り周辺 ▶**MAP** P.230 C-2
🏠333 Charoe Nnakorn Rd. Ⓑシーロム線(S6) サパーン・タークシン駅下車、サートーン桟橋から専用ボートで5分 ☎02-020-2888 Ⓢ⊤1万8000B～ 日本予約 FREE 0120-348-288（ザ・ペニンシュラホテルズグローバル・カスタマー・センター）

最低でも48㎡の広さがあるキングルーム。モダンなインテリアが素敵

多彩なアートが楽しめるハイセンスなホテル

パーク ハイアット バンコク

Park Hyatt Bangkok

バンコクでも別格の洗練度を誇る高級ホテル。フロントから通路まで、あらゆるところにアートが配され、まるでギャラリーのよう。セントラル・エンバシー（▶P.117）とも直結で便利。

サイアム周辺 ▶MAP P.229 F-4

🏠 Central Embassy, 88 Wireless Rd ⓑスクンヴィット線 E2 プルン・チット駅からすぐ ☎02-012-1234 WEBサイト参照 日本予約 FREE 0120-923-299

コンテンポラリーなデザインでまとめられたデラックスルーム

街と川の織り成すパノラマを一望

ミレニアム・ヒルトン・バンコク

Millennium Hilton Bangkok

チャオプラヤー川西岸にそびえる32階建てホテル。各部屋から川とその向こうに広がるバンコクの街が見渡せる。客室の一枚ガラスの窓はまるでスクリーンのよう。最上階には夜景が自慢のバーも。（▶P.97）

チャルン・クルン通り周辺 ▶MAP P.230 C-1

🏠 123 Charoe Nnakorn Rd. ⓑゴールドライン G2 チャルン・ナコーン駅から徒歩3分 ☎02-442-2000 ⓢⓣ 4508B～ 日本予約 03-6864-1633（ヒルトン・リザベーションズ＆カスタマー・ケア）

クルンテープ・ウイングは全室リバービュー

川のほとりで過ごす優雅な休日

シャングリ・ラ バンコク

Shangri-La Hotel Bangkok

シャングリ・ラ・ウイングとクルンテープ・ウイングの2棟で構成され、それぞれにロビーやプールの施設をもつ。おすすめはエレガントなタイの伝統的なクルンテープ・ウイング。きらめく水面を眺めつつ、ラウンジで優雅に朝食を。

チャルン・クルン通り周辺 ▶MAP P.230 D-2

🏠 89 Soi Wat Suan Plu, New Rd. ⓑシーロム線 S6 サパーン・タークシン駅から徒歩3分 ☎02-236-7777 ⓢⓣ 7310B～ 日本予約 FREE 0120-944-162

快適な寝心地を追求したオリジナルのベッドがポイント

川とビル群を見渡すシティ・リゾート

ロイヤルオーキッド・シェラトン・ホテル＆タワーズ

Royal Orchid Sheraton Hotel & Towers

Y字型のホテル棟は全室リバービュー。なかでも上流と下流を一望できるエグゼクティブ・スイートは雄大な眺望が素晴らしいと大人気。

チャルン・クルン通り周辺 ▶MAP P.230 D-1

🏠 Soi 30, 2 Charoen Krung Rd. ⓑシーロム線 S6 サパーン・タークシン駅下車、サートーン桟橋から専用ボートで10分 ☎02-266-0123 WEBサイト参照 日本予約 FREE 0120-142-890（マリオットホテル予約センター）

旅メモ 式場併設やウエディングプランを有するホテルも多く、海外挙式に利用するのもおすすめ。

バンコクでお手軽
リゾートステイ

バンコク観光を満喫したらそのままリゾート気分が味わえるホテルに泊まりたいよね。

❶屋上にある広々としたプールやフィットネスルームを使えば、リゾート感もさらにアップ
❷現代的で豪華なインテリアで装飾されたスーペリアダブルルーム。窓からはバンコクの街並みが一望できる

タイをはじめ、各国の料理を堪能できる。ルームサービスを使えば、よりプライベートな時間が過ごせる

観光にショッピングに
立地バツグンのシティホテル
ホープランド
HOPE LAND Hotel Sukhumvit 8

ナーナー駅までは徒歩5分、ターミナル21（▶P.149）へも徒歩圏内と、立地の良さが人気のホテル。全130室は、シックな家具とインテリアでまとめられており、上品な空間となっている。

スクンヴィット周辺
MAP P.230 B-4

🏠34 Sukhumvit 8, Sukhumvit Rd. ⓧ Ⓑスクンヴィット線 E3 ナーナー駅から徒歩5分
☎02-255-9555 円Ⓢ Ⓣ3400B～

優雅で落ち着いた時間を過ごせるように客室は温かみのあるモダンなデザイン&インテリアで統一

こちらも話題のホテル

ルンピニー公園近くの
都会的なリゾート
SO バンコク
SO Bangkok

自然をテーマにした客室のほか、有名デザイナーのクリスチャン・ラクロワがデザインしたラウンジが話題。屋外プールやルンピニー公園を一望するバーなど施設内の楽しみが充実。

シーロム
MAP P.231 H-1

🏠2 North Sathon Rd. ⓧ Ⓜルンピニー駅から徒歩5分 ☎02-624-0000 円Ⓢ Ⓣ6000B～
日本予約03-4578-4077（アコーホテルズ）

眺望バツグンのインフィニティプールやルンピニー公園の自然を一望できる

SUBURBS

PICK UP AREA

Thailand

Suburbs in Thailand

バンコクから足をのばせば
新たなタイの魅力を発見できる

1448年の建立以降、いまなお
圧倒的な存在感を放つ3基の仏
塔はアユタヤのシンボル的存在

158

Make memories on one of
Thailand's best beaches!

バンコクから足をのばして | Feel the history and culture of the ancient city of Ayutthaya

古都アユタヤで歴史と文化を感じる

#世界遺産都市　#遺跡群　#歴史公園　#古都アユタヤ　#Ayutthaya

古代遺跡群で
タイムスリップ
しよう

**アユタヤって
こんな街**

約4世紀にわたり
王都として繁栄し
た古都アユタヤ。
王朝の栄華と衰
退の面影がいまな
お残る遺跡群を訪
れて、当時の風を
感じてみよう。

アユタヤで絶対見るべき6大遺跡

INFO

鉄道

バンコクのクルンテープ・アピ
ワット中央駅から約1〜1.5
時間

車

バンコクからアユタヤ中心
部まで約1時間30分

ミニバス

北バスターミナルから約1時
間30分〜2時間

バンコクからの行き方は
主に3通りで、鉄道、ミ
ニバス、車のいずれかが
おすすめ。鉄道の場合は、
**クルーンテープ・アピワッ
ト中央駅**（MAP ▶ P.227
B-3）から1日16本運行。
所要約1〜1.5時間強で、
3等15B〜。車は約1時
間30分。いろいろとめぐ
りたい人は運転手付きレ
ンタカーの利用も検討。
8時間1200B〜。バスは、
北バスターミナル（MAP
▶ P.227 C-3）から約1時
間30分〜2時間、70B〜。

① ワット・プラ・シー・サンペート

トライローカナー
ト王と、その子で
ある2人の王が眠
る遺跡で、かつて
の繁栄に思いを馳
せよう。
▶ **P.161**

② ワット・マハータート

let's go!

仏像の頭や、頭
部のない仏像、
残った礼拝堂の
土台など、当時
の貴重な遺跡が
並ぶ。
▶ **P.162**

③ ワット・ラーチャブラナ

クメール様式の仏塔や、ガルーダ像など
の凝った彫刻はどれも保存状態が良く一
見の価値あり！
▶ **P.162**

Nice!!

④ ワット・ローカヤスッターラーム

28mの巨大な釈
迦仏が、ほぼ笑む
表情で横たわる姿
に心も穏やかに。
▶ **P.163**

⑤ ワット・ヤイ・チャイモンコン

仏塔を中心に、
黄色い袈裟を
まとった坐仏
がずらりと並
ぶ光景はまさ
に神秘的
▶ **P.163**

⑥ ワット・チャイワッタナーラーム

戦争の勝利を記念
したものという伝
説がある、アユタ
ヤでもっとも美し
いとされる寺院
▶ **P.163**

チャンタラカセーム国立博物館
ファアロー・ナイト・マーケット
Huaro Night Market
P.165

ロッブリー川
Mae Nam Lopburi

ワット・ナー・プラメーン

P.163プラン・ビュー・カフェ
Prang View Café

バーン
ロータス

ビー・ユー・イン
ウボンポン

P.165
アユタヤ
水上マーケット
Ayothaya Floating
Market

U-Thong Rd.

王宮跡 ●P.162 ワット・ラーチャブラナ
Wat Ratchaburana ③

アヨータヤー

バンコク行

チャオプロム市場
Talat Chaophrom

P.161ワット・プラ・シー・サンペート ①
Wat Phra Sri Samphet

ナレスアン通り
Naresuan Rd.

② ワット・マハタート
Wat Mahathat
P.162

レンタサイクル
アユタヤ駅
Ayutthaya Sta.

P.163
ワット・ローカヤスッターラーム ④
Wat Lokayasutharam

ワット・プラ・ラーム
Wat Phra Ram

渡し船
アヨータヤー
リバーサイド

バーン・タイ・ハウス
Baan Thai House
P.166

ウィハーン・プラ・モンコン・ボピット
Viharn Phra Mongkorn Bophit

クンペーン・レジデンス

Pathon Rd.

クルンシー・リバー

309

スリヨータイ王妃
のチェディ

P.164アユタヤ
エレファント・キャンプ
Ayutthaya Elephant Camp

Sri Samphet Rd.

チャオ・サン・プラヤー国立博物館
Chao Sam Phraya National Museum
P.165

チャナ通り

Rotchana Rd.

ウォラブリ・アユタヤー
コンベンション・リゾート

アユタヤ観光局

アユタヤ
歴史研究センター

ロチャナ通り

ワット・スワン・ダラム

P.166
クイッティアオ・パックワーン
アユタヤ
Kuai Tiao Phak Hwan Ayutthaya

P.167
ラーン・アビディーン
Lan Avidin

リバー・ビュー

渡し船

P.163

⑥ ワット・チャイワッタナーラーム
Wat Chaiwatthanaram
P.163

P.167
サラ・アユタヤ
Sala Ayutthaya

Mae Nam Chaophraya

ワット・ヤイ・チャイモンコン ⑤
Wat Yai Chaimongkhon

ワット・バナン・チューン

ウートーン通り
U-Thong Rd.

チャオプラヤー川

ワット・プタイサワン

P.165 日本人町跡
Japanese Village

N

0 約500m

P.165
バーン・パイン宮殿
Bang Pa-In Palace

ルアンタイ・クン・バオ
P.167

周辺図 P.227左上図

アユタヤのおすすめ6大遺跡

観光客からの人気が高い6つの遺跡は、一日かければ十分見られる。
数世紀前に行き交った人々を想像しながら歩こう。

アユタヤのシンボル

❶ ワット・プラ・シー・サンペート

Wat Phra Sri Sanphet

1448年建立のアユタヤ王室の守護寺院。3基の仏塔
の横には本堂があったが、ビルマ軍に破壊されてし
まった。

MAP P.233 B-2

🚗 アユタヤ駅から車で10分 ☎ 035-322-685 ⏰ 8:00〜
18:30（チケット販売は〜18:00） 🈵 無休 🈶 50B

🔺 均整のとれたセイロン様式の美しい塔は、バンコクのワット・プ
ラケーオのプラ・シー・ラッタナー・チェディ（仏塔）の原型といわれ
ている。

❶比較的形がしっかり残っている本堂の壁 ❷ほほえみをたたえ
ながら鎮座する右腕を欠いた坐像 ❸3基の仏塔の隣にあったと
いう本堂の跡地と思われる場所。

Genic!

❸信者によって寄進された黄色い袈裟をまとう仏像にも
出会える ❹クメール様式の凝った装飾が施された仏塔

菩提樹に飲み込まれた仏頭

❷ ワット・マハータート

Wat Mahathat

1767年にビルマ軍に破壊されるまで建設や修復を続
けた大寺院。高さ40m以上の仏塔があったが、現在
は土台が残るのみ。菩提樹の根に包まれた仏頭は、
見る者を感動させてやまない。

MAP P.233 C-2

🚶 アユタヤ駅から車で7分 ☎ 035-322-685 🕐 8:00～18:30
（チケット販売は～18:00）🈺 無休 💴 50B

❶木の根に包まれた仏像
が水平を保ったままこちら
を見ている ❷横に並ぶ
仏像群など、気になる見ど
ころがたくさん

最も完璧な形で残った仏塔

❸ ワット・ラーチャブラナ

Wat Ratchaburana

8代目の王ボーロマラーチャ2世が、王位継
承騒動で亡くなった2人の兄の火葬場跡に
1424年に造った寺院。保存状態のよい仏
塔はクメール様式で、ガルーダ像などの凝
った彫刻が必見。

MAP P.233 C-2

🚶 アユタヤ駅から車で7分 ☎ 035-322-685
🕐 8:00～18:30（チケット販売は～18:00）
🈺 無休 💴 50B

❹保存状態
のよい仏像

◀◀ 遺跡の入口から進
んでいくと真ん中に仏塔
が現れ、いたるところに
見事な彫刻が刻まれてる

▶ 仏塔のほかにも礼
拝堂の跡地などを見
ることができる。心
の赴くまま散策しよう

80歳で入滅したブッダの姿を表している涅槃像。その表情を見ていると心が穏やかになっていく

青空の下の巨大な涅槃仏

❹ ワット・ローカヤスッターラーム

Wat Lokayasutharam

高さ5m、長さ28mの仏像が、瓦礫となった寺の跡にゆったりと横たわる。アユタヤ中期の仏像とされるが、1767年に大部分が損壊し、現在の仏像は1956年に復元されたもの。

MAP P.233 B-2

🚗 アユタヤ駅から車で15分　☎ 035-322-685

🕐 見学自由

仏塔を中心に、黄色い袈裟をまとった坐仏がずらり。巨大な涅槃仏も安置されており、見ごたえ十分

美しい坐仏や戦勝記念の塔で知られる

❺ ワット・ヤイ・チャイモンコン

Wat Yai Chaimongkhorn

初代ウートーン王が1357年に建立した寺院。1592年に英雄と称されるナレースワン王が建てた、高さ72mの戦勝記念の塔が有名。塔のまわりの数十体の坐仏や、涅槃仏にも注目。

MAP P.233 E-3

🏠 40/3 M.3 Khlong Suan Phlu　🚗 アユタヤ駅から車で6分　☎ 035-242-640　🕐 8:00〜17:00（チケット販売は〜16:30）　無休　20B

戦いの勝利を記念して建てられたという伝説がある

クメール様式の寺院

❻ ワット・チャイワッタナーラーム

Wat Chaiwatthanaram

プラサート・トーン王が1630年に、母のため、および即位の記念として建てた。クメール様式の大仏塔を中心に、中小の仏塔が美しく配置されている。

MAP P.233 A-3

🏠 Ban Pom Tambon　🚗 アユタヤ駅から車で20分
☎ 035-322-685　🕐 8:00〜18:30（チケット販売は〜18:00）　無休　50B

歴史地区でひと息するならココ！

さわやかな酸味の青いドリンク、プラン・ビュー・ブーケ120Bと、タイティーのピンス（かき氷）のセット195B

ワット・ラーチャブラナのすぐ目の前

プラン・ビュー・カフェ

Prang View Café

歴史地区にある、アユタヤきってのおしゃれカフェ。

MAP P.233 C-2

🏠 22/13 Chikun Rd., Naresuan Rd.　🚗 ワット・ラーチャブラナから徒歩3分　☎ 089-801-0138、061-023-2624　🕐 9:00〜20:00　無休

Discover the rest of Ayutthaya

アユタヤのその他の魅力とふれあう!

#象乗り #エレファントライド #Elephantride #Elephantcamp
#古都アユタヤ #Ayutthaya #Ayutthayamarket

エレファントライドにトライ!

まずはチケット!

🔼 チケット売り場で象乗り券を購入。せっかくなら乗る前に売り場の横にある象の祠で、無事故、無怪我を祈願しよう

象たちとふれあう

🔼 40Bを支払うと象と密着して記念撮影ができる。エサを買ってあげて、仲良くなっちゃおう

いざ、乗ってみよう

🔽 充分、象とふれあったら背中に乗ってみよう。象の背中には最大2人まで乗ることができる

🔽 象の背中は予想以上に高く、見える景色もいつもとはひと味違った視点で楽しめる

いつもとはひと味違う目線で楽しめる

アユタヤ・エレファント・キャンプ

Ayutthaya Elephant Camp

タイでは古くから林業を中心に生活を共にしてきた象。そんな象に乗ってアユタヤを散歩できる。傘付きの輿に乗って遺跡をめぐれば、気分はアユタヤ王朝時代にトリップ。

MAP P.233 B-3
🏠 Pathon Rd.
🚃 アユタヤ駅から車で5分
☎ 065-009-9361、035-32-1982
🕘 9:00〜17:00
㊡ 無休
㊙ 1人20分400B〜(110cm以下の子どもは半額)

遺跡だけじゃない！

アユタヤには遺跡以外の見どころも。
宮殿や博物館でアユタヤの
文化と歴史を感じよう。

⬆ 夏の離宮として利用され、宮殿内には5つの館が点在

Take a Break ...

日本人がいた証・日本人町跡

16世紀初めに日本人が作った町の跡。最盛期には数千人の日本人が住んでいた。**MAP▶**P.233 D-4

現在も利用されている王家の別荘

バーン・パイン宮殿 Bang Pa-In Palace

17世紀に造宮され、歴代の王が利用した離宮。現在の建物はラーマ5世が再建。タイ様式のプラ・ティナン・アイサワン・ティッパアート、王の居室兼謁見の間であったプラ・ティナン・ワロバット・ピマーンなど、多様な建築がそろう。

MAP
P.227 B-1
Ⓧ アユタヤ駅から車で30分
☎ 035-26-1044
Ⓛ 8:00～16:00
Ⓗ 無休 Ⓟ 100B

王朝の繁栄ぶりを伝える宝飾品

チャオ・サン・プラヤー国立博物館

Chao Sam Phraya National Museum

アユタヤ遺跡群の発掘品を展示する。1号館にはワット・マハータートやワット・ラーチャブラナの金や宝石の装飾品、ワット・プラ・シー・サンペートの木彫など豪華な遺物を展示。2号館では各時代の仏像を展示する。

MAP P.233 C-3
🏠 Priidiiphranomyong Rd. Ⓧ チャオプロム市場から車で5分 ☎ 035-241-587 Ⓛ 9:00～16:00（チケット販売は～15:00）Ⓗ 月曜 Ⓟ 150B

❶ 博物館の外観は、気品あふれる佇まい
❷ 展示物はどれも当時の貴重なものばかりで、見ごたえ充分

アユタヤみやげもゲット

アユタヤ水上マーケット

Ayothaya Floating Market

2010年にオープンした水上マーケット。古い呼び方「アヨタヤ」の名を冠しており、昔ながらの雰囲気。観光客向けに衛生面や設備も整っている。

MAP
P.233 E-2
Ⓧ アユタヤ駅から車で15分
☎ 035-881-733
Ⓛ 9:00～18:00
Ⓗ 無休 Ⓟ 200B

▶ 伝統的な食材からスイーツのほか、カフェやみやげ店などもあり、観光客も多く訪れる人気スポット

▷ アユタヤの夜もおすすめ

ローカル感たっぷりの激安マーケット

フアロー・ナイト・マーケット

Huaro Night Market

衣料品や雑貨、食品などさまざまな露店が並び、食べ物屋台もたくさん出る。どれも激安価格。庶民的な屋台料理を堪能できる。

MAP P.233 D-1
Ⓧ チャオプロム市場から徒歩10分
Ⓛ 17:30～23:00（店舗により異なる）Ⓗ 無休

売られている品は、アユタヤならではものも多く、バンコクの屋台ともまた違った雰囲気が楽しめる

🖊 **旅メモ** アユタヤを訪れるなら遺跡群と水上マーケットをめぐるツアーを利用するのも手。

古都の風を感じながらアユタヤグルメ

#アユタヤグルメ #Ayutthayagourmet #クイティアオ
#アユタヤ名物の川エビ #Riverprawn #アユタヤ三大グルメ

アユタヤのソウルフードが味わえる

クイティアオ・パックワーン・アユタヤ

Kuaitiao Phakhwan Ayutthaya

安さとうまさで好評の、地元客も多い大衆食堂。各種クイティアオ25B〜、ソムタム50B〜に加え、きのこフライ50Bや生春巻き50Bが人気。木造の店内は奥行きがあり、ユニークな内装もすてき。

MAP P.233 D-3

🏠 48/34 Uthong Rd., Uthong Rd.
🚗 アユタヤ駅から車で5分 ☎ 089-539-9427
🕐 8:00〜21:00 🈲 無休

ロコに
大人気

クイティアオ
Kuitiao

米で作った麺「クイティアオ」。太さや食べ方はさまざま。

❶手前は汁なしクイティアオ。コーンのソムタム、きのこフライと一緒に味わうのがおすすめ
❷にぎやかな雰囲気の店内

アユタヤのおすすめホテル

タイの伝統を感じるホテル

バーン・タイ・ハウス

Baan Thai House

伝統×モダンを体現したおしゃれな客室、水の都アユタヤをイメージした中庭の蓮池など、タイらしさを堪能できるホテル。プールやスパ施設のほか、レンタサイクルもあり。

MAP P.233 E-2

🏠 199/19 Moo 4, Moo Baan Sri Krung Villa, Pai Ling
🚗 アユタヤ駅から車で5分
☎ 035-259-760 🈲 ヴィラ2400B〜

❶飾り付けや家具など、タイの伝統を感じる客室デザインに
❷建物のまわりは緑がいっぱいで、空気もきれい

素朴で懐かしい甘さが人気

ラーン・アビディーン

Lan Avidin

アユタヤでいちばんのロティサイマイと地元の人たちが豪語する店。いつも行列で、1人で4〜5人分を一気に買うお客も!

MAP P.233 C-3

🏠 Opposite Phra Nakhon Si Ayutthaya Hospital　アユタヤ駅から車で10分
☎ 089-005-9948　⏰ 5:30〜19:00
㊡ 無休　㊎ 1袋30B

昔懐かしい味わい

ロティサイマイ
Roti Saimai

アユタヤ名物である糸状の綿あめをクレープで包んだ駄菓子。

チャオプラヤー川で育ったエビが絶品

ルアンタイ・クン・パオ

Ruan Thai Kung Pao

川にテラス席がせり出す絶景レストラン。チャオプラヤー川を臨んでの地元絶品料理は何物にも代えがたい。アユタヤ駅からかなり遠いが、行く価値あり。

MAP P.227 B-1

🏠 Moo 4 1/2 Tambon Ratchakarm
㊟ アユタヤ駅から車で40分
☎ 089-887-0871
⏰ 10:00〜18:00 (L.O.〜17:30)
㊡ 無休　㊎ 1000B〜

しっぽの先まで身が詰まってる

川エビのグリル
Koon Maenam Pao

とれたての川エビが持つ素材本来の味を楽しむにはグリルがいちばん。

❶こんがりと焼かれた川エビの香りで食欲もアップ　❷川沿いのテラス席はロケーションも抜群

遺跡をゆっくり楽しむなら、宿泊するのもおすすめ。
遺跡ビューや伝統建築など、バンコクとは違った時間が過ごせる。

客室やレストランからも遺跡が見える

サラ・アユタヤ

Sala Ayutthaya

真っ白な建物がスタイリッシュなブティックホテル。チャオプラヤー川沿いに位置し、正面に遺跡を眺める客室やレストランを擁する。プールやギャラリーもあり、ゆったりとした時間が過ごせる。

MAP P.233 B-4

🏠 9/2 Moo 4, U-Thong Rd.　㊟ アユタヤ駅から車で15分　☎ 035-242-588
㊎ ⑤ 4000〜1万6000B

❶寝室からもアユタヤの遺跡群を眺めることができる絶景ビュー　❷古都の雰囲気を感じながら味わう食事はどれも絶品

🖊 旅メモ　牛の血を使ったラーメン「クイティアオ・ルア」もアユタヤ名物。

バンコクから足をのばして | Enjoy the lively beach resort of Pattaya

にぎやかなビーチリゾート パタヤ を満喫

海沿いに繁華街が広がる、バンコク近郊で人気のビーチ。マリンアクティビティやショッピング、グルメなど、一日中楽しめるエリア。

(#パタヤ) (#Pattaya) (#パタヤビーチ) (#Pattayabeach)

タイ屈指の
ビーチエリアへ
GO!

Genic!

INFO

バス

東（エカマイ）バスターミナル（MAP▶P.231 H-4）からバスで約2時間30分、6:00〜21:00の間に60分間隔で出発、131B。スワンナプーム国際空港からは143B。パタヤのバスターミナル（MAP▶P.237 D-3）からパタヤ・ビーチまではソンテウ（乗り合いタクシー）で所要時間約10分、10〜50B。

鉄道

フアランポーン駅（Hua Lamphong／MAP▶P.228 B-4）から月〜金曜1日1本運行している。所要時間は約3時間30分。

サンクチュアリー・オブ・トゥルース C

N

0   1km

周辺図 | P.237左下図

ウォン・アマット・ビーチ ▶

バンコク行きバスターミナル

ターミナル21 パタヤ B

ラン島 E

ハードロック・ホテル・パタヤ D

パタヤ・ビーチ A

ロイヤル・クリフ・ビーチ
Royal Cliff Beach Hotel

インターコンチネンタル パタヤ リゾート
Intercontinental Pattaya Resort

バリ・ハイ桟橋
Bali Hai Pier

Sukhumvit Rd.

タイ国鉄

行きたいスポット

ビーチに面するようにさまざまなスポットが点在するパタヤ。買い物でも食事でも散歩でもなんでも楽しめる！

パタヤの中心にある定番ビーチ
Ⓐ パタヤ・ビーチ
Pattaya Beach

ホテルやレストランが集まり、パタヤで最もにぎやかなビーチ。マリンスポーツも多彩に楽しめる。市街から車で10分の静かなジョムティエン・ビーチ（MAP ▶ P.237 C-4）も人気スポット。

MAP P.237 D-4

パタヤ・ビーチ沿いに伸びるメインストリート。ヤシの木が並ぶ気持ちよい通りはお散歩にぴったり

のんびりした雰囲気のビーチでゆったり過ごすのも良し、パラセイリングやバナナボートなど、アクティビティを楽しむのもあり

フォトスポットが充実
Ⓑ ターミナル21 パタヤ
Terminal21 Pattaya

タイで3店舗目となるターミナル21、ノース・パタヤ店。人気のタイブランドから、アフター・ユーのような行列のできるカフェも出店し、活気を見せている。フォトスポットも満載。

MAP P.237 D-3

🏠 456,777,777/1 Moo 6 Na Kluea ⓧバリ・ハイ桟橋から車で10分 ☎ 03-307-9777 ⓒ 11:00〜22:00 ⓧ無休

アフター・ユーの人気のイチゴソースのミルクかき氷がパタヤでも味わえる

建物の横には今にも飛び出しそうな飛行機を展示。観光客のフォトスポットとしても人気

タイのサグラダファミリア
Ⓒ サンクチュアリー・オブ・トゥルース
The Sanctuary of Truth

1981年から建築が始まり、いまだ完成せず今も建設が進められている建築物で、古典芸術や彫刻、技術保護を目的としている。木造建築の幅は約100m、総面積は約2115㎡と巨大。

MAP P.237 C-3

🏠 206/2 Moo 5, Naklua, Banglamung Pattaya ⓧバリ・ハイ桟橋から車で30分 ☎ 038-11-0653 ⓒ 8:00〜18:00（受付は〜17:00）ⓧ無休 ⓨ 500B〜

❶太陽光が差し込む空間が幻想的な美しさ ❷細部にいたるまで彫刻が施されている

スター気分で宿泊しちゃおう！
Ⓓ ハードロック・ホテル・パタヤ
Hard Rock Hotel Pattaya

ビーチに面した絶景ホテル。屋外プールやスパのほか、キッズ向けの施設も充実しており、家族連れにおすすめ。

MAP P.237 D-4

🏠 429 Moo 9 Pattaya Beach Rd., Nongprue ⓧバリ・ハイ桟橋から車で10分 ☎ 038-428-755 ⓢⓣ 3675B〜（朝食なし）

❶大きな屋外プールはいごこち抜群 ❷ジョン・レノンのアートを飾ったお部屋も

ちょっと寄り道

抜群の透明度を誇る
Ⓔ ラン島
Koh Larn

パタヤからフェリーで行ける、観光客に人気のビーチ。とくに北西側のタウェンと南西側のサマエの2カ所が人気だ。

MAP P.237 C-3

アクセス

パタヤのバリ・ハイ桟橋からラン島の北西側にあるタウェン桟橋まで、8:00〜13:30の間フェリーが運航、所要約45分、片道30B。

バンコクから足をのばして | Train travel in Kanchanaburi

カンチャナブリーで鉄道旅

#カンチャナブリー #映画『戦場にかける橋』の舞台

カンチャナブリーってこんな街

映画『戦場にかける橋』の舞台となったカンチャナブリー。第二次世界大戦の痕跡が点在するこの街では、豊かな大自然のなかを走る泰緬鉄道が人気。

Trip to Thailand / SUBURBS

START

田園風景を車窓に眺めながら、約2時間半の旅。自由気まま、ときにスリルも味わえる、泰緬鉄道に乗って、いざ出発!

Ⓐ カンチャナブリー駅
Kanchanaburi Station　MAP P.171

バンコクからの列車は、いったんここに到着。機関車と連結し、ナム・トック線へと入る。クウェー川鉄橋駅まで1駅の乗車も可能。カンチャナブリーから終点までの約2時間半、雄大な自然を満喫できる。

Ⓑ クウェー川鉄橋
River Kwai Bridge

旧日本軍が建設した鉄橋で、その後終戦まで何度も連合軍の爆撃を受けながらも耐え切った歴史がある。映画『戦場にかける橋』のモデルにもなった場所で、実際に歩いて渡ることもできる。MAP P.171

Ⓒ カオプーン洞窟寺院
Khaopun Cave Temple

第2次世界大戦中は旧日本軍の倉庫として使われていた。内部は広い上、照明や歩道が整備されているので歩きやすく、寝釈迦仏が安置されている。頼めば僧侶が院内を案内してくれることも。

MAP P.171
⊗カンチャナブリー駅からモーターサイで15分 ☎082-549-7752 ⊕9:00～16:00 ⊛無休 ⊛寄付金30B

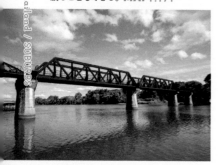

Ⓔエラワン国立公園

ナム・トック駅 Nam Tok Station
ワン・ポー駅 Wan Pho Station
タム・クラセー駅 Tam Krasae Station
アルヒル桟橋 Ⓔ
タイガーテンプル
プラサート・ムアン・シン歴史公園
ター・キレン駅 Ta Kilen Station
バーン・カオ国立博物館
ミャンマー

WHAT'S

泰緬鉄道

泰緬(たいめん)鉄道は第二次世界大戦中、タイとビルマ(現在のミャンマー)間の物資輸送を目的として旧日本軍によって建設された。戦後、連合軍によって部分的に撤去され、現在カンチャナブリー～ナム・トック間で運行。国立公園などを通過するため、途中乗降するツアー客も多く、車窓からは豊かな自然が満喫できる。
1日3往復(うち2本はカンチャナブリーでバンコクからの列車を連結)で、10時35分発の列車には、乗車証明書やクッキー&ドリンク付のツーリスト車両が設けられている。30～40分遅れは当たり前のゆるゆる旅、近年はアトラクションとして人気だ。

INFO

バス

南バスターミナル(MAP P.227 A-3)から5:00～20:00の間20～30分間隔で運行、所要約2時間、110B。北バスターミナル(MAP P.227 C-3)からは5:00～20:00の間1時間間隔で運行、所要4時間、120B～。

鉄道

Thonburiトンブリー駅からNam Tokナム・トック方面行きが7:45発、13:35発の1日2本運行。Kanchanaburiカンチャナブリー駅まで所要約3時間、終点のナム・トック駅までは所要約4時間40分。料金はともに100B。土・日曜、祝日にはHua Lamphongフアランポーン駅(MAP P.228 B-4)6:30発の特別列車もある。所要約3時間、往復620B～。

市街の移動におすすめ

モーターサイ

この街でいちばん便利な交通手段。この街のモーターサイは荷台を牽引しているのが特徴。行き先を伝え、乗車前に料金を確認する。

ソンテウ

乗り合いタクシー。郊外へ行くときのチャーターにも便利。

GOAL

終着駅のナム・トック駅。ここから1.4km離れた停車場に保存してある蒸気機関車702号機が人気だ。

D チョンカイの切り通し

Hellfire Pass

ルートの選定上、やむを得ず高さ30mもある岩をくりぬく難工事を行った場所。そのため走行の際は、手を伸ばせば岩壁に触れることが可能な、すれすれの距離を走る。

MAP P.171

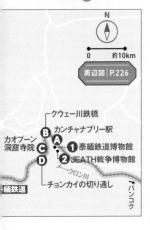

E アルヒル桟橋

Tham Kra Sae Bridge

MAP P.170

断崖絶壁に沿うように建てられた、当時の面影をそのまま残した木造の橋。橋を通過する際の制限速度は時速5kmと遅いが、それでもギシギシと橋がきしむ音がなんともスリリング！

列車と並走するクウェー川の美しい川面がつねに望める、絶景スポット

---

① 鉄道を通して戦争の実態を訴える

泰緬鉄道博物館 Thailand-Burma Railway Centre

旧日本軍の侵攻から戦後の処遇にいたるまで、苦しめられたアジア諸国の強制労働者を中心に、時系列にまとめた内容が紹介されている。

MAP P.171

🏠 73 Jaokunnen Rd. ⊗ カンチャナブリー駅から徒歩3分 ☎ 034-51-2721 🕐 9:00～16:00 ㊡ 無休 ㊟ 大人160B、小人80B

③ 青く澄んだ滝が美しい自然公園

エラワン国立公園 Erawan National Park

市街地から北に65kmのところにある国立公園。全長およそ2kmのトレッキングが楽しめ、マイナスイオンたっぷりの滝つぼで泳ぐこともできる。ただし、自然保護のためルート内での飲食は不可。チェックを受けたペットボトルのみ持ち込み可能。

MAP P.170/P.226 B-3

⊗ カンチャナブリー駅からバスで1時間30分 ☎ 034-57-4222 🕐 8:00～16:00 ㊡ 無休 ㊟ 大人300B、小人200B

② 捕虜の過酷な生活を今に伝える

JEATH戦争博物館 JEATH War Museum

捕虜収容所を再現した展示室、写真、絵などを通して、泰緬鉄道工事に駆り出された捕虜の過酷な生活を伝える。旧日本軍の武器なども展示されている。

MAP P.171

🏠 Nat Chaichumpholchanasongkram, 227 BantaiRd. ⊗ カンチャナブリー駅からモーターサイで7分 ☎ 034-51-1263 🕐 8:00～17:00 ㊡ 無休 ㊟ 50B

歴史を知り、自然で遊ぶ 必訪スポット

鉄道建設の裏で起きた悲惨な歴史を伝える博物館や、郊外の自然スポットも見ておきたい。

🐦 旅メモ カオプーン洞窟の近くには大自然が眺められる見晴らしの良い展望台もある。

タイ王室の保養地ホアヒンへ

#ホアヒン #Huahin #フォトジェニックな駅 #静かに過ごせるビーチ

タイ屈指の
ビーチエリアへ
GO!

ホアヒンって
こんな街

王室ゆかりの建造物が点在する海沿いの街、ホアヒン。のどかなビーチ、スタイリッシュなカフェやレストラン、個性的なナイトマーケットなどが楽しめる。

Genic!

カオヒン
レックファイ

Ⓐ ホアヒン駅

ホアヒンターミナル

Ⓒ ワン・ワン・ワン・ソーシャル・ハウス

▶ ホアヒン・ビーチ

タイランド湾

Vヴィラズ ホアヒン
Mギャラリー バイ ソフィテル

ハイアットリージェンシー・ホアヒン

Ⓑ シカダ・マーケット

ノンカエ駅
Nong kae Sta.

N

0　　800m

Ⓓ ワット・カオタキアップ

周辺図 P.226

ホアヒン・ビーチでは乗馬体験も楽しめる。価格は交渉次第だが15分で200B程度

INFO

鉄道

バンコクからは、クルーンテープ・アピワット中央駅（MAP ▶P.227 B-3）発の列車が1日10本程度運行している。所要時間は約3.5時間。

バス

南バスターミナル（MAP ▶P.227 A-3）から1日に2本運行しており、所要時間は約2.5〜3時間。と鉄道よりも早く行ける場合もある291B。また、スワンナプーム国際空港からも直行できるバスもあり。7:30〜18:30の間で1時間に1本運行325B。空港ターミナル1Fの8番ゲートから乗車可能で、ホアヒン郵便局で降車。

王室専用の待合室も備えた駅

A ホアヒン駅

Hua Hin Railway Station

ホアヒンのランドマーク的な存在。色鮮やかなタイの伝統的な建築スタイルで建てられた駅は、フォトジェニックな撮影スポットとしても人気。

MAP P.172

🏠 Prapokklao Rd. ⊗ クルーンテープ・アピワット中央駅から列車で3.5時間 ☎ 032-511-073 ⏰ 24時間 🈺 無休

2023年に旧駅舎の様式を踏襲した2階建ての新駅舎が開業（写真は旧駅舎）

週末限定のアートな夜市

B シカダ・マーケット

Cicada Market

金〜日曜の夜限定で開催されるナイトマーケット。地元アーティストによるさまざまな作品の展示販売や、タイのローカルフードも楽しめる。

MAP P.172

🏠 83/159 Nong Kae ⊗ ホアヒン駅から車で6分 ☎ 032-536-606 ⏰ 16:00〜23:00（日曜は〜22:00）🈺 月〜木曜

日が暮れる頃には大勢の人が集まってくる一大観光スポット

交流を目的とした憩いの場

C ワン・ワン・ワン・ソーシャル・ハウス

111 Social House

訪れた人々が遊んだり交流したりと、思い思いの時間を過ごせるソーシャルハウス。もちろん食事も可能で、自家製ベーカリーや健康に配慮したメニューが味わえる。

MAP P.172

🏠 Soi Hua Hin71, Tambon HuaHin, Prachuapkhiri khan ⊗ ホアヒン駅から車で5分 ☎ 032-903-999 ⏰ 8:00〜22:00 🈺 無休

ペットも同伴できて広々とした庭で一緒にくつろげる

小高い山の上にある寺院

D ワット・カオタキアップ

Wat Khao Takiap

ホアヒン・ビーチの最南端に位置する丘の頂上ある寺院。本堂からは、ホアヒンの街を一望できる。周辺には野生の猿がいるので注意して。

MAP P.172

🏠 123, 55 Nong Kae-Takiap ⊗ ホアヒン駅から車で15分 ⏰ 6:00〜18:00 🈺 無休 💴 無料

階段を上がると美しい本堂がそびえる。階段は急なので歩きやすい靴がおすすめ

マッシュルームがたくさん入ったパスタなど、フードメニューも豊富

あちこち散策しよう

✏️ 旅メモ　旧称サモーリエンからホアヒンと名付けられた地域だが「岩の頭」という意味である。

足をのばして 世界遺産

希少な野鳥や動物に出会える
カオヤイ国立公園

自然豊かな国立公園で
絶滅危惧種の哺乳類や
野鳥観察を楽しもう！

❶公園内 の大きさを誇り、多くの観
光客が訪れるヘウナロック滝。最大
150mの落差から流れ落ちる滝は迫力
抜群 ❷ヘウナロック滝と人気を二分
するヘウスワット滝。高さ20mとそこま
で大はないが、目の前には巨大な滝つ
ぼが広がる❸複数の段差、大きさの異
なる岩々が、いくつもの川の流れを作り
出すナンロン滝もおすすめだが、雨季
と重なり滝の水量が増えやすい9月は
どの滝も近づけないので要注意。

カオヤイ国立公園
Khao Yai National Park

カオヤイ国立公園（正式名称はドン・パ
ヤーイェン・カオ・ヤイ森林群）は、タイ
初の国立公園で、2005年に世界自然遺
産に登録。タイ語で「大きな山」を意味し、
総面積2168km²の実に約85%が森林。
約95種類の樹木と、象やトラ、野鳥な
どさまざまな生物を見ることができる。
ハイキングやトレッキング、キャンプなど
のアクティビティも楽しめる。

MAP P.226 C-3

🏠Mueang Nakhon Nayok, Nakhon Nayok
☎086-053-7779 🕐8:00～17:00 ㊡無休
㊟大人400B、子ども200B

KHAO YAI'S DATA

アクセス

バス

Ⓑスクンヴィット線 Ⓝ8 モー・チット駅
近くの21番バス「パークチョン行き」
に乗り、パークチョンで下車。その後、
パークチョン・マーケットから国立公園
行きのソンテウ（6:00～17:00運行）
に乗って公園入口で下車（約1時間）。

レンタカー

バンコク市内から約200km、所要
時間は約3時間。

入場料

大人400B、子ども200B
※2023年7月1日より、外国人観光客は
入場前にQueQアプリから入場券の購入
が必要に。料金は入口によって異なるが
200～400B。チャオポー・カオヤイ神社と
ヌーンホム入口の場合、大人200B、子ど
も100Bの追加料金あり。

カオヤイ国立公園で出会える動物たち

オオサイチョウ
全長約120～140cmと大
きく、くちばしと頭の上にある
「カスク」と呼ばれるツノ状
の突起物が特徴。ペアでい
ることが多い。

カザリショウビン
全長 約20cmで茶色い
顔、鮮やかな青色の羽が
特徴。甲高い鳴き声で「チ
ウィウ、チウィウ、」と聞こえた
ら近くにいるかもしれない。

ブタオザル
道路沿いでも猿などの野生
動物に出会える。食べ物を
持ち歩いていると襲ってくる
可能性があるのでかばんの
中にしまっておこう。

ズアカキヌバネドリ
赤色の頭・胸・腹と茶
色い背中のコントラス
トがかわいい。

ミミアオゴシキドリ
「トゥッ、カルック」という
鳴き声が特徴。高い木
の枝先で完熟した木の
実や花の蜜を食べる。

アジアゾウ
運が良ければ象の大群を見ることも
できる。カオヤイ国立公園では、エレ
ファントライドができるスポットも。

どこに行く？

LOCAL CITY

KEYWORD

チェンマイ

KEYWORD

プーケット

KEYWORD

サムイ島

OTHERS!

Thailand

Local City in Thailand

ディープなタイを知りたいなら
都市部よりも地方がおすすめ!

タイ北部チェンマイでは
コーヒー栽培が盛んで、
香り高いコーヒーが味わえる

A luxurious time to spend with
the elephant, an animal that
symbolizes Thailand

A tour of the magnificent ancient temples in Chiang Mai

チェンマイで壮麗なる古刹めぐり

(#チェンマイ) (#Chiangmai) (#寺院の街) (#寺院めぐり)

ランナー文化
根付くタイの
第2都市

Trip to Thailand / LOCAL CITY

アクセス

飛行機なら関西空港から直行便で約6時間。スワンナプーム国際空港およびドンムアン国際空港からなら約1時間10分。時間や日程に余裕がある人は鉄道やバスでのんびりと移動するのもおすすめ。バスは所要時間約9時間半〜11時間530B〜。鉄道は所要時間約11時間〜14時間231B〜。

古寺めぐりを楽しむ

いたるところに残る、ランナー王朝時代の寺院の数々。その数300以上。自分なりのコースを作って、ゆっくり気ままにめぐりたい。

1992年に修復が終わり、現在も荘厳な姿でそびえる

王朝の隆盛をしのばせる仏塔

Ⓐ ワット・チェディ・ルアン

Wat Chedi Luang

市街地のほぼ中央にある寺院で、かつては高さ86mの仏塔があったが、1545年の地震で倒壊。その後修復が進み、現在の姿となった。

MAP P.236 A-3
⊗ターペー門から車で10分 ⏰5:00〜22:00
🈺無休 💴40B

境内には黄金色に輝く本堂のほか、さまざまな建築様式の建造物が建つ

街の中心にたたずむ憩いの寺院

Ⓑ ワット・プラ・シン

Wat Phra Singh

1345年、5代目パー・ユー王が父カム・フー王の遺骨を納めるために建立。礼拝堂内のプラ・シン像は、スリランカより持ち込まれたといわれている。

タイ北部で神聖な仏像のひとつといわれているプラ・シン像

礼拝堂の壁一面に描かれた壁画は必見！北部タイの習慣が緻密に描かれている

MAP P.234 D-3
⊗スアン・ドーク門から徒歩5分 ⏰9:00〜18:00 🈺無休
💴無料

Take a Break ...

チェンマイの寺院の建築様式

長い歴史のなかで独自の発展を遂げてきたチェンマイの建築様式。王朝初期はクメールやビルマの影響が強かったが、14世紀頃からアユタヤやスコータイの様式も取り入れ、独特のランナー・タイ様式を築き上げた。八角形の仏塔や金色の仏像、細やかな装飾などが特徴的で、なかには象や神話に登場するナーク（蛇神）など、表情豊かなレリーフも多く見られる。さまざまな文化が入り交じる建築美は実に興味深い。

ワット・プラ・シンのナークの装飾。仏法の守護神となっている

市街を見守る山頂の大寺院

C ワット・プラ・タート・ドイ・ステープ

Wat Phra That Doi Suthep

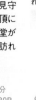

▶ 参拝は塔の回廊を時計回りに3度まわり、正座で線香と蓮の花を挟んで合掌

1383年、6代目クーナー王によってチェンマイの街を見守る霊峰ドイ・ステープの山頂に建立。長い階段の先に本堂があり、金色に輝く仏塔が訪れる人の目をひく。

◀ 中心にある黄金の仏塔には仏舎利が安置されている

MAP P.235 G-2

🚗 スアン・ドーク門から車で30分 🕕 6:00～20:00 🈺 無休 🈂 30B

◀ 金色の仏塔がまばゆいばかりの輝きを放つ

▶ 境内に吊るされたたくさんの鐘。すべて鳴らすと幸せになれるといわれている

穏やかな瞑想へ誘う

D ワット・ウモーン

Wat Umong

13世紀、瞑想修行のために緑深い山中に建てられた寺院で、現在も多くの僧が修行に励んでいる。

MAP P.234 A-4

🚗 スアン・ドーク門から車で10分 🕕 5:00～20:00（旧礼拝堂は女性の入場不可） 🈺 無休 🈂 無料

◀ トンネル内は夏でも涼しい ▶ トンネルまで続く道は林に覆われて神秘的。さらに各所に石像も配置している

壮麗な純白の寺

E ワット・スアン・ドーク

Wat Suan Dok

14世紀、6代目クーナー王がランナー・タイ王家の庭に建てた「花園」という名の寺院。チェンマイ歴代の王族の遺灰が納められた白い仏塔は壮大で美しい。

MAP P.234 B-3

🚗 スアン・ドーク門から車で5分 🕕 8:00～17:00 🈂 20B

おすすめのモデルプラン

市内ならレンタサイクルでのんびりめぐるのがおすすめ。車なら郊外の寺院にも注目。

半日・寺院めぐり
所要約6時間

9:00	ワット・チェディ・ルアン 車で3分／自転車で5分
10:00	ワット・プラ・シン 車で7分／自転車で15分
11:00	ワット・スアン・ドーク 車で9分／自転車で20分
12:00	ワット・ウモーン 車で30分
14:00	ワット・プラ・タート・ドイ・ステープ

ワット・プラ・タート ドイ・ステープ C
ワン・ニマン
ワット・クー・タオ
ニマンヘミン通り
チャン・プアク門
チャルン・ラート通り
ワット・チェン・マン
スアン・ドーク門
ワット・プラ・シン
ワロロット市場
ワット スアン・ドーク E
B
ラチャダムヌン通り
ターペー門
ナワラート橋
A Thapae Rd.
ワット・チェディ・ルアン
ワット・ウモーン D
スアン・プルン門
チェンマイ門
Chotana2 Rd.
ピン川
0 約800m

| 周辺図 | P.234 |

チェンマイ国際空港

Play around in Chiang Mai

チェンマイを遊びつくす!

#チェンマイグルメ #チェンマイ観光 #Chiangmaispeciality #Akhaamacoffee

ピリ辛な
濃厚スープが
絶品!

スープの甘みと辛みが絶妙

カオ・ソーイ・メーサーイ

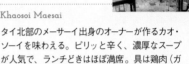

Khaosoi Maesai

タイ北部のメーサーイ出身のオーナーが作るカオ・ソーイを味わえる。ピリッと辛く、濃厚なスープが人気で、ランチどきはほぼ満席。具は鶏肉（ガイ）、牛肉（ヌア）、豚肉（ムー）から選べる。

MAP P.234 C-2

🏠29/1 Ratchaphuek Rd. 🚗スアン・ドーク門から車で8分 ☎053-21-3284 🕐9:00～16:00 🈺日曜 💰35B～

🍴鶏の骨付きもも肉が1本入ったカオ・ソーイ45B。好みでライムを搾り、紫小玉ねぎと高菜漬けを入れて、混ぜながら食べる

希少豆の
ピーベリーが
おすすめ!

🍴まろやかな口あたりのカフェラテ50B。1杯ずつていねいに淹れてくれる

アカ族のコーヒー

アカ・アマ・コーヒー

Akha Ama Coffee

アカ族の青年が始めた店で、フェアトレードの理念に基づいた北部産のコーヒーが楽しめる。コーヒー豆は、希少な小粒で丸いピーベリーなどがあり、おみやげにもおすすめ。

MAP P.234 D-3

🏠175/2-3 Ratchadamnoen Rd. 🚶スアン・ドーク門から徒歩12分 ☎088-267-8014 🕐8:00～17:30 🈺無休 💰60B～

鶏肉の旨みが
あとをひく
ガイ・ヤーン

▶ガイ・ヤーン170B（手前）、トム・ヤム・クン100B（奥）、コー・ムー・ヤーン80B（豚の首肉焼き、右奥）

自家製ガイ・ヤーンの人気店

エスピー・チキン

SP Chicken

にんにくが効いたガイ・ヤーンが有名な店。カオニャオ（もち米）との相性が抜群なので、合わせて注文したい。炭火で焼いた鶏を1羽や半羽でテイクアウト可。

MAP P.234 D-3

🏠9/1 Soi 1 Sam Lan Rd. 🚶スアン・ドーク門から徒歩8分 ☎080-500-5035 🕐10:00～15:00 🈺月2日不定休 💰150B～

◀ 純度の高いシルバーで精巧に作られたタイのシルバーケース **4500B**

▶ カラフルなモン族のスカートをアレンジしたバッグ **3290B**

チェンマイの伝統と北欧の色をミックス

かわいい雑貨や洋服の宝庫！

山岳民族の純度の高い伝統銀製品

30年近く続くシルバー専門店
シップソーン・パンナー・シルバー
Sipsong Panna Silver

ミャンマー、タイ北部の山岳民族・カレン族の伝統的なアクセサリーが充実。素朴でプリミティブな文様がポイント。

MAP P.234 B-2
🏠 6/19 Nimmanhemin Rd. 🚗 スアン・ドーク門から車で10分 ☎ 053-21-6096 🕙 10:30～18:00 ㊡ 水曜

ジンジャー
Ginger

チェンマイと北欧のテイストがミックスされたオリジナル雑貨や衣類などは世界的に人気。おしゃれなカフェも併設されているので休憩スポットにも。

MAP P.236 B-2
🏠 199 Moon Muang Rd. 🚶 ターペー門から徒歩10分 ☎ 053-28-7681 🕙 11:00～22:30 ㊡ 無休

チェンマイの夜を盛り上げる
ナイトバザール
Night Bazaar

チャン・クラン通りで毎夜開催される旅行者に人気のナイトマーケット。約1kmにわたって700軒もの露店が軒を連ねる。おみやげのまとめ買いや食事に最適。

MAP P.236 C-3
🏠 Chang Klan Rd.
🚶 ターペー門から徒歩12分

◀ 山岳民族のカラフルな刺繍がかわいらしい巾着 **各40B**

チェンマイの夜を彩る人気スポット

━━┥ チェンマイで泊まるならココ！ ┝━━

街の中心にあるオアシス
タマリンド・ヴィレッジ
Tamarind Village

旧市街の真ん中に位置するブティックホテルで、寺院を観光するのに便利。ランナー建築様式を取り入れていて、ひと昔前のチェンマイにタイムスリップしたような雰囲気。

MAP P.236 A-3
🏠 50/1 Ratchadamnoen Rd. 🚶 ターペー門から徒歩7分 ☎ 053-41-8896 Ⓢ⑪ 6238B～

ピン川沿いに建つ楽園
ホテル・ピン・シルエット
Hotel Ping Silhouette

築100年以上の古民家が並ぶワット・ゲート地域に立地。中国の美術様式シノワズリと現代のテイストを取り入れている。周辺には雑貨屋やカフェがあり、ワロロット市場も徒歩圏内。

MAP P.236 C-2
🏠 181 Charoen Rat Rd. 🚶 ターペー門から徒歩6分 ☎ 053-24-9999, 062-452-8222 Ⓦ⑪ 2500B～

 旅メモ チェンマイのベストシーズンは11月～3月の乾季。

Elegant Beach Life in Phuket

プーケットで優雅なビーチライフ

#プーケット #Phuket #ビーチライフ #ビーチリゾート
#アクティビティ #離島群もおすすめ #Thaiislandsnorkeling

Genic!

翠玉の海と
真っ白な浜で
優雅な時間

アクセス
日本からの直行便はないため、バンコクから飛行機かバスでの移動がおすすめ。**スワンナプーム国際空港**および**ドンムアン国際空港**からなら約1時間20分。片道約1500Bと価格も比較的安価。バスの場合は所要約14〜15時間。**南バスターミナル**（**MAP** ▶P.227 A-3）から乗車可能で、**プーケット第2バスターミナル**で下車。

バリエーション豊かな海

アジア有数のビーチリゾートであるプーケット。"アンダマン海の真珠"と呼ばれ、島の西側から南部にかけて点在する海の中からお気に入りを見つけよう。

A バン・タオ・ビーチ
Bang Thao Beach
MAP P.238 C-2

プーケットでも有数の高級リゾートが多いエリアにある。ビーチへは各ホテルから直接行ける。

B スリン・ビーチ
Surin Beach
MAP P.238 C-3

岩場が多く、ひっそりと素朴な雰囲気。雨期には波が高くなり、潮の流れも早い。夕日の美しさはプーケットで一番。

C パトン・ビーチ
Patong Beach
MAP P.239 C-3

プーケットにあるビーチのなかで最大の規模とにぎわいをみせる、約3km続くビーチ。波も穏やかで泳ぎやすい。

D カロン・ビーチ
Karon Beach
MAP P.239 A-3

パトン・ビーチの南側にあり、白く広い砂浜が特徴。長期滞在者が多く、各種レストランやショップも建ち並ぶ。

E カタ・ノイ・ビーチ
Kata Noi Beach
MAP P.239 A-4

カタタニ・プーケット・ビーチ・リゾートの前に広がるビーチ。遠浅で水の透明度が高く、人も少ないので静かに過ごせる。

F ナイ・ハン・ビーチ
Nai Harn Beach
MAP P.239 B-5

島の最南端にある入り江の中の静かなビーチ。夕日がきれいなプロム・テープ岬の近くに位置する。

N
0 6km
プーケット国際空港
Phuket International Airport
周辺図 P.226
バン・タオ・ビーチ
Bang Thao Beach
A
B スリン・ビーチ
Surin Beach
プーケット海
Phuket Sea
パトン・ビーチ
Patong Beach
C
プーケット・タウン
Phuket Town
カロン・ビーチ
Karon Beach
シャロン港
Chalong Pier
D
ピピ島
カタ・ノイ・ビーチ
Kata Noi Beach
E
プーケット港
Port of Phuket
アンダマン海
Andaman Sea
ナイ・ハン・ビーチ
Nai Harn Beach
F
コーラル島
Koh Coral

美しい海でアクティビティを楽しむ

エメラルドグリーンの海と深緑の森が広がるプーケットで、思いっきり楽しもう！

美しいビーチ、透明な海で遊ぼう

ピピ島アイランドホッピング Koh Phi Phi Hopping

△ 映画『ザ・ビーチ』の舞台となった、神秘と白砂のマヤベイ
※8月1日〜9月30日はマヤベイへの立ち入り禁止

◁◁ ピピ島のメインランド、ピピ・ドン島やカイナイ島を観光。思い思いの時間を過ごそう

プーケットから約48km離れた離島群。レオナルド・ディカプリオ主演映画『ザ・ビーチ』の舞台となったマヤベイのあるピピ・レイ島ほか、ピピ・ドン島、カイナイ島なども訪れる。ルートは海況によって変更あり（シュノーケルセットや保険は料金に含む）。

MAP P.226 B-5
⏱ 出発8:30〜9:00、所要10時間
🏷 大人（12歳以上）2200B（送迎、ランチ付）

◁ 珊瑚礁と透き通るピレーラグーンで海水浴&リラックスタイムを満喫しよう

一年中マリンスポーツ三昧！

コーラル島満喫ツアー

Koh Coral Tour

サンゴ礁に囲まれた美しいコーラル島を1日満喫するツアー。シュノーケリング（大人2300B）や、バナナボートかパラセーリングが体験できるプレミアムコース（大人2900B）も用意。ランチは海を見ながらタイ風シーフード料理を楽しめる。

MAP P.238 B-5
⏱ 出発8:30、10:00、所要5時間半
🏷 大人（13歳以上）1700B、小人（4〜12歳）1400B

◁◁ スリル満点のバナナボートも、約3分のパラセーリング体験も人気のメニュー

シーカヌーもおすすめ

△ カヌーはスタッフが漕いでくれるので、子どもや年配でも楽しめる

マングローブは迫力満点

パンガー湾シーカヌー

Sea Canoe at Ao Phang-nga

プーケットの北東約50kmにあるパンガー湾は、マングローブのラグーンや鍾乳洞などがあり、迫力満点！

想像以上の目線の高さ

象乗り体験

Elephant Ride

プーケット南部のシャロン湾を見渡す山の上にあるキャンプで体験できるエレファントライド。優しい目をした象とたっぷりふれあえるツアーで、他のツアーとの組み合わせも可能。

┌─ INFO
象乗り30分
所要時間2時間 800B

ツアー問い合わせ先：ほうぼう屋
☎ 076-280-282

✎ 旅メモ　プーケットには約40以上の寺院があるため、パワースポットめぐりもおすすめ。

Taste the best of Phuket's resorts and local gourmet cuisine

プーケットで味わうリゾート&ローカルグルメ

(#プーケットグルメ) (#Phuketgourmet) (#シーフード) (#seafood)
(#サンセットビーチ) (#Sunsetbeach) (#Phuketresort)

夕暮れと共に味わうディナー

ザ・サーフェス・レストラン&バー

The Surface Restaurant & Bar

高級ホテル、ラ・フローラ・リゾート・パトンの屋上階にあるオープンエアのレストラン&バー。評判のグリル料理を味わいながら眺める、夕暮れどきのビーチは息をのむ美しさ。

MAP P.239 C-3

🏠 ラ・フローラ・リゾート・パトン, 39 Thaweewong Rd., Patong Beach ⊗パトン・ビーチからすぐ ☎076-34-4241 ⏰17:30～23:30(L.O.～22:00) ㉺無休 ㉭600B～

ディナー・セットメニュー1900B～を用意している

感動的な夕焼けのグラデーション。カクテルを傾けながらその時を迎えたい

絶景とともに絶品グルメを堪能する

絶景もごちそうの本格中華

ロイヤル・キッチン

The Royal Kitchen 25 Floor

高層ホテルの最上階にあり、パトン・ビーチや街を見下ろしながら高級中国料理が満喫できる。料理は3種類のサイズを用意。

MAP P.239 D-3

🏠 The Royal Paradise Hotel & Spa 25F,135/23,123/15-16 Rat U Thit 200 Pee Rd., Patong Beach ⊗バングラー通りから徒歩5分 ☎076-34-0666(内線2455) ⏰11:00～14:00、18:00～23:00 ㉺無休 ㉭⒧550B～

カタ・ビーチで楽しむ人々を眺めながらテラス席で食事を味わえる

ビーチ沿いホテルのメインダイニング

ザ・ボートハウス

The Boathouse

カタ・ビーチ沿いに建つホテル、ザ・ボートハウスのダイニング。魅力はなんといってもその眺望。カタ・ビーチを望みながら創作料理を楽しみたい。

日本人にも合う味付けの洗練された料理

MAP P.239 A-4

🏠 The Boathouse Phuket, 182 Koktanode Rd., Kata Beach ⊗パトン・ビーチから車で15分 ☎076-330-015～7 ⏰6:30～23:30 ㉺無休 ㉭⒧1000B～㉠2000B～

スタッフが取り分けてくれる北京ダック1250B

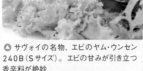

ローカル シーフードを 味わう

魚介を豪快にバーベキューで

サヴォイ・シーフード

Savoey Seafood

氷の上に並ぶ魚介を指させば、スタッフが海鮮バーベキューにしてくれる。鮮度バツグンの素材を使ったタイ料理もぜひお試しを。夜はバンド演奏で盛り上がる。

MAP P.239 C-3
136 Thaweewong Rd., Patong Beach ㊋バングラー通りからすぐ ☎076-34-1171 ⏰12:00～23:30 ㊡無休 ㊞ⓁⒹ800B～

サヴォイの名物、エビのヤム・ウンセン240B（Sサイズ）。エビの甘みが引き立つ香辛料が絶妙

ビーチのそばに建つ有名店

カニ肉のうまみを引き立てる味付けのプー・パッポン・カリー。時価だが、だいたい600Bくらい

辛いがあとひくおいしさのシーフードレッドカレー225B

手作りの味で人気のレストラン

サバイ・サバイ Sabai-Sabai

食堂風のカジュアルなタイ料理レストラン。豊富なシーフードメニューはすべて、化学調味料を使わず新鮮な食材でていねいに仕上げ、欧米人にも評判の味だ。

MAP P.239 C-4
100/3 Thaweewong Rd., Patong Beach ㊋バングラー通りから徒歩5分 ☎076-340-222 ⏰8:00～20:30 ㊡4月 ㊞ⓁⒹ300B～

豪快なロブスターのテルミドール焼き275B/100g

豪快にシーフードを味わえる。海岸沿いの道とバングラー通りの角にある

新鮮な魚介を頬張る喜び

パトン・シーフード

Patong Seafood Restaurant

パトンの老舗シーフード店。店頭に並ぶロブスターやスナッパーなどアンダマン海でとれた素材を存分に堪能させてくれる。

MAP P.239 C-3
130 Thaweewong Rd., Patong Beach
㊋バングラー通りからすぐ
☎076-34-1244
⏰11:30～23:00
㊡無休
㊞Ⓛ300B～Ⓓ800B～

プーケットで泊まるならココ！

美しいアンダマン海を眺める

ディシタニ ラグーナ プーケット

Dusit Thani Laguna Phuket

ラグーナエリアでは珍しく、オン・ザ・ビーチに位置する豪華なリゾート。ホテル内は、ネオコロニアル調の開放感のあるデザインで、各ゲストルームには、専用バルコニーも設置。

MAP P.238 C-2
390 Moo 1 Srisoonthorn Rd. ㊋プーケット国際空港から車で30分 ☎07-636-2999 ㊞デラックス・ラグーンビュールーム3500B～

一度はステイしたい憧れのリゾート

バンヤンツリー・プーケット・リゾート

Banyan Tree Phuket Resort

3つのリゾートが集まった同リゾート。「バンヤンツリー・プーケット」をはじめ、最上級リゾートの「ダブルプール・ヴィラ」、体験に特化した「ウェルビーイング・サンクチュアリー」がある。

MAP P.238 C-1
33, 33/27 Moo 4, Srisoonthorn Rd., Cherngtalay
㊋プーケット国際空港から車で30分 ☎076-37-2400
㊞プールヴィラ1万6600B～

旅メモ プーケットはタイの島国で唯一、県と認定されている一大リゾート。

Untouched nature heals Koh Samui

手つかずの自然が癒してくれる**サムイ島**

#サムイ島　#Samui　#マリンアクティビティ
#サファリツアー　#トレッキング　#Kohphangan

サムイ島の
雄大な自然を
体感する

アクセス

日本からの直行便はなく、**スワンナプーム国際空港**から飛行機で行くか、**フアランポーン駅**から鉄道とフェリーを乗り継いで行くかの方法しかない。飛行機なら約1時間で行けるが航空券代が意外と高い。一方、鉄道とフェリーは風情を感じながら移動できるが、所要約12〜15時間程度と、半日以上費やすため、最終的には予算か日程で選ぼう。

大自然が育む美しき海

サムイ島は、自然を保護しながら観光開発を進めたため、今なお自然が多く残る島。だからこそ水質も良く、素晴らしい海が点在している。

A チャウエン・ビーチ
Chaweng Beach
MAP P.237 B-1
東海岸に約7km続く白砂のビーチで、最もにぎやかなリゾートエリア。

B ボプット・ビーチ
Bophut Beach
MAP P.237 A-1
多国籍でおしゃれな雰囲気が人気のビーチ。波も穏やか。

C チョーン・モン・ビーチ
Choeng Mon Beach
MAP P.237 A-1
島の北東部にある静かなビーチで、高級ホテルが数軒建つ。

D ビッグ・ブッダ・ビーチ
Big Buddha Beach
MAP P.237 A-1
寺院の中に鎮座するビッグ・ブッダを望む、素朴なビーチ。

E ラマイ・ビーチ
Lamai Beach
MAP P.237 A-2
南東部に約2km続くビーチ。夜になるとバーなどがオープン。

Take a Break ...

パンガン島へ足を運ぼう　**MAP** P.226 B-4

透明感が高いコバルトブルーの海と、満月の夜に開かれるフルムーンパーティーが人気のパンガン島。サムイ国際空港近くのビッグ・ブッダ・ビーチからフェリーで約20分と、足ものばしやすく、世界各国から旅行客が訪れる。この島にも美しいビーチがいくつか点在している。

過去にはトリップアドバイザーの魅力的な島ランキングで世界3位にもなったほどの美しい海を誇る

ネイチャー体験

サムイ島では、熱帯雨林や海などでじっくり楽しみたい。島には公共交通機関がないので、ツアーで参加するのが便利。

▲ ココナツを落とす猿によるモンキーショーも見られる

モンキーショーも見られる

4WDジープで行く! ジャングル・サファリ1日ツアー

4WD Jungle Safari 1 day Tour

ジープに乗ってサムイ島の名所を駆けめぐるサファリツアー、おじいさん&おばあさん岩やミイラが眠るお寺など、この島でしか出会えないスポットが満載。

⑧ 大人1950B、小人1250B

◀◀▶▶ 熱帯魚や、サンゴの浅瀬が水底に見られ、タイ湾で最も美しいともいわれる

タイ屈指の美しい海

ナンユアン島シュノーケリング ツアー

Koh Nang Yuan Snorkeling Tour

サムイ島から大型高速船で約1時間半の場所にあるナンユアン島は、サムイ島近海でもバツグンの透明度! 入島制限により守られている環境のなか、シュノーケリングでサンゴ礁が生み出す美しい海を存分に楽しもう。

MAP P.226 B-4

⑧ 大人2600B、小人1600B（11歳以下）

▶ 南国フルーツが実る森を象でクルージング!

島一番の巨大滝は壮観

ナムアンの滝 象トレッキング

Na Muang Falls Elephant Trekking

島でいちばん大きな滝、ナムアンの滝から流れる川を渡ったり人懐っこい象たちと山の中をトレッキング。コース後半はさまざまな果物が育つ果樹園を探索できる。

MAP P.237 A-2

⑧ 大人1200B、小人900B

─ ツアー問い合わせ先 ─
ほうぼう屋メナムビーチ店
☎095-420-6133
MAP P.237 A-1

▶ ナムアンの滝から流れる川沿いを行くワイルドなコース!

パンガン島へ

チョーン・モン ビーチ
Choeng Mon Beach

ビッグ・ブッダ・ビーチ
Big Buddha Beach **D** **C**

タオ島・ナンユアン島

B

ボプット・ビーチ
Bophut Beach

スラタニーへ

☐ TAT
ナ・トン
Na tong

サムイ空港
Samui Airport

チャウエン・ビーチ
Chaweng Beach **A**

▲635
タイ・クワイ山
Khao Thai Kwai

ナムアンの滝
Na Muang Falls

ラマイ・ビーチ **E**
Lamai Beach

0   4km

周辺図 | P.226

サムイ島の人気スポット&リゾート

#サムイ島の寺院　#サムイ島グルメ　#サムイ島スパ
#Resortspa　#王室伝統グルメ　#freshseafood

サムイ島に
鎮座し続ける
巨大仏

サムイ島の象徴

ビッグ・ブッダ寺院

Big Buddha Temple(Wat Phra Yai)

サムイ島と橋でつながった島にあるビッグ・ブッダが鎮座する寺院。高さ12mの黄金座仏はとぼけた顔がかわいらしい。

MAP P.237 A-1

🏠 Big Buddha, 4171, Tambon Bo Put, Amphoe
🚗 サムイ空港から車で7分
🕐 6:00〜19:00　㊡無休　㊟無料

◀ サムイ島の高台にある有名なスポット

非日常な
空間で味わう
島グルメ

新鮮な
シーフード料理を満喫

◀ リゾート気分に浸れる店内デザイン

伝統的なタイ料理を
最高素材で

◀ 立地と味のよさで人気が高い

サムイ・シーフード

Samui Seafood

目立つ店構えで、ボートやロープが飾られた店内はまるで船の中のよう。エビのパイナップルカレーなどシーフード料理が味わえる。

MAP P.237 B-1

🏠 Muang Samui Spa Resort, 13/1 Moo 2,Chaweng Beach, Bophut　🚗 サムイ空港から車で10分　☎077-42-9700
🕐 12:00〜23:30　㊡無休
㊟Ⓛ300B〜Ⓓ700B〜

ローイ ローイ!

RHOY RHOY!

有名なタイ王室専属シェフによって伝えられた伝統的なレシピを楽しめる。イサーンや南部など、各地のメニューを、最高品質の素材で味わおう。

MAP P.237 A-1

🏠 84, Tambon Bo Put, Amphoe Ko Samui, Surat Thani
🚗 サムイ空港から車で15分　☎077-913-750
🕐 7:00〜10:30, 18:00〜22:00　㊡火・水曜
㊟ⒷⓁⒹ500B〜

静かな空間に癒されるスパ

サラ・スパ・チャウエン

SALA Spa Chaweng

サラ・サムイ・チャウエン・ビーチ・リゾート内にあるスパ。太陽系の惑星をイメージした6つのトリートメント＆マッサージルームで、本格的なマッサージが受けられる。

MAP P.237 B-1　🏠99/10, Bo Put, Surat Thani
🚗サムイ空港から車で15分　☎077-905-888　🕐10:00～21:00 (受付は～19:00)　🈺無休　💰3000B～

◀ 非日常空間で極上のスパ＆マッサージが受けられる

緑に囲まれてリフレッシュ

タマリンド・スプリングス・フォレスト・スパ

Tamarind Springs Forest Spa

◀ オイルマッサージは、使用するオイルと力の加減が選べる

ラマイ・ビーチから少し離れた森にある高級リゾートのスパ。天然の石を利用したハーバル・スチームサウナやハーブオイルを使ったマッサージが人気。

MAP P.237 A-2
🏠265/1 Moo 4 Tambon Maret,Thong Takian
🚗ラマイ・ビーチから車で5分　☎080-569-6654、085-926-4626
🕐9:00～18:00　🈺無休　💰フォレスト・ドリーミング (4時間) 5500Bなど

海を眺めながら体験できる極上スパ

───┤ サムイ島に泊まるならココ! ├───

自然素材で心身からリラックス

ガリヤ・トンサイベイ・サムイ

Garrya Tongsai Bay Samui

リゾートの最高峰ホテルとして知られる、サムイ島の老舗ホテル。環境に配慮したグリーンプロジェクトを取り入れ、熱帯雨林の森に包まれたようなステイが楽しめる。テラスにバスタブを設置した部屋やプライベートプール付きの部屋など、多彩なレイアウトがそろう。

MAP P.237 A-1
🏠84 Moo 5, Bo Phut,　🚗サムイ空港から車で10分　☎077-913-750　🈺⑤⑦9000B～ (2人分の朝食込み)　日本予約03-4578-4077 (アコーホテルズ)

▲ ナチュラルなインテリアがここちよいヴィラ

バトラーサービスのある高級リゾート

シックス・センシズ・サムイ

Six Senses Samui

岬の先端に広がるリゾート。自然の地形や景観を生かしたユニークな造りの建物が並ぶ。各ヴィラには専属のバトラーが付き、極上のホスピタリティを提供している。

MAP P.237 A-1
🏠9/10 Moo 5, Baan Plai Laem, Bophut　🚗サムイ空港から車で15分　☎077-24-5678　🈺ハイダウェイ・ヴィラ1万6250B～

▲ ごつごつとした岩の岬に建つ絶景ヴィラ。夕日が美しい

足をのばして 世界遺産

タイ最初の王朝 スコータイ

王朝の絶頂期に栄えた独特の仏教文化の残る、ミステリアスな遺跡を訪ねよう。

ワット・マハータート

遺跡群の中心に位置する、歴代王の庇護を受けた王室寺院。200m四方の広大な境内に、209基の仏塔、10の礼拝堂、8の仏堂など見応えあり。

仏像の前に立つと空間美に圧倒される

200以上の遺跡を有する世界遺産

スコータイ歴史公園

Sukhothai Historical Park

スコータイ市は新市街と旧市街に分かれている。スコータイ歴史公園は東西約1.8km、南北約1.6kmの城壁を有する旧市街を中心としており、新市街から約12km離れている。現在は200軒以上の遺跡が保存されている。

MAP P.226 B-2

🏠Muang Kao, Amphur Muang ⊗北バスターミナル(MAP▶P.227 C-3)からバスで約7時間、スコータイ市内からソンテウで約30分 ☎055-69-7527・7310 ⏰チケット販売6:30〜19:30 ㊡無休 ㊎城壁内、城壁外北側、城壁外西側で各100B ※自転車持参は別途30B

頭頂部の形はスコータイ王朝の特徴。注目しよう

見る場所によって遺跡の表情もさまざま

ター・パー・デン堂

スコータイに現存する最古の建造物とされる祠堂跡。紅土のレンガを積み上げた造りで、内部には神像が何体か残る。

ワット・マハータートの北側に位置する

伝統の祭り、ロイクラトンの会場となる

ワット・サ・シー

城壁内の中央、大きな池の小島に建つ。セイロン様式の釣鐘形仏塔、本堂、礼拝堂と仏像がある。小島まで橋を渡って、間近で見学できる。

13世紀に建立された

ワット・トラパン・グーン

「銀の池」の小島に建つ。蓮のつぼみをかたどったスコータイ様式の仏塔と聖堂の土台が残り、仏像が鎮座する。仏塔にも仏像が納められている。

木製の橋を渡って行く

ワット・シー・サワイ

クメール帝国時代に建立されたヒンズー教寺院だったが、のちに仏教寺院に。塔などにクメール様式が認められる。中央の仏塔は内部で聖堂と接続。

ワット・トラパン・トーン

「金の池」と呼ばれる大きな池に浮かぶ小島に建つ。仏塔と礼拝堂が残存する。「銀の池」の小島に建つワット・トラパン・グーンと対になっている。

出発前の準備＆手配ナビ

BASIC INFORMATION

OTHERS!

#国民の94%が仏教徒

国民の94%が上座部仏教の仏教徒で、タイ全土には約3万の"ワット"と呼ばれる仏教寺院があり、約30万人の僧侶がいるといわれている。寺院は神聖な場所であり、僧侶も身分が高い人として敬われている。タイの男性は人生で一度は出家することが望まれており、通常は約3ヶ月程度寺に入るが、労働力が下がるという観点から、現在は2週間程度という短期間のケースもある。

BOOK CAFE

気になるタイ文化のあれこれ

#ワイで始まるコミュニケーション

タイの人々のコミュニケーションにおいて、目上の人を敬うのは最も大切なことのひとつ。目上の人に会ったときは、ひじを軽く身体につけて両手を合わせる"ワイ"と呼ばれる合掌を行います。日本でいうおじぎに近い。もし入退店時に店員からワイされたら、にっこり笑ってワイをしながら「サワディー・カップ（女性ならばサワディー・カー）」と返礼すると好印象。

#ボディタッチに要注意

「人の頭は神聖、左手と足の裏は不浄」という考えが浸透しているタイでは、他人の頭を触ることは大変失礼な行為にあたるため注意が必要。また、人を左手で指さしたり仏像や人に足の裏を向けたり、人をまたいだりすることは失礼にあたる。人の前を通るときは、ひと声かけるか頭を下げること。写真のように子どもの頭をなでるのはまったく問題ない。

#王室に関する言動には注意

タイの王室は、国民から絶大な尊敬を集めており、街角やレストラン、家庭など、さまざまな場所に国王の写真が飾られている。また、毎朝8時と夕方18時にはテレビ、ラジオ、公共施設、公園などで国歌が流れるが、その間はみな足を止めて直立不動で王室への敬意を表す。もし侮辱的な行為や発言をしてしまうと、不敬罪で処罰される可能性がある。

#食事の際は
食器を持ち上げない

日本ではお茶碗やお皿を持って食事するのは普通の行為だが、タイでは食事の際に食器を持ち上げて食べるのはNG。食べるものだけを箸やフォークで持ち上げて食べよう。食器に直接口をつけて汁をすするのもマナー違反。スプーンやフォーク持つときは、利き手にスプーン、反対の手でフォークを持つのが一般的。フォークで食べ物を突き刺すのもNG。

#足を組んでの
着席は控えよう

BTSでは通勤や通学などのラッシュ時はとても混雑するため、普段から乗客マナーの徹底・周知を行っていて、特に日本ではやりがちな、席に着いた際の足組は他の人にぶつかってしまう可能性も高いため、しないように呼びかけている。また駅や電車内での飲食も禁止。さらにタイでは地位や年齢による上下関係が日本より重んじられているため、優先座席などがなくとも、障害者や妊婦、高齢者、特に僧侶には席を譲ること。

#チップを忘れずに

ホテルでは、荷物を運んでくれたポーターやハウスキーパーへのチップに20B、マッサージやスパでは50〜100B程度（高級店は200〜300B）のチップが必要。また、サービス料を含まないレストランで食事をした場合は、料金の10％を目安にチップとして支払うとよい。タクシーは強引にチップを要求する運転手もいるため注意が必要。

伝統行事「ソンクラーン」

ソンクラーンとは、タイの旧正月に行われる伝統行事。もともとは、仏像や仏塔、さらに年長者などの手に水をかけてお清めをするという風習をソンクラーンと呼んでいたが、暑い時期に行われていたこともあり、その暑さをしのぐイベントとしても親しまれていた。それが近年、発展するような形で、通行人同士が水をかけあって楽しむ「水かけ祭り」として知られるようになった。現在は、毎年4月13〜15日の3日間に行っていて、タイの祝日に制定されている。

バンコク市内では大勢の人が集まり水をかけあう。参加する際は貴重品や濡れて困る物は、コインロッカーなどに預けよう

バンコクだけでなくチェンマイなど、タイ各地で行われていて、水のかけ方も地域によってさまざま

事前に知っておきたい
ベストシーズン&タイの基本

高温多湿で年間の平均気温は約29℃。一年を通して日本の真夏のような気候。

	3月	4月	5月	6月	7月	8月
気候	暑季			雨季		
	3〜5月はいちばん暑い季節。最高気温が40℃を超える日もあるので、日焼けと熱中症対策はしっかりとしよう。			観光にはあまり適さない時季。一日に数度、激しいスコールが降るので、折りたたみ傘などの雨具を携帯しよう。		
平均気温と降水量	29.8℃	30.8℃	30.5℃	29.8℃	29.3℃	29.1℃
	54mm	93mm	215mm	210mm	183mm	212mm
日の出	6:34	6:13	5:56	5:49	5:54	6:03
日の入り	18:27	18:30	18:34	18:43	18:50	18:46
祝日&イベント		6日 チャックリー記念日 13〜15日 ソンクラーン（タイの旧正月/水かけ祭）※水をかけあい新年を祝う	1日レイバーデイ 4日戴冠記念日 10日 ★プートモンコン（農耕祭） 22日 ★ヴィサカブーチャ（仏誕節）☆	3日スティダー王妃生誕日	20日 ★アサラハブーチャー（三宝節）☆ 21日 ★カオパンサー（入安居）☆※この日から3カ月間、僧侶たちは厳しい修行に入る 28日ワチラロンコーン国王陛下生誕日	12日シリキット王太后生誕日
アドバイス	朝から晩まで暑く、現地の人も日中はできるだけ外出を控える時季。5月は雨季も近く突然の大雨に見舞われることもあるので、この時季に旅行するなら比較的過ごしやすい3月前半が狙い目。			暑季に比べると暑さは和らぎますが、スコールなどで湿度が高くなるため、実際の気温以上に暑く感じることがある。		

知っておきたい タイのキホン

時差	飛行時間	通貨とレート	電圧とプラグ
−2時間	**6〜8時間**	**1B=約4円**	**220V**
日本との差は2時間あり、タイのほうが2時間遅れ。日本が正午の場合、タイは午前10時となる。サマータイムはない。	成田や羽田、関空、中部、福岡、新千歳から直行便が運航。深夜発便なら早朝に着く。	通貨単位はバーツ（B）。日本国内の空港などでも両替することはできるが、タイ国内の銀行や両替所のほうがレートは良い。	プラグはCタイプ、BFタイプのほか、日本と同じAタイプが使えるホテルも多い。充電器などは240VまでOKのものが多いが対応電圧の確認を。

※平均気温と降水量は気象庁のデータに基づきます。※日の出／日の入り時刻はNOAAの2024年（各月1日）のデータです。

CHECK

『 ソンクラーンに注意！ 』

タイの旧正月で、現在は政府によって毎年4月13～15日に固定されている。バンコクでは地方から働きに出ている人々が一斉に帰省するため、街は閑散とし、店も閉まってしまうところが多い。

『 王室に関する言動に注意！ 』

国民は王室を敬愛しています。王室を侮辱するような言動は、王室不敬罪で警察沙汰になることも。また、仏教の祝日や選挙前日と当日などは、酒類の販売やレストラン・バーでの飲酒が禁止。

9月	**10**月	**11**月	**12**月	**1**月	**2**月
雨季		ベストシーズン			

ただしスコールが長時間降り続けることは少なく、大半が短時間でやむ。

旅行するには最適なシーズンだが、12月は朝晩冷え込む日があるため、薄めの防寒着を持っていくとよい。2月中旬あたりから徐々に暑くなる。

● 平均気温　■ 降水量

28.7℃	28.5℃	28.4℃	27.4℃	27.6℃	28.7℃
344mm	304mm	47mm	14mm	24mm	19mm
6:07	6:08	6:13	6:26	6:41	6:45
18:29	18:08	17:51	17:48	18:01	18:18

	13日ラーマ9世記念日 17日★オークパンサー（出安居）☆ 23日チュラロンコーン大王記念日	15日★ロイクラトン※地域によって開催日が異なる 15～16日★イーペン・ランナー・インターナショナル【チェンマイ】コムローイ（熱気球）を空に放つ北部タイの伝統儀式を旅行者も体験できる	5日ラーマ9世生誕日 10日憲法記念日 31日大晦日	1日元日 下旬★傘祭り【チェンマイ】	初旬★花祭り【チェンマイ】（※2024年は、2～4日開催） 24日★マカブーチャ（万仏節）☆

★印は移動祝日・イベントのため毎年日付が変わります
祝日が土・日曜と重なる場合は、前日または翌日が振替休日となります
☆印は酒類販売禁止日となります

1日中雨が降り続くようなことはないので「雨が降ったらどこかでゆっくりしよう」と思えるのであれば、雨季でも楽しめる。

この時季は晴天率が高いので、気分よく観光が楽しめます。特に、屋外でアクティブに観光したい人は11～2月がおすすめ。ただし、北部などの山岳地域では深夜や早朝に気温がぐっと下がるので防寒着を用意しましょう。

滞在日数の目安	お酒	公用語	無料レジ袋は禁止	服装
3泊4日	**20歳以上**	**タイ語**	**エコバッグは必携**	**参拝時は注意**
初めてのタイ旅行なら、バンコクへの滞在を中心に計画するとよい。オプショナルツアーを利用して、バンコク近郊のアユタヤやカンチャナブリーへ足をのばしたい。	お酒は20歳以上から。公園などの公共の場での飲酒は禁止されている。酒類の販売時間は11～14時、17～24時のみで、仏教の祝日や選挙日など、販売が禁止されている日もある。	公用語はタイ語だが、観光客の多いエリアでは英語が通じることも。地方ではそれぞれの方言があり、山岳部の少数民族は独自の言語を使用している。	主要スーパーやコンビニでは、無料のレジ袋は廃止されている。有料で買うこともできるが、エコバッグを持参するのがおすすめ。	王宮や寺院を参拝する際は、タンクトップやホットパンツなどの露出の高い服装はNG。寺院内は靴を脱ぐこともあるので、脱ぎ履きしやすい靴が良い。

※イベント、祝日は年により変動するものもありますので事前にご確認ください。上記は2024年3月～2025年2月のものです。

パスポート&保険の手配

飛行機を手配しても、これがなければ渡航できない！ 最優先で手配しよう。

一番重要なのはコレ！ パスポート

パスポートとは旅券のことで、海外へ渡航する際には必ず所持が必要。現地での身分証明書となり、ホテルやレンタカーのチェックインや両替時に提示を求められることもある。

\5年用/ \10年用/

外務省パスポート（旅券）
URL www.mofa.go.jp/mofaj/toko/passport/
※申請書のダウンロードも可能

ポイント

申請はなるべく早く！ 遅くても2週間前

住民登録をしている都道府県や市町村で手続きをするが、窓口によっては受付時間が平日の日中だけで、受け取りまで2〜3週間かかることも。申請書や顔写真、戸籍謄本など必要書類の用意もあるので、早めの準備を。学生などが現居住地で申請をする場合は住民票の写しも必要。切替申請はオンラインでも可能。

受け取りは本人のみ

パスポートの申請は家族などの代理人でもできるが、受け取れるのは本人だけで、乳幼児でも窓口へ行く必要がある。詳細は外務省公式サイトなどで確認しよう。

パスポートを持っている人は…
※有効期限&残存期間に注意

パスポートの有効期限とは別に渡航先によって必要残存期間があり、タイにビザ免除で渡航する場合は入国時に6か月以上の有効期間が残っていることが条件。足りていない人はパスポートの切替が必要。

これがあると安心安全 海外旅行保険

旅券手配と合わせて加入しよう！

海外旅行保険の多くは、旅行の目的で自宅を出発したタイミングから補償対象となるため、旅券の手配と合わせてネットで加入しておくと出発当日に慌てることもなく安心。

クレジットカード付帯の保険もチェック

加入できなかった場合は、所持しているクレジットカードに保険が付帯されていないかチェック。付いているカードがあれば旅行中の支払いなどでトラブルがあった際、補償の対象になる可能性も。

主な補償内容

保険内容によって異なるが、主に旅行先での病気やケガによる治療費や、持ち物やカバンなどの携行品が盗まれたり壊れたりした際の損害額が補償される。

発生件数こそ多くないが、観光客だと分かると強盗やスリ、置き引きに合う危険性も

車やバイクの交通量が多いバンコクでは交通事故も多く、外国人観光客も被害に遭っている

タイ旅行の持ちものリスト

自分の旅のスタイルにあわせて必要なものを準備&手配して、荷造りをしよう。

必要なもの

- □ パスポート
- □ 海外旅行保険証
- □ クレジットカード
- □ 現金（円・バーツ）
- □ eチケット控え
- □ ホテル予約確認書
- □ スマホ・携帯電話

バッグ類&身の回り品

- □ スーツケース（預け入れ荷物）
- □ 機内持ち込みバッグ
- □ 持ち歩き用バッグ
- □ 液体物持ち込み用ビニール袋
- □ 衣服
- □ 下着
- □ 帽子
- □ サングラス
- □ 部屋着
- □ 洗面用具
- □ 歯ブラシ
- □ 常備薬
- □ 化粧品・メイク落とし
- □ 日焼け止め※
- □ ティッシュ・ウエットティッシュ
- □ サニタイザー

電気製品類

- □ スマホの充電器とケーブル・バッテリー
- □ カメラ・充電器・メモリーカード
- □ 海外対応ヘアドライヤー
- □ レンタルWi-Fiルーター

あると便利なもの

- □ ガイドブック
- □ スリッパ
- □ 乾燥対策用マスク
- □ むくみ防止の着圧ソックス
- □ 雨具（折りたたみ傘）
- □ 流せるウエットティッシュ
- □ 圧縮袋・ビニール袋

現地で役立つアイテム

ペンとメモ
英語が苦手な人もいるので、メモを書いて渡すと確実。タクシー乗車時などに

ウェットティッシュ
屋台で食べ歩きをするときなど、手が汚れるので持っておくと安心

エコバッグ
タイではレジ袋が基本有料。小さくたためるバッグを持ち歩いて

※国立公園では指定成分を含む日焼け止めの持ち込みと使用を禁止

インターネットと便利なアプリ

地図を見たりSNSにアップしたり、スマホを利用して、スムーズな旅を楽しもう。

予約や出入国手続きでも活躍するスマートフォンは旅の必需品。データ通信料の高額請求を避けるため、タイのネット環境とスマホ設定は確認しておこう。便利なアプリは日本でダウンロードしていくのがおすすめ。

出発前に準備しておこう

ネット環境比較

	レンタルWi-Fiルーター	海外パケット定額サービス	現地プリペイドSIM
メリット	◆場所を選ばず、安定した通信環境が得られる ◆大容量タイプなら1台で複数台接続可能	◆ルーターなど付属機器不要のため身軽 ◆簡単に設定ができる	◆ルーターなど付属機器不要のため身軽 ◆SIMカードの入れ替え不要のeSIMが便利
デメリット	◆事前の申し込みが必要 ◆出発前の受け取りが必要 ◆帰国後の返却が必要 ◆プランによっては使用量制限・速度制限がある	◆利用する期間やデータ通信量によっては料金が高額になる ◆格安SIMはサービス対象外のことも	◆SIMフリーでなければロックの解除が必要。またSIMを紛失したら買い直さなければならない

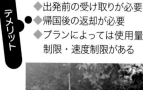
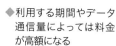

キャリア別海外サービス

各キャリアが提供している海外パケット定額プランなら、使いたいときだけ気軽に利用できる。自分のキャリアをチェックしてみて。

◉ NTTドコモ
1時間200円から使える「世界そのままギガ」（事前申し込み必要）と、1日最大2980円で使い放題の「世界ギガし放題」がある

◉ au
24時間490円～の「世界データ定額」プランがある。データチャージ（無料）に加入していることが条件

◉ ソフトバンク
24時間3GB980円から利用できる「海外あんしん定額」や、1日最大2980円で使い放題の「海外パケットし放題」がある

※各種料金・プランは2024年1月現在の情報です。

渡航前にやっておきたい
スマホの設定

スマホの「データローミング」という機能は、各キャリアの電波が届かない場所に行った際に、各キャリアが提携している現地の携帯会社の電波を受信しようとする。海外へ行く際にデータローミングをオンのままにしてしまうと、いつもより高額な通信費の請求に驚くことになるので、オフの設定を忘れずに。

設定（Androidなら無線とネットワークへ）→モバイルデータ通信→データローミングをオフ

知っておくと便利 ダウンロードしておきたいアプリ

食事 タイで使えるデリバリーアプリ

LINE MAN

タイ全土にある70万軒以上のレストランのメニューやスーパーマーケットの食料品が手軽にデリバリーできる。24時間利用可能で、宿泊先や観光先でお腹が空いたときに使いたい。

地図 オフラインでも地図が使える！

Googleマップ

ルート検索やナビ、交通状況などを日本語で案内。地図を保存しておけばオフライン時も閲覧可能。行きたい場所を保存してリスト化も可。

翻訳 言葉の不安はこれで解消

Google翻訳

キーボードや音声、手書き入力での翻訳のほか、カメラでかざすとメニューなども翻訳。タイ語と日本語会話の同時通訳もできる。

交通 もはやインフラ！欠かせない配車アプリ

Grab

東南アジアで圧倒的なシェアを誇る配車アプリ。タイでも人気で、ぼられることもなく価格も安い。アカウント登録は日本国内で済ませておく方が安心。（▶P.222）

交通 バンコクのバスの不安をこれで解消

ViaBus

目的地をセットするだけで、タイ国内で利用可能なバス路線番号とルートが確認できるバスアプリ。現在地からバス停までの位置関係も把握できる。（▶P.220）

美容 バンコクの美容を満喫するならコレ！

GoWabi

スパやマッサージなど、タイにある1000以上のビューティースポットで、お得に施術が受けられる割引アプリ。気になる店をお気に入り登録すれば、店頭から直接クーポンが受け取れる。

交通 タイ国内の鉄道にも対応

乗換路線図

世界各国の鉄道路線図が見られるアプリ。タイ国内は、国鉄（SRT）、エアポート・レール・リンク、バンコクのBTSとMRTに対応。

お金 タイバーツのレートを日本円で表示
Currency

シンプルな操作で使いやすい通貨換算アプリ。タイバーツ通貨を選んで金額を入力すると、日本円を含む各国の通貨換算額を一覧で表示。オンライン時に最新レートが適用。

CHECK

無料Wi-Fi事情

タイの街には、政府提供の無料Wi-Fiネットワーク「Free Public WiFi」のスポットが点在しており、その数は2万カ所以上。利用にはパスポート番号が必要。

 注意! 無料Wi-Fiはセキュリティ面が弱いため、クレジットカード番号など重要な個人情報は入力しないこと

主な無料Wi-Fiスポット

★スワンナプーム国際空港
★ドンムアン国際空港
★チェンマイ国際空港
★プーケット国際空港
★スターバックス
★レストラン
★ホテル
★カフェ
★マクドナルド（商品購入が条件）

知っておきたい!出入国の流れ

旅の玄関口となる空港での流れや必要書類を知っておけば、入国審査も怖くない!

出入国時に確認 タイ入出国の流れ

Immigration

日本 ➡ タイ入国

1 到着
到着後、入国審査(Immigration)へと向かう。

2 入国審査
外国人用の入国審査カウンターでパスポートと搭乗券を提示。この際、帰りの航空券の提示を求められることもあるので併せて持っておこう。そして両手の指紋登録と顔写真の撮影が終われば審査が完了。

3 手荷物受け取り
入国審査後は荷物受取所へ。掲示板に表示された搭乗便のターンテーブルの番号を確認し、預けた荷物を受け取る。

4 税関
申告するものがある場合は「申告あり Goods to Declare」のカウンターで検査を受ける。申告するものがなければ「申告なし Nothing to Declare」の通路へ進む。※入国時の持ち込み制限・禁止品はP.201参照。

5 到着ロビー
入国の手続きが終了したら、空港内にある両替所やATMで必要な現金を入手。両替は街なかの銀行やホテルでもできる。

タイ出国 ➡ 日本

1 空港へ
出国手続きに時間がかかることもあるため、出発の2〜3時間前には空港へ向かい、4階(スワンナプーム空港)の出発ロビーへ。

2 チェックイン
利用する航空会社のカウンターや自動チェックイン機へ行き、パスポートと航空券(またはeチケットのお客様控え)を提出。

3 セキュリティチェック
手荷物検査とボディチェックを受ける。日本出国時と同様に液体類の持ち込みは制限される。申告の必要なものは税関で手続きを。

4 出国審査
出国審査場へ進み、係官にパスポートと搭乗券を提示して審査を受ける。指紋スキャンと顔写真撮影を受けて審査が終了したら搭乗ゲートへ。

5 出発ロビー
VAT還付金や市内で買った免税品の受け取りなどを済ませて搭乗ゲートへ。

時間に余裕をもって行動しよう!

前もって準備しておけば心にもゆとりができるね

スムーズな日本への入国のために
顔認証ゲートとVJW

顔認証ゲートとは、パスポートのスキャンと顔写真の撮影で本人確認を行い、端末で出入国手続きができるシステム。また、VJW(Visit Japan Web)に登録しておくと、携帯品・別送品の事前申告ができ、帰国時に税関の電子申告端末を利用できる。(▶ P.201)

日本へ帰国時 携帯品・別送品の申告

税関では、テロの未然防止や密輸阻止を図り、迅速で適正な通関を行うため、日本に入国（帰国）する全ての人に「携帯品・別送品申告書」の提出が義務付けられている。帰りの機内で配られるので受け取ろう。空港にも備え付けられている。

手続きをWEBでスムーズに
Visit Japan Web（VJW）の登録

日本入国時の税関申告などに必要な情報を、WEBで事前に登録できるサービス。税関では電子申告用の端末とゲートを利用できる。日本出国前にアカウントを作成し、入国（帰国）の日程、利用者情報などを登録しておくとスムーズ。代理人登録もできる。VJWを利用しない場合は、従来の方法で入国手続きをすればOK。

申請に必要なもの

インターネットにアクセスできるパソコンやスマートフォン、航空券、パスポート、メールアドレスを用意する。

URL vjw-lp.digital.go.jp/

不安解消 Q&A

Q1 ワクチン未接種でもOK？
2024年1月現在、ワクチン接種の有無に関係なくタイに渡航することができる。ただし、入国時の検疫でコロナ感染症を疑われる症状がある場合は、診断検査が必要。

Q2 マスクの着用やワクチン接種証明書の提示は必要？
2024年1月現在、マスクの着用や証明書の提示は義務づけられていない。ただし、人が密集する場所や医療機関など最低限の場所でのマスク着用を推奨している。なおバンコク市内はPM2.5に対する不安を抱える人も多くマスク着用率は高め。

Q3 発熱などの症状が出たら
現在、バンコクでは無症状および軽症であれば何の制限もなく外出も可能。しかし不安な方は国家健康安全保障局（1330）に問い合わせるか、街なかのドラッグストアなでATK抗体検査キット購入し自己検査をする。タイ語が不安な場合は、日本語が通じるクリニックや在タイ日本国大使館領事部の邦人援護（02-207-8502）を利用しよう。

出入国時の税関手続き

日本出国時

高価な外国製品や多額の現金を持ち出す際は、各様式に必要事項を記入して税関に提出しなくてはならない。おもな対象品は以下。
・腕時計・宝飾品などの外国製品
・100万円相当の現金や小切手等
・輸出免税物品

 注意! 高額な罰金対象になることも！

制限や禁止事項に反した場合は、外国人でも容赦なく罰金や刑罰の対象となるので、注意が必要だ。

日本入国時

●免税範囲
★酒類…3本（1本760mlのもの）※20歳以上
★たばこ…紙巻たばこ200本、加熱式たばこ個装等10個（紙巻たばこ200本相当）、葉巻50本、その他250g ※20歳以上
★香水…2オンス（1オンスは約28ml）
★その他…同一品目の合計額が1万円以下および買い物合計額が20万円までは免税

●日本へのおもな持ち込み制限
麻薬、大麻、覚醒剤などの指定薬物、けん銃、爆発物、火薬類／貨幣や有価証券の偽造・変造・模造品、偽ブランド品／公文又は風俗を害するわいせつ品、児童ポルノ／ワシントン条約で規制対象となる動植物およびそれらの加工品（ワニ・トカゲ・ヘビ皮製品、象牙、毛皮、ラン、サボテンなど）、特定外来生物／生果実、切り花、野菜、生肉、ハム・ソーセージなどがある

タイ入国時

●免税範囲
★たばこ…紙巻200本または総重量250g以内
★酒類…1本（1ℓ）以内
★その他…総額2万B以内の持ち物（個人使用）
★通貨…US$1万5000相当以上の外貨、45万Bを超える現地通貨や有価証券の持ち込みは申告が必要

●タイへのおもな持ち込み制限
電子たばこ（加熱式たばこを含む）、麻薬、ポルノ、偽造通貨、偽ブランド品、海賊版、火器、弾薬、爆発物、仏像、骨董品、美術品、動植物、肉類、肉製品、果物、野菜、医薬品など

両替は現地の街なかで換金

レートがよい現地での両替がベスト。両替の場所やタイミングも知っておきたい。

日本の空港などでも両替できるが、レートは現地の方がいい。スワンナプーム国際空港やドンムアン国際空港内にも両替所があるがレートは悪く、街なか（特にバンコク市内）の両替所のほうが断然レートがいい。空港では市内への移動分のみ両替を。

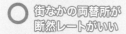

両替アドバイス

⭕ **街なかの両替所が断然レートがいい**

両替なら空港やホテルより街なかで両替する方がレートが断然いい。観光地であるバンコク市内にはレートがいい両替所が多く、特に評判なのが「サイアム・パラゴン」（下記）だ。

❌ **空港、ホテルはレートが悪い**

空港では3000〜5000円程度の両替をし、残りは市内で両替しよう。

タイの現地通貨

タイの通貨単位はバーツ（B）とサタン（S）。紙幣5種と硬貨6種。サタンはほぼ流通していない。

> 1Bは約4円と覚えておくと便利だ

 1000B

 500B

 100B

 50B

20B

 10B　 **5B**　 **2B**　 **1B**　 **50S**　**25S**

レートがいい両替所

📍 **サイアム・パラゴン**

▶**MAP** P.228 B-1

サイアム駅直結のデパート、サイアム・パラゴン3階の両替所はレートがいいという評判。

📍 **スーパーリッチ本店**

▶**MAP** P.229 E-3

チット・ロム駅近くにある両替所スーパーリッチの本店。また駅構内にも同店の両替所があって便利。

📍 **VASU EXCHANGE**

▶**MAP** P.230 B-4

ナーナー駅の駅下にある両替所。レートがよいと評判だが、両替時はパスポートの提出が必要。

CHECK

VAT（付加価値税）の税金は戻る！

タイには日本の消費税にあたる7%の付加価値税（VAT）があり、外国人がVAT REFUND FOR TOURISTの表示のある店で、同日に同一店舗で2000B以上の買い物をした場合は返金を申請できる。会計時のほか、原則として出国時にも手続きが必要。

> 高額な買い物をした時は特に申請したいぞ！

☑ 空港で手続きする場合

❶ 免税加盟店で、会計時にパスポートを見せて、払い戻し申請書と税金請求書をもらい記入する。
❷ 出国時に空港の税関で、商品、パスポートを提示。書類にスタンプをもらう。買い物の総額が5000B未満なら税関での手続きは不要。
❸ 出国審査後、パスポートと免税書類をもって、払い戻しカウンターへ。1万B以上の商品は再提示。

タイでクレジットカードは必須

キャッシュレス化が進むタイでは、クレジットカードが大活躍！

クレジットカードはVisaやMastercard、JCBなど異なるブランドを2枚ほど用意しておくと安心。ショッピングはもちろん、現金が必要になった際にはATMで引き出せる。割引サービスを受けられたり、ラウンジの利用もできる。

アドバイス

JCBとVisaカードが強い！

JCB、Visa、Mastercardは高確率で使用できる。特にJCBとVisaは優待店で割引が受けられることが多いので、この2枚を持っておくと安心！

＼ デビットカードもチェック！ ／

クレジットカードと同様に使えるデビットカード。銀行口座から即時引き落とし＆口座残高の範囲内で使えるため、予算管理にもってこい！

クレジットカードで現金を引き出せます！

ATMの使い方

1 カードを入れる
国際ブランドのマークがついたATMにクレジットカード、デビットカードを挿入。画面選択に日本語があれば選択。

2 暗証番号PIN入力
4桁のPIN（暗証番号）を入力。不明な場合は日本出発前に確認を。

3 引き出し先を選ぶ
カード種類選択の画面でクレジットカードは「Credit/cash advance」、デビットカードの場合には「Saving account（預金）」を選択。

4 Withdrawalを選択
取引選択の画面で「Withdrawal（引き出し）」を選択する。※③と④の順が逆の場合もある。

5 金額を入力
画面から希望金額を選ぶ。自分で金額を設定したい場合は金額を入力し、「enter」を入力。

CHECK

1日の出費をシミュレーションしてみよう

食費

朝ごはん　45B（お粥）
昼ごはん
　200B（トム・ヤム・クン）
夜ごはん
　1000B（レストラン）
カフェ
　100B（コーヒー）

Total 1345B

交通費

BTS&MRT　50B
タクシー　60B

Total 110B

観光費

ワット・プラケーオ＆王宮
（日本語イヤホンガイド付き）
　700B
タイ古式マッサージ　500B

Total 1200B

知っておきたいタイのあれこれ

日本人観光客が多いタイだが、油断は禁物。禁止事項も把握しておこう。

安心して過ごすために 覚えておきたいこと

 「たびレジ」に登録しよう

外務省から旅行先の最新安全情報を日本語で受信できるサービス。同行者、旅行日程、現地での連絡先等登録すると、事件事故に巻き込まれた際に在外公館からの支援をより早く受けやすくなる。URL www.ezairyu.mofa.go.jp

ブランドバッグ や ウエストポーチ はNG

ブランドバッグやアクセサリーなどをたくさん身に付けた華美な服装は避けた方が無難。高級ブランド店の買い物袋をいくつもぶら下げて歩くのもスリやひったくりに狙われやすいので注意しよう。いかにも貴重品が入っています的なウエストポーチもやめた方がよい。

 ぼったくり のタクシーに注意！

利用する機会が多い分、トラブルも多いのがタクシー。空港や観光地で客引きしているタクシーは大体高値で交渉してくるので注意。配車アプリ「Grab」を使えば、ぼったくられる心配はない。

現金とカード は別々にしておく

街歩きの際に持ち歩くのは、少なめの現金とクレジットカードという組み合わせがおすすめ。現金の紛失・盗難は海外旅行保険で補償対象外だが、クレジットカードの不正使用は補償対象になる。

食事タイム には警戒すべし

レストランでビュッフェ形式の食事中、椅子にバッグを置いて席を離れた隙に盗まれたり、市場で食事中、テーブル上に置いてあったバッグを盗まれるなどのケースが多発している。自分の鞄は肌身離さずに。

スコール の際の交通渋滞に注意！

バンコクの雨季は、6〜10月。一日中しとしと降る日本の梅雨とは異なり、朝夕に激しいスコールが降ることも。降雨時はタクシーの取り合いで、交通渋滞もひどくなるので、余裕をもった日程を心がけよう。雨具も必携。

大量の現金 は持たない

タイは比較的治安の良い場所だが、旅行者を狙ったスリやひったくり、置き引きなどの窃盗事件はある。ただし、これらは自分の心がけ次第で回避できる。現金や貴重品は、客室のセーフティーボックスに預けること。持ち歩く現金は最小限にするのが安心。

日本とはちがう！ 注意すべきタイのルール

知らないと
罰金も
ありえる！

日本で日常的に行っていることが、タイではNGだったり、場合によっては罪に問われ罰金まで科せられることがある。飲酒、喫煙、交通規則等、旅先で思わぬトラブルに巻き込まれないよう事前にチェックしよう。

定められた喫煙場所以外はNG

人が集まる公共の場所はほぼ禁煙。カフェやレストランなどの屋内、公共交通機関はもちろん、主要ビーチなども喫煙所以外はすべて禁煙。屋外や路上は、禁煙に指定されていない場合のみ喫煙可能だが、ポイ捨ては禁止で違反すると罰金対象に。電子たばこや加熱式たばこは所持も使用も禁止。

仏教への配慮とマナー

寺院に訪れる際は、ノースリーブやミニスカートなど、服装の露出をひかえること。本堂や仏堂に入る際には靴を脱ぎ、大きな声で騒がないように。なお女性が僧侶に触れるのはNG。バスや電車などの乗り物で僧侶がいる場合、横には座らずやや離れて座る方がよい。

朝と夕方の2回は直立姿勢で国歌静聴を

朝8時と夕方18時には、テレビやラジオ、またBTS駅のターミナルや公園などで公共スピーカーを通して国歌が流れる。タイ王室に対する敬意を表すために、曲が終わるまでは歩くのを止め、そのまま直立不動の体勢を。守らないと不敬罪で処罰される可能性も。

駅のホームや電車内での飲食は禁止

BTSやMRTといったバンコクの主要鉄道では、電車内はもちろん駅構内での飲食が禁止されている。中身のこぼれやすいドリンクなど、明らかな持ち込みに対しては入場時に没収される可能性もある。また、臭いのきついドリアンの持ち込みも禁止されているため、市場やスーパーで買う際は、その後の移動方法を考えておこう。

慌てず対処しよう 病気・紛失・盗難の場合

病気になったら

ハードに動き回ったり慣れない料理を食べたり、普段とは違う環境での旅行は体調を崩しがち。タイの医療はレベルが高く、安心して受診できるが、まずは自衛をしっかりとしよう。

病気
体調が悪くなったら、迷わず病院へ。日本語が通じる病院（▶ P.240）に電話をして相談するか、ホテルのフロントで医師の手配を頼むとよい。また、加入している保険会社のサポートセンターや参加しているツアー会社に連絡すれば、病院を紹介してくれる。保険加入の際にもらえるポケットガイドにも詳細が書かれているので、かならず持参しよう。

薬局
病院に行くほどでないなら、バンコクの街なかにある薬局やドラッグストアで売られている市販薬を購入しよう。ただし、海外の薬は体に合わないこともあるので、使い慣れた薬がある人は日本から持参しよう。

紛失・盗難にあったら

パスポートの盗難・紛失の場合は、帰国日程にも影響が出るので気づいたら即対応を。カードの場合も不正使用を防ぐため早めの手続きが必要。

◆パスポート
最寄りの警察署に被害届を提出し、「盗難・紛失の届出証明書（ポリスレポート）」を入手。日本大使館（▶ P.240）へポリスレポートや写真など必要書類を提出して、紛失の届出と新規パスポートまたは帰国のための渡航書発給の手続を。

◆クレジットカード
クレジット会社へ連絡をして利用停止手続きを。不正使用があってもカード発行金融機関が課す条件を満たせば補償が受けられる。状況に応じて海外専用の緊急再発行カードの手配など日本語でサポートしてくれる。

◆航空券
「eチケット控え」を紛失した場合は、パスポートを空港のチェックインカウンターに提示すれば搭乗券を受け取ることができるのであわてなくても大丈夫。ただし、他の国へ行く場合は念のためeチケット控えを再発行（印刷）しよう。

◆現金
現金の紛失・盗難は海外旅行保険の補償対象外。警察に被害を届け出て所定の手続きを行う。クレジットカードを持っていれば、ATMでキャッシングを。

INDEX

僕が知りたいお店は何ページかな〜？

インデックスを見ればすぐ探せるよ！

ENJOY

	名称	ジャンル	エリア	ページ
あ	RSMムエタイ・アカデミー	ムエタイ教室	スクンヴィット周辺	61
	アイユーウェーン・スカイウォーク	展望台	ヤラー県	55
	アジアティーク・ザ・リバーフロント・デスティネイション	ショッピングモール	バンコク都郊部	46
	アジアティーク・スカイ	観覧車	バンコク都郊部	47
	アムパワー水上マーケット	水上マーケット	バンコク近郊	51
	インターナショナル・タイ・ダンス・アカデミー	ダンス教室	スクンヴィット周辺	59
	エラワン・フーム	パワースポット	サイアム周辺	40
	エラワン・ミュージアム	博物館	バンコク都郊部	53
	オクターブ・ルーフトップ・ラウンジ&バー	バー	トン・ロー周辺	28
か	カリプソ・キャバレー	ニューハーフショー	バンコク都郊部	60
	クッド・ヌートル	食品	バンコク都郊部	54
	クローンクアン・ガネーシャ公園	公園	チャチューンサオ県	35
	ケィー先生のタイ料理教室	料理教室	スクンヴィット周辺	63
	コロンビアピクチャーズ・アクアパース	アミューズメントプール	チョンブリー県	55
さ	サイアム・スクエア・ワン	ショッピングセンター	サイアム周辺	29
	ザ・サイアム・ティー・ルーム	レストラン	バンコク都郊部	47
	ザ・ワン・ラチャダー	ナイトマーケット	ラチャダビセーク通り周辺	44
	ジョッドフェア	ナイトマーケット	ラーマ9世通り周辺	49
	ジョッドフェア・テーンネラミット	ナイトマーケット	バンコク都郊部	49
	スカイスケープ	展望台	サイアム周辺	54
	セントラル・マンション	ドラマ撮影スポット	バンコク都郊部	56
た	ダムヌン・サドゥアク水上マーケット	水上マーケット	バンコク近郊	51
	タラトン	レストラン	チャルン・クルン通り周辺	27・59
	タリンチャン水上マーケット	水上マーケット	バンコク近郊	51
	チャンチューイ	ナイトマーケット	バンコク都郊	48
	ドロップ・バイ・ドウ	ドラマ撮影スポット	スクンヴィット周辺	57
な	ナオ・バンコク	レストラン	バンコク都郊部	48
	ノッパラット・タイ・クラシカルダンス&ディナー	レストラン	バンコク都郊部	27・59
は	ハウス・オブ・テイスト・タイ料理教室	料理教室	シーロム周辺	62
	パラゴン・フードホール	フードコート	サイアム周辺	29
	バンコク・アート&カルチャー・センター	文化センター	サイアム周辺	53
	バンコク現代美術館	美術館	バンセン周辺	52
	バンブルビー・シェラート	スイーツ	スクンヴィット周辺	55
	プラ・トリムルティ	パワースポット	サイアム周辺	41
	プラ・メー・ラクシュミー	パワースポット	サイアム周辺	29
	ポルトベロ・ディザイヤ・ホームガーデン・カフェ	ドラマ撮影スポット	バンコク都郊	57
ま	メークローン市場	市場	バンコク近郊	64
ら	ラーマ8世橋	ドラマ撮影スポット	王宮周辺	55
	ラチャダムヌン・ボクシング・スタジアム	ムエタイ	王宮周辺	61
	ルンピニー・ボクシング・スタジアム	ムエタイ	バンコク都郊部	61
	レック・フット・マッサージ	マッサージ	サイアム周辺	28
	レッドロータス水上マーケット	水上マーケット	バンコク近郊	50
わ	ワット・アルン	寺院	王宮周辺	39
	ワット・インドラウィハーン	寺院	王宮周辺	42
	ワット・サケット	寺院	王宮周辺	43
	ワット・サマーン・ラッタナーラーム	寺院	バンコク郊外	34
	ワット・スタット	寺院	王宮周辺	42
	ワット・パクナーム	寺院	バンコク都郊部	36
	ワット・プラケーオ&王宮	寺院	王宮周辺	30
	ワット・プローン・アカート	寺院	チャチューンサオ県	35
	ワット・ベンチャマボピット	寺院	ドゥシット地区	43
	ワット・ポー	寺院	王宮周辺	38
	ワット・ポー・マッサージスクール・スクムビット校 直営店39	マッサージ	スクンヴィット周辺	28
	ワット・マハータート	寺院	王宮周辺	43
	ワット・ラーチャナダーラーム	寺院	王宮周辺	43
	ワット・ラーチャプラナ	寺院	王宮周辺	42
	ワット・ラーチャボピット	寺院	王宮周辺	42
	ワット・ロンクン（ホワイト・テンプル）	寺院	チェンライ県	43

GOURMET

	名称	ジャンル	エリア	ページ
あ	アフター・ユー	スイーツ	トン・ロー周辺	付録9
	アマリン・フードコート	フードコート	サイアム周辺	100
	イータリー	フードコート	サイアム周辺	100
	イェンターフォー・ワット・ケーク	レストラン	シーロム	87
	イェンリー・ユアーズ	スイーツ	スクンヴィット周辺	付録11
	イム・チャーン	レストラン	スクンヴィット周辺	86
	ヴァーティゴ&ムーン・バー	バー	シーロム	97
	ウォールフラワーズ・カフェ	カフェ	チャイナタウン	72
	MKゴールド サラデーン店	タイスキ	シーロム	83
	エラワン・ティー・ルーム	アフタヌーンティー	サイアム周辺	73
	オークラ プレステージバンコク	アフタヌーンティー	サイアム周辺	付録13
	オーディン・クラブ・ワンタン・ヌードル	レストラン	チャイナタウン	94
	オン・トン・カオ・ソーイ	レストラン	アーリー駅周辺	85
か	ガー	レストラン	トン・ロー周辺	92
	カーオ	レストラン	エカマイ周辺	77
	ガイトーン・プラトゥーナム	レストラン	ペッチャブリー通り周辺	80
	カオ・マン・ガイ・メンシー	レストラン	王宮周辺	81
	ガパオ・タ・ペー	レストラン	スクンヴィット周辺	82
	カルパブルック	レストラン	シーロム	74
	ギャラリー・ドリップ・コーヒー	カフェ	サイアム周辺	付録15
	キャンバス	レストラン	トン・ロー周辺	92
	クアクリンパックソッド	ローカルフード	シーロム	88
	クアン・シーフード	レストラン	ヴィクトリー・モニュメント駅周辺	79
	クイティアオ・シップソン・バンナー	レストラン	エカマイ周辺	86
	クリュ・シャンパン・バー	バー	サイアム周辺	
	クルア・アプソーン	レストラン	王宮周辺	75
	クルアイ・クルアイ	スイーツ	サイアム周辺	付録11
さ	サーニーズ・ロースタリー	カフェ	サイアム周辺	付録7
	ザオ・エカマイ	ローカルフード	エカマイ周辺	89

SHOPPING

	名称	ジャンル	エリア	ページ
あ	アーブ	コスメ	サイアム周辺	119
	アイコンサイアム	ショッピングセンター	チャルン・ナコーン駅周辺	114
	アニタ・タイ・シルク	タイシルク	シーロム	111
	アブソリュート・サイアム・ストア	ファッション雑貨	サイアム周辺	115
	オートーコー市場	市場	バンコク都心部	124
か	クーン	雑貨	スクンヴィット周辺	109
	グルメ・マーケット	食品	スクンヴィット周辺	123
	グレイハウンド	ファッション雑貨	サイアム周辺	115
	クローゼット	ファッション雑貨	サイアム周辺	115
さ	サイアム・センター	ショッピングセンター	サイアム周辺	115
	サイアム・パラゴン	ショッピングセンター	サイアム周辺	117
	ジェムライン	雑貨		109
	ジム・トンプソン	タイシルク	シーロム	110
	ジム・トンプソンの家	美術館	サイアム周辺	107
	ジム・トンプソン・ファーム	農園	ナコーン・ラチャシマー県	107
	セントラル・エンバシー	ショッピングセンター	サイアム周辺	117
	セントラル・フードホール	スーパー	サイアム周辺	123
	ソーダ	ファッション雑貨	サイアム周辺	115
	ソップ・モエ・アーツ	雑貨	スクンヴィット周辺	111
た	タイ・ベンジャロン	雑貨	チャルン・クルン通り周辺	111
	タン	コスメ	サイアム周辺	118
	チコ	雑貨	エカマイ周辺	113・147
	チャトゥチャック・ウイークエンド・マーケット	市場	バンコク都心部	124
	ドイトン・ライフスタイル	雑貨	シーロム	113
な	ナラヤ	雑貨	サイアム周辺	109
	ニア・イコール	雑貨	スクンヴィット周辺	113
は	パーヤー	雑貨	トン・ロー周辺	109
	ハーン	コスメ	サイアム周辺	119
	バス&ブルーム	コスメ	サイアム周辺	119
	パンピューリ	コスメ	サイアム周辺	118
	ピース・ストア	雑貨	スクンヴィット周辺	113
	ビッグC	スーパー	サイアム周辺	121・122
	プーファー	タイシルク	スクンヴィット周辺	107
	フジ・スーパー	スーパー	スクンヴィット周辺	122
	プラティナム・ファッションモール	ショッピングセンター	サイアム周辺	116
ま	マーブンクローン・センター	ショッピングセンター	サイアム周辺	116・121
ら	レジェンド	雑貨	サイアム周辺	109
	ロフティー・バンブー	雑貨		113

BEAUTY

	名称	ジャンル	エリア	ページ
あ	アーバン・リトリート	マッサージ	スクンヴィット周辺	134
	アジアハーブ アソシイエイション プロンポン店	マッサージ	スクンヴィット周辺	134
	アットイース マッサージ&スパ	マッサージ	スクンヴィット周辺	137
	イチリン ウェルネス	スパ	スクンヴィット周辺	129
	オアシス・スパ	スパ	スクンヴィット周辺	133
	オリエンタル スパ	ホテルスパ	チャルン・クルン通り周辺	132・138
か	キング・アンド・アイ・スパ&マッサージ	スパ	スクンヴィット周辺	135
	コラン・ブティック・スパ	スパ	スクンヴィット周辺	131
さ	スパ・ボタニカ	ホテルスパ	シーロム	133
た	徐瑞鴻診療所	マッサージ	トン・ロー周辺	136
	チャバ ネイル&アイラッシュ プロ	ネイルサロン	サイアム周辺	129

(SHOPPING／BEAUTY 続き)

	名称	ジャンル	エリア	ページ
	ディヴァナ・ヴァーチュ・スパ	スパ	シーロム	132
	トレジャー・スパ	スパ	トン・ロー周辺	133
な	ネイチャー・タイ・マッサージ	マッサージ	スクンヴィット周辺	137
は	ハピネスマッサージ	マッサージ	スクンヴィット周辺	136
	バンビューリウェルネス	スパ	サイアム周辺	130
	ヘルス・ランド	マッサージ	スクンヴィット周辺	135
ま	木先生の足の裏マッサージ	マッサージ	スクンヴィット周辺	137
ら	ルアムルディー・ヘルス・マッサージ	マッサージ	サイアム周辺	135
	レッツリラックス・スパ&温泉	スパ	トン・ロー周辺	131
わ	ワット・ポー・マッサージスクール・スクムビット校	マッサージ教室	スクンヴィット周辺	129

TOWN

	名称	ジャンル	エリア	ページ
あ	アマリンド ラディーラージャ	パワースポット	サイアム周辺	143
	アン・ファッション・ビンテージ	ファッション雑貨	エカマイ周辺	147
	ウォルドーフ・アストリア・バンコク	ホテル	サイアム周辺	152
	オニオン	ファッション雑貨	エカマイ周辺	147
か	カフェ・トレアドル	カフェ	サイアム周辺	143
	ゲイソーン・ヴィレッジ	ショッピングセンター	サイアム周辺	117・143
	コモンズ	ショッピングセンター	トン・ロー周辺	146
さ	ザ・エムクオーティエ	ショッピングセンター	スクンヴィット周辺	117・149
	ザ・エンポリアム	ショッピングセンター	スクンヴィット周辺	149
	ザ・ペニンシュラバンコク	ホテル	チャルン・クルン通り周辺	138・154
	シャングリ・ラ バンコク	ホテル	チャルン・クルン通り周辺	138・155
	スターバックス・セントラル・ワールド	カフェ	サイアム周辺	143
	セントラル・ワールド	ショッピングセンター	サイアム周辺	117・121・143
	ソイ11	繁華街	スクンヴィット周辺	148
	ソイ・カウボーイ	繁華街	スクンヴィット周辺	148
	ソイ3/1	繁華街	スクンヴィット周辺	148
	SO バンコク	ホテル	シーロム	156
た	ターミナル21	ショッピングセンター	スクンヴィット周辺	117・149
	タワー・クラブ・アット・ルブア	ホテル	チャルン・クルン通り周辺	154
	タンイン	レストラン	シーロム周辺	145
は	パーク ハイアット バンコク	ホテル	サイアム周辺	138・155
	バーバリ・ビストロ	雑貨	カオサン周辺	151
	バーン・カニタ&ギャラリー	レストラン	シーロム周辺	145
	パッポン・ナイト・バザール	ナイトマーケット	シーロム周辺	145
	バンコク・マリオット・ホテル・ザ・スリウォン	ホテル	シーロム周辺	153
	バンランプー市場	市場	カオサン周辺	150
	プラ・アティット通り	繁華街	カオサン周辺	151
	プラ・スメン砦	要塞	カオサン周辺	151
	ホープランド	ホテル		156
ま	マハナコン・スカイウォーク	展望台	サイアム周辺	145
	マンダリン オリエンタル バンコク	ホテル	チャルン・クルン通り周辺	154
	ミレニアム・ヒルトン・バンコク	ホテル	チャルン・クルン通り周辺	155
ら	ルンピニー公園	公園	シーロム周辺	144
	レモン・ファーム	スーパー	トン・ロー周辺	120・146
	ロイヤルオーキッド・シェラトン・ホテル&タワーズ	ホテル	チャルン・クルン通り周辺	155
わ	ワット・チャナ・ソンクラーム	寺院	カオサン周辺	151
	ワット・プラ・シー・マハー・ウマー・テヴィー	寺院	シーロム周辺	145
	ワット・ボウォーン・ニウェート	寺院	カオサン周辺	151

209

まっぷるWORLD バンコク タイ

STAFF

■編集
昭文社編集部
P.M.A. トライアングル（谷本裕英、田代大輔、
板本真樹、石井稔哉、村上和美、臺日向子）

■取材・執筆
P.M.A. トライアングル（谷本裕英、田代大輔、
板本真樹、石井稔哉、村上和美、臺日向子）
アーク・コミュニケーションズ

■撮影
WEST MOUNTAIN CO.,LTD
（西山浩平、松井聡美）、野中弥真人、
アーク・フォト・ワークス、遠藤麻美

■表紙フォーマットデザイン
soda design（柴田ユウスケ）

■表紙写真
iStock

■キャラクターデザイン
栗山リエ

■本誌イラスト
栗山リエ、松島由林、かたおか朋子

■アートディレクション・ロゴデザイン
soda design

■本文デザイン
soda design（竹尾天輝子）、ARENSKI（滝
本理恵、本木陽子）、アド・エモン、岸麻里子、
参画社、Rudy69

■DTP 制作
明昌堂

■校正
光永玲子、山下さをり、三和オー・エフ・イー

■地図デザイン
y デザイン研究所（山賀貞治）

■地図制作協力
五十嵐重寛、露木奈穂子

■取材・写真協力
iStock、PIXTA、Shutterstock、
タイ国政府観光庁、U-NEXT、関係諸機関

■現地コーディネート
Minorino Co.,Ltd（相田みのり）

2024 年 3 月 1 日　1 版 1 刷発行

発行人　川村哲也
発行所　昭文社

本社
〒 102-8238 東京都千代田区麹町 3-1
☎ 0570-002060（ナビダイヤル）
IP 電話などをご利用の場合は
☎ 03-3556-8132
※平日 9:00 ～ 17:00（年末年始、弊社休業日を除く）
ホームページ https://www.mapple.co.jp/

Yummy love it!

Feels Good

\どこよりも詳しい/
タイの
ACCESS & MAP

Nice

これ1冊で
ばっちりだね！

各地のグルメを
食べ歩くときに便利！

Lovely♡

CONTENTS

Happy

icon	♠ 博物館・美術館	〒 郵便局	✝ 教会
	ⓘ 観光案内所	🚏 バス停	▶ ビーチ
	Ⓒ コンビニ	🏦 銀行	🏌 ゴルフ場

いよいよ
到着！

空港からバンコクへのアクセス

宿泊先や旅行のグループによって、
さまざまな使い分けができるので便利。

目的地までの移動が楽々

タクシー

所要時間
45分～1時間
（350B～）

旅客ターミナルビル1階にメータータクシー・スタンドがある。料金は基本、メーター制だがメーターを作動させずに金額を提示する場合も。その際はメーターを使うよう要求しよう。空港利用料（＋高速料金）を追加する場合も。

▶P.219

使い勝手のいい

ARL

所要時間
26分
（15B～）

空港とバンコク中心部を結ぶ高速鉄道。駅は全部で8つ。現状は各駅停車のみの運行で、終点はBTSと連結しているパヤ・タイ駅。途中のマッカサン駅は地下鉄ペッチャブリー駅に近く、主要な観光スポットへの移動に便利。

▶P.218

最もリーズナブルな手段

エアポートバス

空港敷地内の公共交通センターから乗車できるBMTAバスや、空港1階8番出口から乗車可能なLimoバスがある。

所要時間
1時間～2時間
（目的地までの
距離制）

料金は33B～（Limoバスは180B）。運行時間は4:00～24:00頃まで、20～30分間隔で運行。

ウェブで予約できる

エアポートリムジン

空港の公式リムジンサービス。予約制で出発地、目的地、日時を指定すると運賃を確認できる。空港2階の到着ホールや手荷物受取所にサービス受付がある。

所要時間
45分～1時間
（サイアム駅
まで1050B～）

URL www.aot-limousine.com

空港見取り図をチェック

スワンナプーム国際空港

Suvarnabhumi International Airport　**MAP** P.227 B-2

☎ 02-132-1888　**URL** suvarnabhumi.airportthai.co.th

日本〜バンコク	成田国際空港	約7〜8時間
	東京国際空港（羽田）	約7時間
	関西国際空港	約7時間
	中部国際空港	約6時間半
	福岡空港	約6時間
	新千歳空港	約8時間

おもな航空会社

タイ国際航空
www.thaiairways.com
0570-064-015（日本）
02-356-1111（タイ）

日本航空（JAL）
www.jal.co.jp
0570-025-031（日本）
001-800-811-0600（タイ）

ANA
www.ana.co.jp
0570-029-333（日本）
02-238-5121（タイ）
1800-011-231（タイ）

エアージャパン
www.flyairjapan.com
0570-005-995（日本）

ZIPAIR
www.zipair.net

Peach
www.flypeach.com

市街へは看板を目印に。タクシー乗場は1階、地階にはエアポート・レイル・リンクの駅がある

4階 出発ロビー
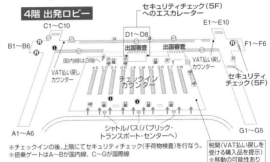

セキュリティチェック（5F）へのエスカレーター
C1〜C10　D1〜D8　E1〜E10
B1〜B6　出国審査　出国審査　F1〜F6
国内線は3階へ　チェックインカウンター　VAT払い戻しカウンター
VAT払い戻しカウンター　セキュリティチェック（5F）
A1〜A6　シャトルバス（パブリック・トランスポート・センターへ）　G1〜G5

※チェックインの後、上階にてセキュリティチェック（手荷物検査）を行なう。
※搭乗ゲートはA〜Bが国内線、C〜Gが国際線

税関（VAT払い戻しを受ける購入品を提示）※移動の可能性あり

2階 到着ロビー
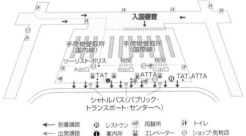

入国審査
手荷物受取所（国内線）　手荷物受取所（国際線）
ツーリスト・ポリス　税関　税関
A出口　TAT　B出口　ATTA　TAT.ATTA
シャトルバス（パブリック・トランスポート・センターへ）

← 到着順路　🍴 レストラン　両替所　🚻 トイレ
← 出発順路　ℹ 案内所　エレベーター　🛍 ショップ・免税店
TAT　タイ国政府観光庁カウンター
ATTA　タイ旅行代理店協会カウンター

ドンムアン国際空港

DonMueang International Airport　**MAP** P.227 B-1

☎ 02-535-1192　**URL** donmueang.airportthai.co.th

国際線専用の第1ターミナルと、国内線専用の第2ターミナルがある。福岡国際空港からタイ・エアアジアの直行便が運航。スワンナプーム国際空港へ向かう場合は利用者向けの無料シャトルバスを利用（ただし、搭乗券の提示が必要）。またSRTダークレッドライン（▶P.218）の開業により鉄道でもバンコク市内へ直接向かえるように。

市街へのアクセス

●**タクシー**：市内まで300B程度。空港利用料50B、有料道路料金が別途必要
●**エアポートバス**：4時半〜24時頃まで運行、各50B
A3 セントラル・ワールド、ルンピニー公園行き
A4 カオサン通り、サナーム・ルアン（王宮前広場）行き
●**リモバス**：9時〜24時頃まで運行（20〜30分に1本程度の間隔）、各150B
シーロム行き、カオサン通り・パヤ・タイ行きの2ルート

安くて利用しやすい バンコクの市内交通

物価上昇中のバンコクだが、公共交通機関は日本よりお手ごろなうえ、利用しやすい。
基本を理解して、スムーズに観光しよう！

BTS

東西南北に走るスクンヴィット線と
シーロム線にゴールドラインが仲間入り

初乗り料金	17B（ゴールドラインは16B）
運行時間	5:00 ～24:00ごろ
使用言語	タイ語、英語
支払方法	現金、ラビット・カード

● BTSスカイトレイン
☎ 02-617-6000 URL www.bts.co.th

ラビット・カードが
かわいい！

詳しくは
P.216

MRT

スクリーンドア採用で安全性抜群！
イエロー&ピンクライン開通でますます便利に

初乗り料金	17B
運行時間	5:30 ～24:00ごろ
使用言語	タイ語、英語
支払方法	現金、ストアド・バリュー・カード、一部タッチ決済

● MRTA
☎ 02-716-4000 URL www.mrta.co.th

キレイで
乗り換えも楽々！

詳しくは
P.217

ARL

スワンナプーム国際空港と
バンコク市内を結ぶ高速鉄道

初乗り料金	15B
運行時間	5:30 ～24:00ごろ
使用言語	タイ語、英語
支払方法	現金

バンコク都市部まで
約30分で行けちゃう！

詳しくは
P.218

SRT

バンコク北部への利便性アップ
国鉄運営の都市型鉄道

初乗り料金	12B
運行時間	5:00 ～24:00ごろ
使用言語	タイ語、英語
支払方法	現金、ストアド・バリュー・チケット、一部タッチ決済

● SRTET
☎ 1690 URL www.srtet.co.th

ドンムアン空港にも
行きやすくて便利！

詳しくは
P.218

タクシー

深夜や荷物が
多いときに最適

初乗り料金	35B
運行時間	24時間
使用言語	タイ語、英語
支払方法	現金

ぼったくりと
スコール時に注意！

詳しくは
P.219

路線バス

費用を抑えたい
ときに最適

初乗り料金	8B〜
使用言語	タイ語
支払方法	現金

リピーターなら
トライしてみて！

詳しくは
P.220

ボート

川風と街風景が
心地よい水上交通

初乗り料金	14B〜（色によって異なる）
使用言語	タイ語
支払方法	現金

アイコンサイアムや
アジアティーク行きに便利

詳しくは
P.221

モーターサイ

急いでいるとき
などは便利

初乗り料金	15B〜25B（事前交渉次第、目的地によって異なる）
使用言語	タイ語
支払方法	現金

日本にない移動手段
を体験するならコレ！

詳しくは
P.222

トゥクトゥク

観光気分を
味わいたいなら

初乗り料金	徒歩10分程度の距離で30B（事前交渉次第）
使用言語	タイ語
支払方法	現金

交渉に自信があるなら
一度は乗りたい！

詳しくは
P.222

🚉BTS Bangkok Mass Transit System

バンコク観光を楽しむには欠かせない交通手段

クーコット～ケーハ間のスクンヴィット線、ナショナル・スタジアム～バーン・ワー間のシーロム線、クルン・トン・ブリー～クロン・サン間のゴールドラインの3路線が運行。運転時間はスクンヴィット線とシーロム線がおむむね5時15分～24時、ゴールドラインが6時～24時。駅構内や車内では喫煙や飲食が禁止されている。

BTS（スカイトレイン）の乗車方法

①駅の入口を探す

BTSの入口は白地に赤と青の看板が目印。階段を上がったところに自動券売機と窓口がある。1DAYパス、およびラビット・カードを購入する際は窓口へ。

②切符を買う

1回券を購入する。1、2、5、10Bの小銭（一部の自動券売機では20、50、100B紙幣が使用可能）しか使えない場合が多い。小銭がない場合は、窓口で両替してから、自動券売機へ。画面に表示されている路線図から目的の駅を探し、駅番号と必要枚数を選択し、購入する。

③改札を通る

全駅自動改札。タッチパネルにカードをタッチして入場。1日券とラビット・カードは出場する際も同様にカードをタッチする。

④乗車する

ホームや車体横電光表示で方向を確認して乗り込む。目的地で下車したら、自動改札を通って出る。出場時は、1回券の場合はカードをスリットに差し込むとゲートが開き、カードは回収される。

おもな切符

● 1回券

1回券（Single Journey Card）は通常の片道乗車券。自動券売機で買える。

● 1DAYパス

1日券（One Day Pass）は、文字どおり購入当日に限って無制限に乗車できる。

● ラビット・カード

Suicaのようなチャージ式の交通系ICカード。デザインは通常カードと学生カード、シニアカードの3種類。

路線はこの3路線

慣れない土地での観光旅行は、いかにスムーズに目的地へたどり着くかが大事。駅の案内板のタイ語が読めなくても、駅番号や英字表記を頼りにすれば旅もしやすい。BTSは3路線しかないので覚えやすい。

● シーロム線

ナショナル・スタジアム駅から、バーン・ワー駅間を運行する。途中、高級ホテルが林立するサパーン・タークシン駅で、チャオプラヤー・エクスプレス・ボートのサートーン（桟橋）と接続している。

● スクンヴィット線

クーコット駅から、ケーハ駅間を運行する。ウィークエンドマーケットが開催されるチャトゥチャックやアソーク、トン・ローといった注目の街を通過するため、観光にも便利な路線。

● ゴールドライン

タイ初の無人運転による路線で、クルン・トン・ブリー駅から、クロン・サン駅間を運行する。タイ最大級のショッピングモール「アイコンサイアム（▶P.114）」は、チャルン・ナコーン駅からすぐ。

🚈 MRT　Mass Rapid Transit

これを活用できれば行動範囲がさらに拡大

ブルーラインとパープルライン、イエローライン、ピンクラインの4路線あり、MRTとBTSとの接続駅は6駅。チケットは、トークンとカードの2タイプ。運行時間はおおむね6時（パープルラインの平日は5時30分）〜24時、5〜10分間隔で運行。

MRTの乗車方法

①駅の入口を探す

青地に白いMの文字が目印（パープルラインは紫地に白）。地下鉄構内は飲食・ポイ捨て・喫煙禁止。1回券以外は窓口で係員から購入する。券売機は少ないので、時間によっては行列ができる。

②切符を買う

トークンの自動券売機はタッチパネル式。最初はタイ語表示なので英語表示に切り替えて目的駅をタッチする。小銭や小額紙幣がない場合は窓口で購入できる。専用改札であればVisaやMastercardのタッチ決済でも改札を通過できる。

③改札を通る

自動改札を通る際は、トークン、カードとも機械に投入せず、読み取り部にタッチする。下車の際には、トークンを読み取り部のそばの投入口に入れる。カードは読み取り部にタッチする。ゲートの開いている時間は短いので、素早く通り抜けよう。

④乗車する

車内はきれいで清潔。タイ語と英語で、次の駅と乗り換えアナウンスがある。出場時には、カードは読み取り部にタッチする。トークンは読み取り部のそばの投入口に入れるとゲートが開く。

おもな切符

●シングル・ジャーニー・トークン（1回券）

片道乗車券のこと。オセロの駒のようなトークン（17B〜）を利用。チップ内に情報が記録されている

●ストアド・バリュー・カード

ICチップ内蔵のプリペイドカード。購入金額は180Bだが、発行手数料とデポジットを引いた100Bが発行時に使用可能な金額。チャージは各駅の窓口で100〜2000Bまで100B刻み。

切符の買い方をチェック

❶駅名を選ぶ

最初の画面はタイ語表示なので「English」部分にタッチ。画面上に表示された路線図にある目的地の駅名にタッチする。

❷お金を入れる

表示された料金を券売機に入れて支払う。20、50、100B紙幣も使用できる。

❸切符を受け取る

プラスチック製の黒いトークンが出てくるので受け取る。おつりはすべて小銭で出てくる。

ARL Airport Rail Link

スワンナブーム国際空港からバンコク中心部まで約30分！

スワンナブーム国際空港とバンコク中心部を結ぶ高速鉄道で、停車駅は全部で8つ。現状、運行されているのは各駅列車のシティラインのみ。駅は地下1階にある。途中のマッカサン駅からはMRTに、終点のパヤ・タイ駅からはBTSに乗り換えられて、市街へも行きやすい。

乗車方法

①自動券売機で目的地を選択

券売機の画面で目的駅への運賃を確認し、駅名をタッチして乗車人数を選択する。タイ語が読めない場合は英語表記に切り替える。

②現金を投入する

指定金額を投入するとトークンが出る。500B紙幣まで使用可能だが、お釣りはすべて硬貨で払い戻されるので要注意。

③改札を通る

自動改札機のマーク部にトークンをかざせば入場できる。出場する際は、タッチする部分の横にコインスロット的なものがあるので、そこにトークンを投入するだけ。

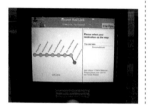

SRTレッドライン SRT Red Line

バンコクとタイ北部を結ぶ都市鉄道

バンコク中心部と北部のパトゥムターニー県を結ぶ都市鉄道。ダークレッドラインとライトレッドラインの2路線で、運行時間は5時～24時頃。同鉄道開業に合わせて造られたクルーンテープ・アピワット中央駅は、フアランポーン駅に代わって、タイのターミナル駅となる。

© タイ国政府観光庁

●ダークレッドライン
区間：クルーンテープ・アピワット中央駅からランシット駅間

●ライトレッドライン
区間：クルーンテープ・アピワット中央駅からタリンチャン駅間

●運賃：12～42B

乗車方法

①切符を買う

タッチパネルで目的地を選択し、紙幣もしくは硬貨を投入して、トークンとおつりを受け取る。なお、レッドラインはクレジットカードによるタッチ決済での入場も可能。

②改札を通って乗車

緑色の矢印が点いている改札口から入場する。購入したトークン（もしくはストアド・バリュー・チケット）をタッチパネルにかざすと通過できる。

ダークレッドラインを使えばドンムアン国際空港へのアクセスがしやすくなる

🚗 タクシー Taxi

目的地に直行できる!

タイの交通渋滞は、タクシーが多すぎるからといわれるほど、タクシーの台数は多い。料金メーター付と値段を交渉するタクシーの2種あるが、観光客は料金が明確なメータータクシーのほうが安心。メータータクシーは、屋根に「TAXI-METER」と表示してある。バンコク中心部内であれば、よほどの渋滞でない限り150Bを超えることはない。

車体の色はさまざまで、黄色と緑の2色だと個人タクシー、それ以外がタクシー会社の車両となる。値段などの差はない

タクシーの乗り方

①タクシーを見つける

客待ちしているタクシーはトラブルが多いので、流しを拾うほうがよい。日本では手を挙げるが、タイでは、腕を斜め下に出して「おいで、おいで」のように振るのが合図。

タクシーは基本的にどこでも拾えるが、ところどころにタクシープールもある

②タクシーに乗車する

タクシーが止まったら、乗車する前に希望の場所まで行けるか確認。目的地まで行けることを確認したら、ドアを自分で開け乗車する。メーターを動かさずに発車もしくは交渉に持ち込もうとしたら、その場で車を降りる。

③運転中にも注意

日本のタクシーと違って、道を知らない運転手が多いので、タイ語や英語の住所が書かれたメモを見せるとよい。時々、道が間違ってないか、スマホの地図などで確認すること。

④料金を払い下車する

メーターの金額を払う。通常、運転手は釣り銭をあまり持っていないので、小銭を用意しておこう。料金の端数はチップとして渡すことが多い。扉は自動ではないので、自分で開閉する。

タクシーがつかまらないとき

渋滞中やスコールになると、なかなかタクシーが止まらなかったり、メーターを回さずに値段交渉を持ち掛けたりする運転手が多い。近くにホテルなどがあればフロントで呼んでもらってもよいが、Grab（▶P.222）やBoltなどの配車アプリを利用するのも手だ。

タクシー利用のポイント

●料金と支払い方法

初乗り料金は35B（1kmまで）。大型車は40B。以後10kmまでは6.50B、10〜20kmは7B、20〜40kmは8Bずつ加算される（1kmごと）。さらに、時速6km以下だと1分ごとに3B加算される。乗車人数や荷物が多かったり、雨が降っていて渋滞した際など、チップ20Bほどを渡してもよい。

●「Bolt」の利用が便利

世界の主要国で使用可能な配車サービスアプリ「Bolt（ボルト）」。事前に料金が確認できるので、ボッタクリの心配がない。状況に応じてはGrabよりも安くなるケースもある。

🚌 路線バス Bus

使い方&乗り方に慣れれば新たなタイの魅力を発見できる

タイの市街交通網を代表する路線バス。系統が数字で振り分けられていて、行き先はフロントガラスと側面に表記（原則、タイ語表記だが英語で書かれている場合もあり）。バスの種類によって料金や支払い方法が異なるため、慣れない場合は他の手段がおすすめだが、慣れればよりディープなスポットに行くことができる。

主なバスの種類

冷房付きバス：初乗り料金（目安）

- 白色&青ラインバス： 12～20B
- オレンジ色：13～25B
- 白色バス：13～25B
- 青色バス：15～25B

冷房なしバス：初乗り料金（目安）

- 赤色&ベージュライン：8B
- 赤色&ベージュライン（深夜走行時）：9.5B
- 赤色&ベージュライン（高速道路使用時）：10B

バスの乗り方

①バスの番号を調べてバス停へ

目的地へ行くバスの番号を確認したらバス停へ。乗りたいバスが近付いてきたら手を挙げてバスを止め、乗り込む。すべての車両がバス停で止まるわけではないので、手を挙げないと止まらない場合も。

②乗車して料金を支払う

タイのバスは運転手とは別に、集金を担当する車掌がいるため乗車した際に目的地を告げ、料金を支払う。エアコンバスの場合、距離によって料金が異なるので、料金がわからなければ車掌へ確認しよう。

③ブザーを鳴らして降車

目的地付近へ来たら、天井や壁にあるブザーを押してしらせよう。また降りる際はギリギリまで座っていると他の乗客に嫌な顔をされる可能性があるため、早めに降車口付近に移動しよう。

便利なバスアプリ

どうしてもバスに乗りたいけど、慣れてなくて不安だなと思う人は「ViaBus」がおすすめ。行先の地名が分からなくても、最寄りのバス停のアイコンをクリックすると路線と各停留所が表示されるので、そこから目的地を探せばOK。

🚌 **168**　　　　　32 Stop(s)

🚌 Bus
Victory Monument (Din Daeng Side)

Get on
🚌 **168** → Siam Park
∨ 29 Stop(s)

🚌 Bus
ntersection (Soi Ramkhamhaeng 97

🚶 Walk 210 m.

🚢 Boat
Bangkapi Pier

乗るバス停も目的地も分かっている場合は検索画面に入力するだけで、ルートを表示してくれる

バスをマスターすればタイ観光がより楽しめる

ボート Boat

渋滞知らずのボート＆フェリーで
クルージング気分も味わえる

チャオプラヤー川の交通手段としてまっ先に挙がるのはチャオプラヤー・エクスプレス。バンコク南部のサートーン桟橋（一部はワット・ラーチャシンコーン桟橋やアジアティーク）からバンコクの北にあるノンタブリー県ノンタブリー桟橋（一部はパークレット桟橋）を結んでいる。

乗車方法

①乗船する

船に掲げられた旗は、青（ツーリストボート）のほか、オレンジ、黄色、黄緑、赤の全5種類。色によって、停船地や金額などが異なる。緑、黄は平日朝夕のみの運航。

URL www.chaophrayatouristboat.com
URL www.chaophrayaexpressboat.com

②チケットを買う

運賃は乗船前に窓口で支払う場合と、乗船してから払う場合がある。乗船後の場合は係員に行き先を告げて運賃を支払い、チケットを受け取る。運賃はオレンジ旗が16B、黄緑旗は14〜33B、赤旗は30B、黄色旗は21B。青旗（ツーリストボート）は片道30B、1日乗車券150B。

③下船する

桟橋には番号が表示されているので、降りたい場所の番号を覚えておく。特に停船場のアナウンスはなく着岸する。チケットは船を下りるまで持っておくように。

主な水上交通
●チャオプラヤー・エクスプレス・ボート
●ツーリストボート
●渡し船

旗の色で見分ける！
ボートの種類

赤旗

船内にエアコンが完備されたレッドラインは全11カ所に停船。平日の早朝と夕方のみ運行。30B。

黄旗

15カ所に停船するラッシュアワー便。運賃は21Bで朝はサートーン、夕方はノンタブリー方面へ。

黄緑旗

ノンタブリー県のクレット島への船着場まで20か所に停船。運航は平日の朝夕。運賃は14〜33B。

オレンジ旗

31カ所に停船し、一律16B。ラッシュ時には15〜20分ごと、それ以外は30〜40分間隔で運航している。

青旗

プラ・アティットから、アジアティークまで10カ所に停船。8時30分〜19時30分、30分ごとに出発。運賃は30B、1日乗り放題券150B。

サートーン船着場

チャオプラヤー・エクスプレス・ボートを使う場合、最も便利な船着場はサートーン（セントラル）桟橋。BTSのサパーン・タークシン駅と連絡しているほか、アイコンサイアムやアジアティークなどへの連絡船もここに到着する。

モーターサイ Motorcycle

渋滞時に大活躍だが…

モーターサイクルを縮め、「モーターサイ」と呼ばれている。渋滞が多いバンコクではタクシーよりも速いが、事故が多く、まともな補償が出ないので旅行者にはおすすめしない。乗車する場合は、シートの後ろにあるロールバーをしっかり握る。横座りは危険。

●料金

番号がついたベストを着て、路地の入口で客待ちをしている。料金は事前交渉制（行き先によっては料金設定がある）で、目安は15～25B。距離がある場合は35～50B程度。

他の移動手段に比べ事故発生率は若干高く、怪我などのリスクも高いため、乗る際は絶対にヘルメットを着用すること

トゥクトゥク Tuktuk

アジアの観光気分が味わえる

オートバイのエンジンに客席を載せたオート三輪。観光地やホテルで客待ちをしている。乗り方はタクシーと同じで、腕を斜め下に出して手首を振って合図する。料金や快適性を考慮すると短距離の移動向き。最近は値上がり気味で、メータータクシーよりも高め。

●料金

交渉制。歩いて10分ほどで30B、20分ほどなら50B、それ以上でも200Bほどを上限として安めの額から交渉する。降雨時、渋滞時は20～30B割り増しになる。また、1時間10Bなど、極端に安い料金の場合、おみやげ店などに連れて行かれることも。

乗車前の値段交渉もトゥクトゥクならではの楽しみ。上手に交渉して、無駄な出費を抑えよう

ローカルはコレ一択！
Grab（グラブ）を使いこなそう！

スマホで車やタクシーを呼ぶことができる配車アプリ、Grab。明朗会計うえ、利用者がドライバーを評価するシステムなのでトラブルも少ない。スマホから簡単に配車できるので、流しのタクシーをつかまえたり、タクシー乗り場を探す手間も省ける。

●配車できるおもな車種

車種	特徴
Grab Car	Grab 登録済みの一般ドライバー。車は自家用車
Grab SUV	GrabCarと同様だが、広々としたSUV車。値段は割高になる
Grab Taxi	メーター制タクシー。GrabCarよりも高め
Just Grab	GrabCarかタクシーを指定せず、近くにいる車種が来る
Grab Car Premium	セダンなどハイグレードな高級車。ビジネスの場や特別な日に使いたい

URL www.grab.com/th/

Grabの使い方

①アプリをダウンロード

SMS認証が必要なので、日本でダウンロードしておくとスムーズ。クレジットカードでの支払いもできる（クレジットカードの登録は現地で）。ただし、カードによっては海外での登録行為自体が不正使用と判断され、一時的に使えなくなる可能性があるため、カード会社の違うカードを2枚ぐらい用意しておこう。

②配車する

●アプリを起動し、「Transport」を選択し、「Where to？」と書かれたボックスに行先の名称や住所を入力して検索をかける。行先を登録したら次に、迎えに来てほしい場所をGPSで検出してピンを置き、「Pick-Up」をタップしてポイントを確定する。
●車を選択する。配車可能な車がいくつか表示される（左表）。所要時間や乗車料金の記載があるので確定させる。
●「Book」をタップして配車完了。ドライバーの名前と顔写真・車のナンバー・車種などが表示される。違う車に乗らないように注意。配車後はGPSで現在位置を確認したり、チャットで到着時刻や場所などを連絡できる。
●指定の場所で乗車する。ドライバーは到着後、3分ほどしか待ってくれず、それ以上待たせると追加料金やキャンセルもあるので注意。

③料金を支払う

クレジットカード登録をした人はそのまま降りてOK。現金払いの場合は、運転手に直接料金を払う。乗車後にアプリ上でドライバーの評価をする。

Grabなしでは過ごせない！

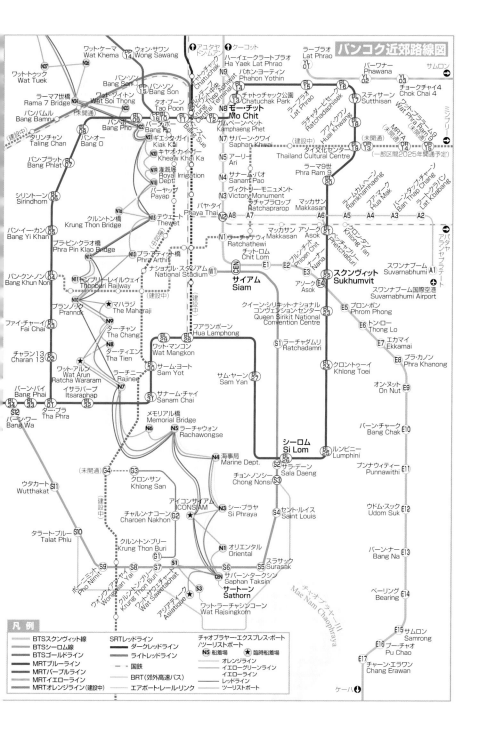

バンコク近郊路線図

凡例

- BTSスクンヴィット線
- BTSシーロム線
- BTSゴールドライン
- MRTブルーライン
- MRTパープルライン
- MRTイエローライン
- MRTオレンジライン(建設中)

- SRTレッドライン
- ダークレッドライン
- ライトレッドライン
- 国鉄
- BRT(郊外高速バス)
- エアポート・レール・リンク

- チャオプラヤー・エクスプレス・ボート/ツーリストボート
- N5 船着場
- ★ 臨時船着場

- オレンジライン
- イエローグリーンライン
- イエローライン
- レッドライン
- ツーリストボート

現地でのコミュニケーションに役立つ簡単なあいさつや、緊急時の一言を覚えておこう！

基本的な会話	はい	ใช่	チャイ
	いいえ	ไม่ใช่	マイ チャイ
	はじめまして	ยินดีที่ได้รู้จัก	インディーティ ダイ ルーチャック
	おはよう／こんにちは／こんばんは／さようなら	สวัสดี	サワディー
	ありがとう	ขอบคุณ	コープクン
	ごめんなさい	ขอโทษ	コートー
	どういたしまして	ไม่เป็นไร	マイペンライ
	おいしい	อร่อย	アロイ
	わかりました	เข้าใจ	カウチャイ
	いいえ、結構です	ไม่เป็นไร	マイ アオ／マイペンライ
	これは何ですか?	นี่อะไร?	アンニー アライ?
	どこ?	ที่ไหน?	ティーナイ?
	いつ?	เมื่อไร?	ムアライ?
	何時?	กี่โมง?	ギーモーン?
	誰?	ใคร?	クライ?
	いくら?	เท่าไหร่?	タオライ?
	いくつ（数）?	กี่ชิ้น?	ギー アン?

比較	重い	หนัก	ナック
	軽い	เบา	バオ
	長い	ยาว	ヤーオ
	短い	สั้น	サン
	新しい	ใหม่	マイ
	古い	เก่า	カオ
	甘い	หวาน	ワーン
	辛い	เผ็ด	ペット
	高い	แพง	ペーン
	安い	ถูก	トゥーク
	良い	ดี	ディー
	悪い	ไม่ดี	マイディー

緊急	助けて!	ช่วยด้วย !	チュアイ ドゥアイ!
	気分が悪いんです	ไม่สบาย	マイ サバーイ
	救急車を呼んでください	เรียกรถพยาบาลหน่อย	リアク ロットパヤバーン ノイ
	道に迷いました	หลงทาง	ロン ターン

曜日・時間	日曜日	วันอาทิตย์	ワンアーティット
	月曜日	วันจันทร์	ワンチャン
	火曜日	วันอังคาร	ワンアンカーン
	水曜日	วันพุธ	ワンプット
	木曜日	วันพฤหัสบดี	ワンプルハッサボーディー
	金曜日	วันศุกร์	ワンスック
	土曜日	วันเสาร์	ワンサオ
	朝	เช้า	チャーオ
	昼	กลางวัน	クラーンワン
	夜	กลางคืน	クラーンクーン
	昨日	เมื่อวานนี้	ムアワーン
	今日	วันนี้	ワンニー
	明日	พรุ่งนี้	プルンニー

数字											
0	ศูนย์	スーン	4	สี่	シー	8	แปด	ペート	1000	หนึ่งพัน	ヌンパン
1	หนึ่ง	ヌン	5	ห้า	ハー	9	เก้า	カウ	1万	หนึ่งหมื่น	ヌンムーン
2	สอง	ソーン	6	หก	ホック	10	สิบ	シップ			
3	สาม	サーム	7	เจ็ด	チェット	100	หนึ่งร้อย	ヌンローイ			

※女性はカー、男性はカップを文末に付けるとていねいな話し方でよい。
※語尾がク、ト、プの場合、実際は発音しないほうが本来の発音に近い。

タイグルメ カタログ

食べたいものの名前は何か、メニューに載っているのはどんな料理なのか、頼み忘れたものはないか。レストランで困ったときは、このカタログを見せて注文しよう。

トム・ヤム・クン
レモングラスや唐辛子を加えて煮込んだエビ入りのスープ。辛みと酸味の調和を楽しみたい

ゲーン・ペット
赤唐辛子を使ったレッドカレーで、かなり辛い。ココナツミルクが入ったものもある

プー・パッポン・カリー
溶き卵でふんわりとじたカニのカレー炒め。マイルドでコクのある味わい。カニが殻ごと豪快に入っている

トム・カー・ガイ
ココナツミルクをたっぷり使った鶏肉のスープ。ココナツのコクと風味があり、マイルドな味

パット・ガパオ
スパイスが効いた鶏挽き肉のホーリーバジル炒めとご飯、目玉焼きを盛り付けたワンプレートごはん

パッタイ
コシのある米麺を使った、甘辛い味の炒め麺。屋台でも高級レストランでも人気のメニュー

ゲーン・マッサマン
鶏肉や牛肉をやわらかく煮込んだイスラム風カレー。具が大きくボリューム満点

ナムプリック
魚のすり身揚げや生野菜を、ピリ辛ソースにつけて味わう前菜の定番

プラー・チョン・ベサ
淡白な白身のライギョを一匹まるごと揚げ、酸味のあるソースで煮込んだもの

タレー・プリオ・ワーン
エビやイカなどのシーフードを、野菜と一緒に甘酢ソースで炒めたもの。味は濃い

トート・マン・クン
エビのすり身揚げ。さつま揚げのようなもので中はふっくら。甘酸っぱいタレで

コーム・ヤーン
豚の首の部分の肉を、タレに漬け込み焼いたもの。タレとしみ出た肉汁でご飯がすすむ

ガイ・ホー・バイトゥーイ
下味をつけた鶏肉をパンダナスの葉で包み揚げ。ハニーソースをつけて食べる

クラトン・トーン
鶏肉のそぼろやとうもろこし、グリーンピースをライスペーパーの器に盛ったもの

ガイ・ヤーン
鶏をまるごと一匹、炭火でじっくり焼き上げたもの。一口大にカットしてくれる店も

クイティアオ・ナムサイ
豚骨でだしをとったあっさり味のスープの麺。麺の上には豚の肉団子やレバーが

バミー・ヘン
小麦と卵でできた麺を使ったスープなしの麺料理。肉や魚の団子がのる。屋台の定番

カノムチーン・ナムヤークン
そうめんのような細麺「カノムチーン」をエビカレーのスープにつけて食べる

カオ・ソーイ
カレースープと卵麺のラーメン。トッピングされた揚げ麺はスープに浸して味わう

カオ・マン・ガイ
鶏のだしで炊いたご飯に、蒸した鶏肉をのせた人気の料理。くせがなく食べやすい

ソムタム・タイ
青パパイヤのスパイシーなサラダ。付け合わせのハーブや野菜と一緒に食べる

ヤム・ウンセン
春雨をシーフードや豚肉などと和えたサラダで、唐辛子の辛みが舌を刺激する

サテ
串焼きのこと。鶏、豚、牛それぞれある。屋台などでも見かけるローカルフード

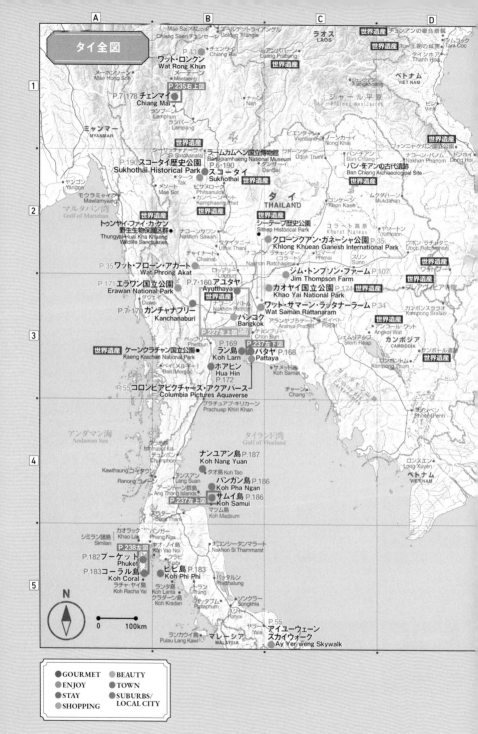

タイ全図

	A	B	C	D

1
世界遺産 チュンアンの複合景観
世界遺産 ホー王朝の城塞 Tam Coc
P.43
ワット・ロンクン
Wat Rong Khun
Maetaeng
チェンセーン Chiang Saen
ゴールデントライアングル Golden Triangle
Mae Sai メーサイ
Chiang Saen チェンセーン
Chiang Rai チェンライ
ラオス LAOS
ルアンパバーン Luang Prabang
世界遺産
ベトナム VIET NAM
P.235右上図
P.7・178 チェンマイ
Chiang Mai
メーホンソーン Mae Hong Son
ミャンマー MYANMAR
ランプーン Lamphun
ランパーン Lampang
ナーン Nan
ジャール平原 Plaines des Jarres

2
世界遺産
ラームカムヘン国立博物館 Ramkhamhaeng National Museum
P.6・190
スコータイ Sukhothai
世界遺産
バン・チアンの古代遺跡 Ban Chiang Archaeological Site
ナコーン・パノム Nakhon Phanom
世界遺産
P.190 スコータイ歴史公園 Sukhothai Historical Park
シーサッチャナーライ Si Satchanalai
ウドーンターニー Udon Thani
バン・チアン Ban Chiang
ヤンゴン Yangon
モウラミャイン Mawlamyaing
メーソート Mae Sot
ピサヌローク Phitsanulok
カンペーンペット Kamphaeng Phet
コーンケン Khon Kaen
ムクダーハーン Mukdahan
世界遺産
トゥンヤイ・ファイ・カ・ケン野生生物保護区群 Thungyai-Huai Kha Khaeng Wildlife Sanctuaries
ナコーンサワン Nakhon Sawan
タイ THAILAND
シーテープ歴史公園 Sithep Historical Park
コラート高原 Khorat Plateau
ヤソートーン Yasothon
ウボン・ラチャタニー Ubon Ratchathani

3
P.35 ワット・プローン・アカート Wat Phrong Akat
ウタイターニー Uthai Thani
チャイナート Chainat
世界遺産
クローンクアン・ガネーシャ公園 P.35 Khlong Khuean Ganesh International Park
ピマーイ Phimai
スリン Surin
世界遺産 P.107
世界遺産
P.171 エラワン国立公園 Erawan National Park
ロッブリー Lopburi
ナコーンラチャシーマー Nakhon Ratchasima
ジム・トンプソン・ファーム Jim Thompson Farm
プレアヴィヒア寺院
P.7・170 カンチャナブリー Kanchanaburi
ダウェイ Dawei
ナコーン・パトム Nakhon Pathom
アユタヤ Ayutthaya
世界遺産
カオヤイ国立公園 P.174 Khao Yai National Park
カンボジア CAMBODIA
世界遺産
バンコク Bangkok
ワット・サマーン・ラッタナーラーム P.34 Wat Saman Rattanaram
カンポンサラオ Kampong Sralao
P.227左上図 P.7
チョンブリー Chon Buri
アランヤプラテート Aranya Prathet
ボイペト Poipet
アンコール・ワット Angkor Wat
世界遺産
ペッブリー Phetburi
P.169
ラン島 Koh Larn
P.237左下図
パタヤ P.168 Pattaya
シェムリアップ Siem Reap
コンポントム Kampong Thom
サンボール遺跡
世界遺産 ケーンクラチャン国立公園 Kaeng Krachan National Park
ホアヒン Hua Hin
P.172
メルギー Beit(Mergui)
サメット島 Koh Samet
チャーン島 Chang
世界遺産
プノンペン Phnom Penh
P.55 コロンビアピクチャーズ・アクアバース Columbia Pictures Aquaverse
プラチュアプ・キリカーン Prachuap Khiri Khan

4
アンダマン海 Andaman Sea
タイランド湾 Gulf of Thailand
ナンユアン島 P.187 Koh Nang Yuan
タオ島 Koh Tao
バンガン島 P.186 Koh Pha Ngan
ロンスエン Long Xuyen
ベトナム VIET NAM
クラ地峡 Isthmus of Kra
チュムポーン Chumphon
Kawthaung コータウン
ラノーン Ranong
ランスアン Lang Suan
アーントーン群島 Ang Thong Islands
サムイ島 P.186 Koh Samui
P.237左上図
マツム島 Koh Madsum
スラタニー Surat Thani

5
シミラン諸島 Similan
カオラック Khao Lak
パンガー Phang Nga
ヤオ・ノイ島 Koh Yao Noi
ナコーンシータンマラート Nakhon Si Thammarat
P.238左図
P.182 プーケット Phuket
P.183 コーラル島 Koh Coral
ラチャ・ヤイ島 Koh Racha Yai
クラビ Krabi
ピピ島 P.183 Koh Phi Phi
ランタ島 Koh Lanta
クラダーン島 Koh Kradan
パッタルン Phatthalung
トラン Trang
ヤラー Yala
パッタニー Pattani
ソンクラー Songkhla
ハジャイ Hatyai
P.55 アイ・イューウェーン スカイウォーク Ay Yer weng Skywalk
ランカウイ島 Pulau Lang Kawi
マレーシア MALAYSIA

N
0 100km

- ●GOURMET
- ●BEAUTY
- ●ENJOY
- ●TOWN
- ●STAY
- ●SUBURBS/LOCAL CITY
- ●SHOPPING

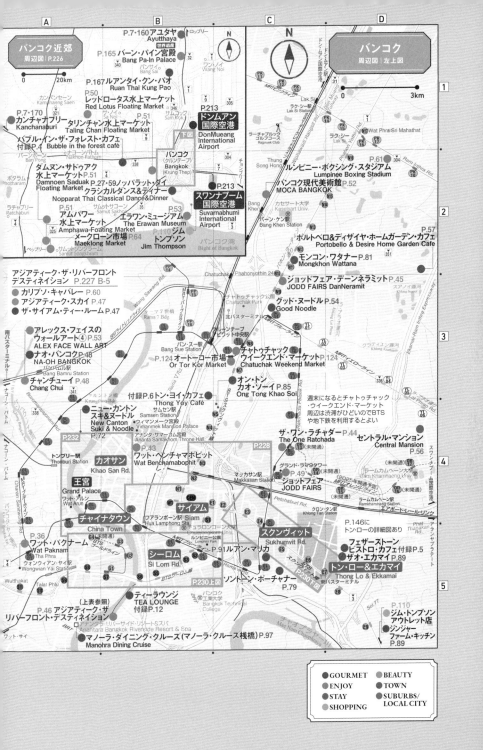

バンコク近郊
周辺図/P.226

バンコク
周辺図/左上図

N

0   20km

0   3km

P.7・160 アユタヤ
Ayutthaya

P.165 バーン・パイン宮殿
Bang Pa-In Palace

P.167 ルアンタイ・クン・パオ
Ruan Thai Kung Pao

P.50
レッドロータス水上マーケット
Red Lotus Floating Market

ドンムアン
国際空港
DonMueang
International
Airport P.213

バンコク
(クルンテープ)
Bangkok
(Krung Thep)

P.7・170
カンチャナブリー
Kanchanaburi

タリンチャン水上マーケット
Taling Chan Floating Market

バブル・イン・ザ・フォレスト・カフェ
付録P.4 Bubble in the forest café

ダムヌン・サドゥアク
水上マーケット P.51
Damnoen Saduak P.27・59 ノッパラット・タイ
Floating Market クラシカルダンス&ディナー
Nopparat Thai Classical Dance&Dinner

スワンナプーム
国際空港
Suvarnabhumi
International
Airport P.213

バンコク湾
Bight of Bangkok

P.61
ルンピニー・ボクシング・スタジアム
Lumpinee Boxing Stadium

バンコク現代美術館 P.52
MOCA BANGKOK

P.51
アムパワー
水上マーケット P.53
Amphawa-Foating Market エラワン・ミュージアム
メークローン市場 P.64 The Erawan Museum
Maeklong Market

ジム
トンプソン
Jim Thompson

P.57
ポルトベロ&デザイヤ・ホームガーデン・カフェ
Portobello & Desire Home Garden Cafe

モンコン・ワタナー P.81
Mongkhon Wattana

ジョッドフェア・デーンネラミット P.45
JODD FAIRS DanNeramit

アジアティーク・ザ・リバーフロント
デスティネイション P.227 B-5

● カリプソ・キャバレー P.60
● アジアティーク・スカイ P.47
● ザ・サイアム・ティー・ルーム P.47

グッド・ヌードル P.54
Good Noodle

アレックス・フェイスの
ウォールアート④ P.53
ALEX FACE WALL ART

ナオ・バンコク P.48
NA-OH BANGKOK

オートーコー市場
Or Tor Kor Market P.124

チャトゥチャック
ウイークエンド・マーケット P.124
Chatuchak Weekend Market

チャンチューイ P.48
Chang Chui

付録P.6 トン・ヨイ・カフェ
Thong Yoy Café

オン・トン
カオ・ソーイ P.85
Ong Tong Khao Soi

週末になるとチャトゥチャック
・ウイークエンド・マーケット
周辺は渋滞がひどいのでBTS
や地下鉄を利用するとよい

ニュー・カントン
スキ&ヌードル
New Canton
Suki & Noodle P.72

ザ・ワン・ラチャダー P.44
The One Ratchada

セントラル・マンション
Central Mansion
P.56

カオサン
Khao San Rd. P.232

ワット・ベンチャマボピット
Wat Benchamabophit P.43

王宮
Grand Palace

ワット・アルン
Wat Arun

ジョッドフェア
JODD FAIRS P.49

P.228

チャイナタウン
China Town

サイアム
Siam

ワット・パクナーム
Wat Paknam P.36

シーロム
Si Lom Rd.

ルアン・マリカ P.91

スクンヴィット
Sukhumvit Rd.

フェザーストーン
ビストロ・カフェ 付録P.5
ザオ・エカマイ P.89

トン・ロー&エカマイ
Thong Lo & Ekkamai P.146にトン・ローの詳細図あり

ソントン・ポーチャナー P.79

P.110
ジム・トンプソン
アウトレット店

ジンジャー
ファーム・キッチン
P.89

P.230上図

ティーラウンジ
TEA LOUNGE
付録P.12

(上表参照)
P.46 アジアティーク・ザ・
リバーフロント・デスティネイション

マノーラ・ダイニング・クルーズ(マノーラ・クルーズ桟橋) P.97
Manohra Dining Cruise

● GOURMET   ● BEAUTY
● ENJOY   ● TOWN
● STAY   ● SUBURBS/
● SHOPPING   LOCAL CITY

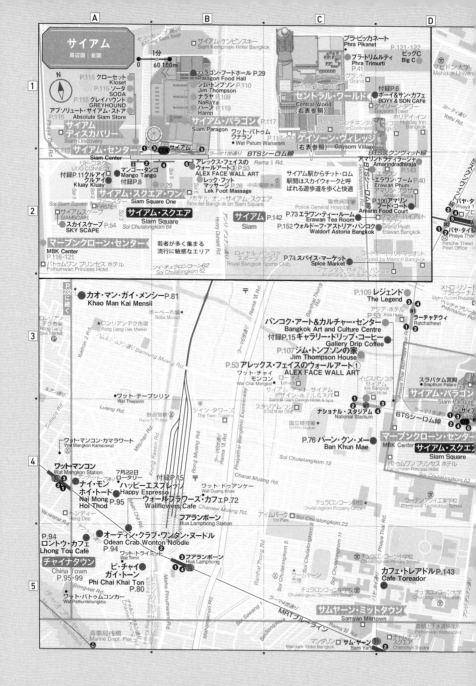

サイアム

周辺図｜右図

付録P.6

A

P.115 クローセット
Kloset
P.115 ソーダ
SODA
P.115 グレイハウンド
GREYHOUND
アブソリュート・サイアム・ストア
P.115
Absolute Siam Store

サイアム
ディスカバリー
Siam Discovery

P.115

サイアム・センター
Siam Center

マンゴー・タンゴ
Mango Tango
付録P.8

クルアイ・クルアイ
付録P.11
Kluay Kluay

サイアム・スクエア・ワン
Siam Square One

ファーストラー
FIRSTER
SIAMSCAPE
スカイスケープ P.54
SKY SCAPE

マーブンクローン・センター
MBK Center
P.116・121
パトゥムワン プリンセス ホテル
Pathumwan Princess Hotel

B

サイアム・ケンピンスキー
Siam Kempinski Hotel Bangkok

1分
0   60 100m

パラゴン・フードホール P.29
Paragon Food Hall
ジム・トンプソン P.110
Jim Thompson
ナラヤ P.109
NaRaYa
ハーン P.119
Harnn

サイアム・パラゴン P.117
Siam Paragon

ワット・パトゥム
ワナラン
Wat Patum Wanaram

サイアム

アレックス・フェイスの
ウォールアート③ P.53
ALEX FACE WALL ART
レック・フット
マッサージ P.28
Lek Foot Massage

ノボテル・オン・サイアム・スクエア
Novotel Bangkok on Siam Square

サイアム・スクエア
Siam Square

Soi Chulalongkorn 64

ロイヤル・バンコク
スポーツ・クラブ
Royal Bangkok Sports Club

ソイ・チュラロンコーン62
Soi Chulalongkorn 62

C

プラ・ピッカネート
Phra Pikanet
プラ・トリムルティ P.41
Phra Trimurti

セントラル・ワールド
Central World
(右表参照)

ゲイソーン・ヴィレッジ
Gaysorn Village

Rama 1 Rd.
BTSシーロム線

サイアム駅からチット・ロム
駅間はスカイウォークと呼
ばれる遊歩道を歩くと快適

警察病院
Police General Hospital

サイアム P.142
Siam
P.73 エラワン・ティー・ルーム
Erawan Tea Room
P.152 ウォルドーフ・アストリア・バンコク
Waldorf Astoria Bangkok

P.74 スパイス・マーケット
Spice Market
アナンタラ・サイアム・バンコク
Anantara Siam Bangkok

D

マヒドン大学
Mahidon University

ホイ＆サン・カフェ
BOYY & SON CAFe
ゲイソーン・タワー
Gayson Tower
ホリデイ・イン
Holiday Inn
Bangkok

アマリンドラヒラジャ
Amarindrahiraja
エラワン・プーム P.40
Erawan Phum
アマリン・プラザ
Amarin Plaza
P.100 アマリン・フード・コート
Amarin Food Court
グランド・ハイアット
Grand Hyatt
エラワン・バンコク
Erawan Bangkok

コートヤード・バイ・マリオット
Courtyard by Marriott Bangkok

1

2

P.232に続く

3

カオ・マン・ガイ・メンシー P.81
Khao Man Kai Mensii

ボーベー市場
Bobe Market

ロンリアン
デク市場
Rong Liang
Dek Market

P.109 レジェンド
The Legend

アシア・ホテル
Asia Hotel

バンコク・アート＆カルチャー・センター
Bangkok Art and Culture Centre
付録P.15 ギャラリー・ドリップ・コーヒー
Gallery Drip Coffee
P.107 ジム・トンプソンの家
Jim Thompson House
P.53 アレックス・フェイスのウォールアート①
ALEX FACE WALL ART

ワット・チャイ
Wat Chai Mongkol
サイアム・アット・サイアム
デザイン・ホテル＆スパ
Siam @ Siam Design Hotel & Spa
イビス・バンコク
サイアム
ibis Bangkok
Siam

ラーチャテウィ
Ratchathewi

メトロ・リゾート
プラトゥーナーム
Metro Resort Pratunam

スラパタム宮殿
Srapthum Palace

サイアム・パラゴン
Siam Paragon

ワット・テープシリン
Wat Thepsirin

Bamrung Muang Rd.

ツイン・タワーズ
The Twin Towers

鉄道警察
Railway Police

スタジアム・ワン
STADIUM ONE

国立競技場

ナショナル・スタジアム
National Stadium

BTSシーロム線

マーブンクローン・センター
MBK Center

サイアム・スクエア
Siam Square

4

ワット・マンコン・カマラワート
Wat Mangkon Kamalawat

ワットマンコン
Wat Mangkon Station

7月22日
ロータリー

ナイ・モン
ホイ・トード
Nai Mong
Hoi Thod

ハッピーエスプレッソ
Happy Espresso

付録P.15

P.95 ウォールフラワーズ・カフェ P.72
Wallflowers Cafe

ヘンジー
Heng Dee

P.94
ロントウ・カフェ
Lhong Tou Café

チャイナタウン
China Town
P.95・99

ワット・ドゥアンケー
Wat Duang Khae

フアランポーン
Hua Lamphong Station

オーディン・クラブ・ワンタン・ヌードル
Odean Crab Wonton Noodle
P.94

ワット・トライミット
Wat Trimit

ピ・チャイ・
ガイ・トーン
Phi Chai Khai Ton P.80

ワット・パトゥムコンカー
Wat Pathumkhongkha

海事局桟橋
Marine Dept. Pier

P.76 バーン・クン・メー
Ban Khun Mae

Soi Chulalongkorn 12

Charat Muang Rd.

チュラロンコーン病院
Chulalongkorn Hospital

チュラロンコーン
Chulalongkorn Property Office

I'm パーク
I'm Park

Soi Chulalongkorn 22

チュラロンコーン小学校
Chulalongkorn Primary School

チュラロンコーン中学校
Chulalongkorn Secondary School

MRTブルーライン
Rama IV Rd.

サムヤーン・ミットタウン
Samyan Mitrtown

マンダリン ホテル バンコク
Mandarin Hotel Bangkok

サム・ヤーン
Sam Yan

ウーテンタイ工業大学
University of Technology School

チュラロンコーン大学
Chulalongkorn University

カフェ・トレアドル P.143
Cafe Toreador

首都圏上下水道現況所
Pathumwan Waterworks

チャムチュリ
スクエア
Chamchuri Square

5

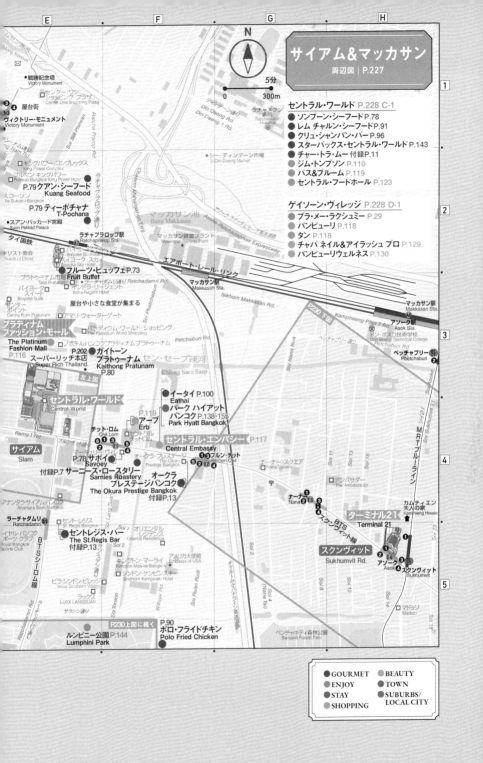

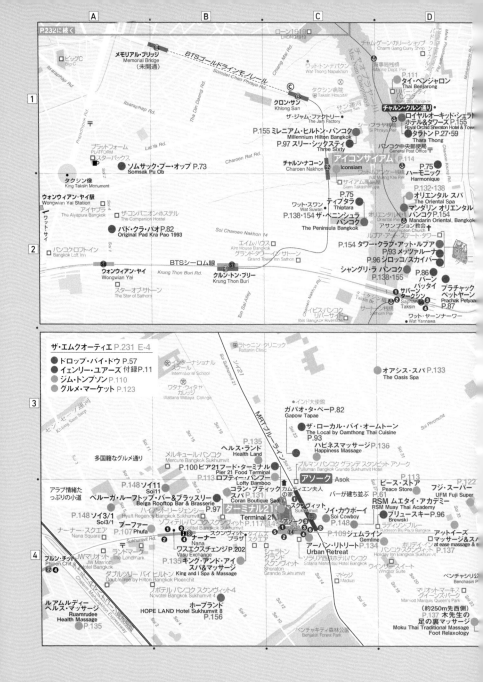

P.232に続く

A
B
C
D

1

2

ビッグC
Big C

メモリアル・ブリッジ
Memorial Bridge
（未開通）

BTSゴールドラインモノレール

タクシン病院
Taksin Hospital

クロン・サン
Khlong San

ザ・ジャム・ファクトリー
The Jam Factory

P.155 ミレニアム・ヒルトン・バンコク
Millennium Hilton Bangkok

P.97 スリー・シックスティ
Three Sixty

スターバックス

タクシン像
King Taksin Monument

ソムサック・プー・オップ P.73
Somsak Pu Op

ウォンウィアン・ヤイ駅
Wongwian Yai Station

ザ・コンパニオン・ホステル
The Companion Hostel

バンコク・ロフト・イン
Bangkok Loft Inn

パッ・クラ・パオ P.82
Original Pad Kra Pao 1993

ウォンウィアン・ヤイ
Wongwian Yai

BTSシーロム線

スター・オブ・サトーン
The Star of Sathorn

チャルン・ナコーン
Charoen Nakhon

ワット・スワン
Wat Suwan

ティプタラ
Thiptara

P.138・154 ザ・ペニンシュラ
バンコク
The Peninsula Bangkok

クルン・トン・ブリー
Krung Thon Buri

チャルン・ゲーン・カリー・ショップ
Charm Gang Curry Shop

海事局桟橋
Marine Dept. Pier

P.111
タイ・ベンジャロン
Thai Benjarong

チャルン・クルン通り

P.155 ロイヤル・オーキッド・シェラ
ホテル&タワーズ P.155
Royal Orchid Sheraton Hotel & Tow

タラトン
Thara Thong

バンコク中央郵便局
General Post Office

アイコンサイアム
Iconsiam

P.75
ハーモニック
Harmonique

P.132・138
オリエンタル スパ
The Oriental Spa

マンダリン オリエンタル
バンコク P.154
Mandarin Oriental, Bangkok

P.154 タワー・クラブ・アット・ルブア
P.93 メッツァルナ
P.96 シロッコ/スカイバー

シャングリ・ラ バンコク P.138・155

P.86
バーン
パッタイ

プラチャック
ペットヤーン
Prachak Petyaon
P.87

ワット・ヤーンナーワー
Wat Yannawa

3

4

ザ・エムクオーティエ P.231 E-4

● ドロップ・バイ・ドゥ P.57
● イェンリー・ユアーズ 付録 P.11
● ジム・トンプソン P.110
● グルメ・マーケット P.123

インターナショナル
スクール
International School

ワタナ・ウィタヤ
カレッジ
Wattana Wittaya College

ラタナコーシン・クリニック
Rattanin Clinic

オアシス・スパ P.133
The Oasis Spa

インド大使館

多国籍なグルメ通り

メルキュール・バンコク
Mercure Bangkok Sukhumvit

ガパオ・タ・ペー P.82
Gapow Tapae

ザ・ローカル・バイ・オームトーン
The Local by Oamthong Thai Cuisine
P.93

ハピネスマッサージ P.136
Happiness Massage

ヘルス・ランド
Health Land

P.100 ピア21フード・ターミナル
Pier 21 Food Terminal

P.113 ロフティー・バンブー
Lofty Bamboo

コラン・ブティック
スパ P.131
Coran Boutique Spa

プルマン バンコク グランデ スクンビット アソーク
Pullman Bangkok Grande Sukhumvit Hotel

アソーク Asok

P.113
ピース・ストア
Peace Store

P.61
フジ・スーパー
UFM Fuji Super

P.122

アラブ情緒た
っぷりの小道

P.148 ソイ11
Soi11

ベルーガ・ルーフトップ・バー&ブラッスリー
Belga Rooftop Bar & Brasserie

ハイアット リージェンシー P.97
Hyatt Regency Bangkok Sukhumvit

P.148 ソイ3/1
Soi3/1

プーファー
Phufa
P.107

ソフィテル・バンコク・スクンヴィット P.117・148
Sofitel Bangkok Sukhumvit

ナーナー・スクエア
Nana Square

ランドマーク
The Landmark

ナーナー
Nana

ワスエクスチェンジ P.202
Vasu Exchange

ターミナル21 P.117・148
Terminal 21

キング・アンド・アイ
スパ&マッサージ P.135
King and I Spa & Massage

カムティエン夫人
の家

スクンヴィット
Sukhumvit

バーが建ち並ぶ

ソイ・カウボーイ
Soi Cowboy

RSM ムエタイ・アカデミー
RSM Muay Thai Academy
P.148

ブリュースキー P.96
Brewski

ラディソン・ブル

アットイーズ
at ease massage & Sp
P.137

ホリデイ イン バンコク
スクンヴィット
Holiday Inn Bangkok Sukhumvit

JWマリオット
JW Marriott
Hotel Bangkok

プルン・チット
Phloen Chit

ダブルツリー バイ ヒルトン バンコク
DoubleTree by Hilton Bangkok Ploenchit

ノボテル バンコク スクンヴィット4
Novotel Bangkok Sukhumvit 4

ホープランド
HOPE LAND Hotel Sukhumvit 8
P.156

シェラトン
グランデ
スクンヴィット
Sheraton
Grande Sukhumvit

アーバン・リトリート
Urban Retreat
P.134

ジェムライン
Gemline
P.109

ソラリア西鉄ホテルバンコク
Solaria Nishitetsu Hotel Bangkok

ウィンザー・スイート
Windsor Suite

ルアムルディー
ヘルス・マッサージ
Ruamrudee
Health Massage
P.135

ベンチャキティ森林公園
Benjakiti Forest Park

マリオット・マーキ
Marriott Marquis Queen's Park

（約250m先西側）
P.137 木先生の
足の裏マッサージ
Moku Thai Traditional Massage
Foot Relaxology

ベンチャシリ公園
Benchasiri P

シーロム

E **F** **G** **H**

サムヤーン・ミットタウン
Samyan Mitrtown
マンダリン
Mandarin Hotel Bangkok

サム・ヤーン
Sam Yan
ワット・ファランポーン
Wat Hualamphong

MRTブルー
ライン

チャムチュリ

スネーク・ファーム
Snake Farm

チュラロンコン
大学病院
Chulalongkorn University Hospital

ルンピニー公園 P.144
Lumphini Park

在タイ日本国大使館
Embassy of Japan

1

シー・プラヤー通り
Si Phraya Rd.

ヤオ・ルーフトップ
バー P.96
Yao Rooftop Bar

モンティエン
ル・メリディアン・バンコク
Le Méridien Bangkok

ジム・トンプソン
Jim Thompson

ラーマ6世像
Rama VI Statue

ルンピニー公園
フードコート P.99
Lumphini Park
Food Court

アマラ
Amara

タニヤ通り
Thaniya Rd.

サラ・デーン
Sala Daeng

クロック・タワー
Clock Tower

シーロム・スクウェア・フード・センター P.145
Silom Square Food Center

バンコク・マリオット
ホテル・ザ・スリウォン P.153
Bangkok Marriott Hotel The Surawongse

パッポン通り P.99
Patphong Rd.

パッポン・ナイト・バザール
Patpong Night Bazaar

ソムタム・ダー
Somtum Der

P.113 ドイトン・ライフスタイル
DoiTung Lifestyle

P.83

SO バンコク
SO Bangkok P.156

SO バンコク
ルンピニー

P.145 ワット・プラ・シー
Wat Phra Sri Maha Uma Devi

ハイ・ソム・タム
コンベント
Hai Som Tam
Convent

MKゴールド
サデーン店 P.83
MK Gold Saladang

ウス・オブ・テイスト
タイ料理教室 P.62
111 アニタ
アイ・シルク
ita Thai Silk

クィティアオ
Kwitiau Sipsong Panna

P.87
イェンタフォー・ワット・ケーク
付録P.13
Yentafoo Wat Khek

シップ・ソン・パンナー

P.92
LE DU

チョン・ノンシー
Chong Nonsi

BNH病院

シーロム P.144

カルパプルック
P.74

マハナコン
Mahanakhon

ティース
TEASE

ウ32ディヴァナ
ヴァーチュ・スパ P.145
Divana Virtue Spa

マハナコン・スカイウォーク P.145
Mahanakhon Skywalk

シーロム P.144
Si Lom Rd.

ダンイン
タンイン
Thanying Restaurant

セント・ルイス
Saint Louis

バーン・カニタ
&ギャラリー P.145
Baan Khanitha & Gallery

2

バーン
ソムタム
Baan
Somtum P.72

スラサック
Surasak

ブルー・エレファント P.93
Blue Elephant

W/バンコク

アスコット・サートーン
Ascott Sathorn

セント・ルイス病院
St. Louis Hospital

バンコク・シティ・タワー
Bangkok City Tower

ザ・スコータイ・バンコク
The Sukhothai Bangkok

コモ・メトロポリタン・
バンコク
COMO METROPOLITAN
BANGKOK

バンヤン・ツリー・バンコク
Banyan Tree Bangkok P.97

スパ・ボタニカ
Spa Botanica

ヴァーティゴ&ムーン・バー
Vertigo & Moon Bar

N

5分
0 300m

シーロム
周辺図 | P.227

スクンヴィット通り周辺

P.111 ソップ・モエ・アーツ
Sop Moei Arts

日本村

グランド・センター
ポイント・スクンヴィット55
Grande Centre Point Sukhumvit 55

アン・ファッション
ビンテージ P.147
(un) FASHION Vintage
サバーイジャイ P.90
Sabaijai

トン・ロー
Thong Lo

レッツリラックス・スパ&温泉 P.131
Let's Relax Spa & Onsen

日本料理店が
集まる複合施設

サミティベート病院スクムビット
Samitivej Hospital Sukhumvit

P.146 ソイ55
(トン・ロー)
Soi 55(Thong Lo)

スパンニガ・イーティング・ルーム P.77・147
Supanniga Eating Room

ソイ63(エカマイ)
Soi 63(Ekkamai)

インターナショナル・タイ・ダンス・アカデミー P.59
International Thai Dance Academy

ソウルラバーカフェ 付録P.11
Soulslover café+++

P.92 キャンバス
Canvas

トップス・マーケット
Top's Market

エカマイ P.146
Ekkamai

バーデン 付録P.9
PARDEN
ザ・マナー
The Manor

P.88 クアクリンパックソッド
Khua Kling Pak Sod

P.88 バーン・アイス
Baan Ice

トン・カオ
Ton Kao

ニア・イコール
Near Equal

フィル・コーヒー 付録P.14
Phil Kaffe

P.121・146 レモン・ファーム
Lemon Farm

サマセット・エカマイ
バンコク
Somerset Ekkamai
Bangkok

ザ・エムクオーティエ
The EmQuartier P.117・149

ワット・ポー・マッサージスクール
スクムビット校 P.129
Wat Pho Massage School

P.92 ガー
Gaa

フィフティフィフス・トンロン
Fitty Fifth Thonglon

P.28 オクターブ・ルーフトップ
ラウンジ&バー
Octave Rooftop Lounge & Bar

ワット・ポー・マッサージスクール
スクムビット校 直営店39 の店

ケイ先生のタイ料理教室 P.63
クーン P.109
Koon

ボラン
Bolan

ウー・アーバン
ラスティック・タイ
Err Urban Rustic Thai

バンコク・マリオット・ホテル・スクンヴィット
Bangkok Marriott Hotel Sukhumvit
メジャー・シネプレックス
Major Cineplex

エカマイ
Ekkamai

イム・チャーン P.86
Imm Chan

プロン・ポン
Phrom Phong

P.55 ディチャン・ジェラート

ネイチャー・タイ・マッサージ P.137
Nature Thai Massage

ホテル・ニッコー・バンコク
hotel nikko bangkok

メー・ワリー
Mae Varee Sweet Sticky Rice with Mango

フィリピン大使館

トン・ロー
Thong Lo

バミー・コン・セーリー
Bamii Khon Saelee P.85

プラネタリウム&科学博物館
Bangkok Planetarium & Scientific Museum

東バスターミナル
ゲートウェイ・エカマイ
Gateway Ekkamai

ザ・エンポリアム
The Emporium P.149

ルン・ルアン P.85
Rung Rueng

ダブルツリー
Double Tree

スクンヴィット P.148
Sukhumvit

ヒルトン・スクンヴィット・バンコク
Hilton Sukhumvit Bangkok

徐瑞鴻診療所
Chee Sui Hong P.136

マンゴー・マニア
Mango Mania
付録P.11

4

タリン・プリン
Taling Pling P.76

アジアハーブアソシエイション
プロンポン店 P.134
Asia Herb Association
Phrom Phong Shop

リコス 付録P.7
RICO'S

イチリン ウェルネス P.129
Ichirin Wellness

ネイス 付録P.7
Nais

N

5分
0 300m

スクンヴィット通り周辺
周辺図 | P.227

● GOURMET ● BEAUTY
● ENJOY   ● TOWN
● STAY   ● SUBURBS/
● SHOPPING   LOCAL CITY

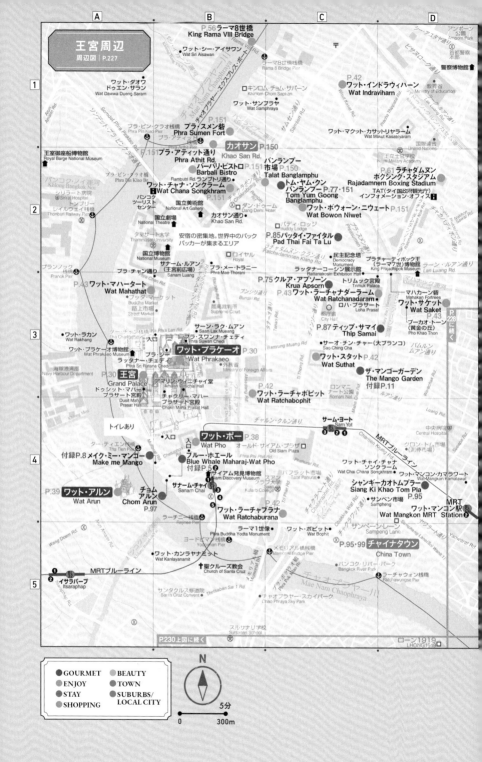

王宮周辺
周辺図 | P.227

P.56 ラーマ8世橋
King Rama VIII Bridge

ワット・シー・アイサワン
Wat Sri Aisawan

ラーマ8世橋桟橋
Rama 8 Bridge Pier

キンロム・チョム・サパーン
Khinlom Chom Saptan

ワット・サンプラヤー
Wat Samphraya

ワット・ダオワ
ドゥエン・サラン
Wat Dawwa Duang Saram

P.42
ワット・インドラウィハーン
Wat Indraviharn

警察博物館

ワット・マクット・カサットリヤラーム
Wat Makut Kasatriyaram

王室御座船博物館
Royal Barge National Museum

プラ・ピン・クラオ桟橋
Phra Pin Klao Pier

プラ・スメン砦
Phra Sumen Fort

カオサン P.150

シリラート病院
Siriraj Hospital

トンブリー
レイルウェイ桟橋
Thonburi Railway Pier

P.151 プラ・アティット通り
Phra Athit Rd.

バーバリ・ビストロ
Barbali Bistro

カオサン通り
Khao San Rd.

バンランプー
市場
Talat Banglamphu P.150

トム・ヤム・クン
バンランプー P.77・151
Tom Yum Goong
Banglamphu

ラチャダムヌン
ボクシング・スタジアム
Rajadamnern Boxing Stadium

P.61

TAT(タイ国政府観光庁)
インフォメーション・オフィス P.151

プラ・ピン・クラオ通り
Phra Pin Klao Rd.

ラムブトリ通り
Rambutri Rd.

ワット・チャナ・ソンクラーム
Wat Chana Songkhram

バンコク
ツーリストセンター
Tourist Center

ダン・ドーム
Dang Derm Hotel

ワット・ボウォーン・ニウェート
Wat Bowon Niwet P.151

国立美術館
National Art Gallery

カオサン通り
Khao San Rd.

バディ・ロッジ
Buddy Lodge

国立劇場
National Theatre

タマサート大学
Thammasart University

安宿の密集地。世界中のバックパッカーが集まるエリア

P.85 パッタイ・ファイタル
Pad Thai Fai Ta Lu

ロイヤル
Royal

国立博物館
National Museum

プランノック桟橋
Pranok Pier

プラ・チャン通り
Phra Chan Rd.

サナーム・ルアン
(王宮前広場)
Sanam Luang

プラ・メー・トラニー
Phra Mae Thorani

民主記念塔
Democracy Monument

ラッタナーコーシン展示館
Rattanakosin Exhibition Hall

P.75 クルア・アプソーン
Krua Apsorn

プラチャーティポック王
(ラーマ7世)博物館
King Prajadhipok Museum

ラーン・ルアン通り
Lan Luang Rd.

P.43 ワット・マハータート
Wat Mahathat

ブッダ・マーケット
Buddha Market

路上市場
Street Market

最高裁判所
Supreme Court

P.43 ワット・ラーチャナダーラーム
Wat Ratchanadaram

マハーカーン砦
Mahakan Fortress

ワット・サケット
Wat Saket P.43

ロハ・プラサート
Loha Prasat

ブーカオ・トーン
(黄金の丘)
Pho Khao Thon

P.に続く

ワット・ラカン
Wat Rakhang

サーン・ラク・ムアン
Saan Lak Mueang

バムルン
ムアン通り

ワット・プラケーオ博物館
Wat Phrakaeo Museum

プラ・シー・ラッタナー・チェディ
Phra Sri Ratana Chedi

ラッタナー・チェディ

ワット・プラケーオ
Wat Phrakaeo P.30

市役所
City Hall

サーオ・チン・チャー(大ブランコ)
Sao Ching Cha

P.87 ティップ・サマイ
Thip Samai

海軍港湾司令部
Navy Harbour Department

外務省
Ministry of Foreign Affairs

ワット・スタット
Wat Suthat P.42

ザ・マンゴーガーデン
The Mango Garden
付録.11

王宮
Grand Palace P.30

ドゥシット・マハー
プラサート宮殿
Dusit Maha Prasat Hall

アマリン・ウィニチャイ堂
Amarin Winichai Hall

チャクリー・マハー
プラサート宮殿
Chakri Maha Prasat Hall

ロマニー
ナート公園
Romani Nat

ワット・ラーチャボピット
Wat Ratchabophit P.42

トイレあり

サーム・ヨート
Sam Yot

MRTブルーライン

中央郵便局
Central Post

クロン・トム市場
(泥棒市場)

付録P.8 メイク・ミー・マンゴー
Make me Mango

ワット・ポー
Wat Pho P.38

オールド・サイアム・プラザ
Old Siam Plaza

ブルー・ホエール
Blue Whale Maharaj-Wat Pho
付録P.5

ワット・チャイ・チャナ
ソンクラーム
Wat Chai Chana Songkhram

ワット・マンコン・カマラワート
Wat Mangkon Kamalawat

ターティエン桟橋
Tha Tien Pier

サイアム発見博物館
Siam Discovery Museum

サナーム・チャイ
Sanam Chai

タラート・パフラット市場
Talat Pahurat

シャンキーカオトムプラー
Siang Ki Khao Tom Pla

サンペン市場
Sampheng

P.95

ワット・アルン
Wat Arun P.39

チョム
アルン
Chom Arun P.97

ラーチニー桟橋
Rajinee Pier

ワット・ラーチャブラナ
Wat Ratchaburana P.42

チャオプラヤー通り

MRT
ワット・マンコン駅
Wat Mangkon MRT Station

ラーマ1世像
Phra Buddha Yodfa Monument

ワット・ボピット
Wat Bophit

サンペン・レーン
Sampeng Lane

ワット・カンラヤナミット
Wat Kanlayanamit

P.42

メモリアル橋桟橋
Memorial Bridge Pier

ヤワラート通り
Yaowarat Rd.

ワン・ドーム通り
Wang Doem Rd.

P.95・99 チャイナタウン
China Town

聖クルーズ教会
Church of Santa Cruz

バンコク・リバー・パーク
Bangkok River Park

MRTブルーライン

イサラパープ
Itsaraphap

サンタクルス修道院
Santa Cruz Convent

ターサバーン・サイ1 Rd.
Thesaban Sai 1 Rd.

ラーチャウォン桟橋
Ratchawongse Pier

メナム・チャオプラヤー川
Mae Nam Chaophraya

チャオプラヤー・スカイパーク
Chao Phraya Sky Park

スルサナリ学校
Sursanari School

P.230 上図に続く

ローン1919
LHONG 1919

GOURMET
ENJOY
STAY
SHOPPING

BEAUTY
TOWN
SUBURBS/
LOCAL CITY

N

5分

0   300m

232

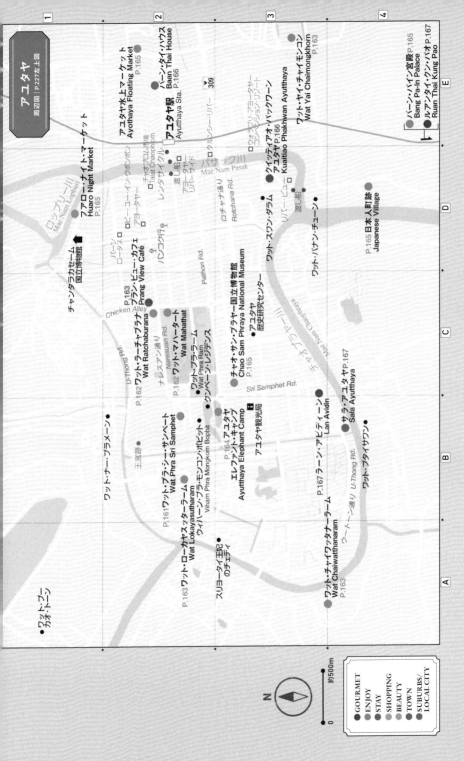

アユタヤ
周辺図 | P.227左上図

ワット・プー・カオ・トーン ●

ロッブリー川 Mae Nam Lopburi

フアロー・ナイト・マーケット
Huaro Night Market
P.165

チャンタラカセーム
国立博物館

ワット・ナー・プラメーン ●

バーン・ロータス ●

王宮跡 ●

P.162 ワット・ラーチャブラナ
Wat Ratchaburana P.163
Chicken Alley
ナレスアン通り
Naresuan Rd.

プラーン・ビュー・カフェ
Prang View Café

ワット・マハタート
Wat Mahathat

ワット・プラ・ラーム
Wat Phra Ram
P.162 クンペーン・レジデンス

P.161 ワット・プラ・シー・サンペート
Wat Phra Sri Samphet

ワット・ローカヤスッターラーム
Wat Lokayasutharam
ヴィハーン・プラ・モンコン・ボピット
Viharn Phra Mongkom Bophit

スリヨータイ王妃
のチェーディ ●

U-Thong Rd.

ワット・チャイワッタナーラーム
Wat Chaiwatthanaram
P.163

Pathon Rd.

チャオ・サン・プラヤー国立博物館
Chao Sam Phraya National Museum
P.165

Sri Samphet Rd.

P.164 アユタヤ
エレファント・キャンプ
Ayutthaya Elephant Camp
アユタヤ観光局

サラ・アユタヤ P.167
Sala Ayutthaya
Lan Avidin

ラーン・アビディーン P.167
ウートーン通り U-Thong Rd.

ワット・プラダイサワン ●

アユタヤ水上マーケット
Ayothaya Floating Market
P.165

バーン・タイ・ハウス
Baan Thai House P.166

アユタヤ駅
Ayutthaya Sta.

チャオプロム市場
Talat Chaoprom
ビー・ユー・イン・ポボン
アヨーター
アヨーター
リバーサイド

渡し船

ロチャナ通り
Rotchana Rd.

パサック川
Mae Nam Pasak

ワット・スワン・ダラム

ワット・パナン・チューン ●

309

ウォラブリー・アユタヤ
コンベンション・リゾート

クイッティアオ・パックワン
Kuaitiao Phakhwan Ayutthaya
アユタヤ P.166

リバー・ビュー
渡し船

ワット・ヤイ・チャイモンコン
Wat Yai Chaimongkhon
P.163

チャオプラヤー川 Mae Nam Chaophraya

日本人町跡 P.165
Japanese Village

バーン・パイン宮殿 P.165
Bang Pa-In Palace
ルアン・タイ・クン・パオ P.167
Ruan Thai Kung Pao

N

0 ─── 約500m

● GOURMET
● ENJOY
● STAY
● SHOPPING
● BEAUTY
● TOWN
● SUBURBS/
  LOCAL CITY

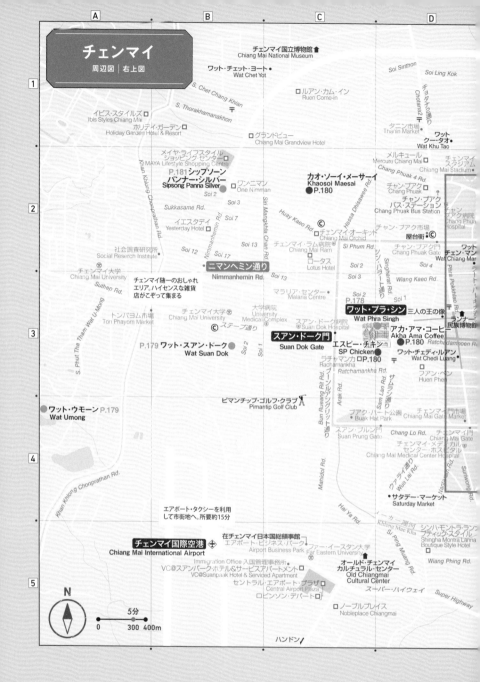

チェンマイ

周辺図 | 右上図

チェンマイ国立博物館
Chiang Mai National Museum

ワット・チェット・ヨート
Wat Chet Yot

S. Chet Chang Khian

ルアン・カム・イン
Ruen Come-in

イビス・スタイルズ
Ibis Styles Chiang Mai

S. Thorakhamanakhon

ホリデイ・ガーデン
Holiday Garden Hotel & Resort

タニン市場
Thanin Market

ワット・
クー・タオ
Wat Khu Tao

グランドビュー
Chiang Mai Grandview Hotel

メルキュール
Mercure Chiang Mai

チェンマイ
スタジアム
Chiang Mai Stadium

メイヤ・ライフスタイル
ショッピング・センター
MAYA Lifestyle Shopping Centre

Chang Phuak 4 Rd.

P.181 シップソーン
パンナー・シルバー
Sipsong Panna Silver

ワン・ニマン
One Nimman

カオ・ソーイ・メーサーイ
Khaosoi Maesai
● P.180

チャン・プアク
Chang Phuak

チャン・プアク
バス・ステーション
Chang Phuak Bus Station

チャン
プアク病院
Chang Phuak
Hospital

Soi 2

Soi 3

Hassa Dhisawee Rd.

Soi 7

Sukkasame Rd.

イエスタデイ
Yesterday Hotel

Soi 13

チェンマイ・オーキッド
Chiang Mai Orchid

チャン・プアク門
Chang Phuak Gate

ワット・
チェンマイ
Wat Chiang Mai

社会調査研究所
Social Reserch Institute

Soi 12

Soi 17

チェンマイ・ラム病院
Chiang Mai Ram

Si Phum Rd.

チャン・プアク市場
屋台街 ●ⓒ

Soi 2

Soi 4

ニマンヘミン通り
Nimmanhemin Rd.

Soi 13

ロータス
Lotus Hotel

Soi 3

Wiang Kaeo Rd.

チェンマイ大学
Chiang Mai University

Suthep Rd.

チェンマイ随一のおしゃれ
エリア。ハイセンスな雑貨
店がこぞって集まる

Soi 2

マラリア・センター
Malaria Centre

Soi 1

Soi 2
P.178

ワット・プラ・シン
Wat Phra Singh

三人の王の像

ランナー
民族博物館

トンパヨム市場
Ton Phayom Market

チェンマイ大学
Chiang Mai University

ⓒ

大学病院
University
Medical Complex

ステープ通り

スアン・ドーク病院
Suan Dok Hospital

アカ・アマ・コーヒー
Akha Ama Coffee
● P.180

Ratchadamnoen Rd.

P.179 ワット・スアン・ドーク
Wat Suan Dok

Soi 2

スアン・ドーク門
Suan Dok Gate

エスピー・チキン
SP Chicken

ワット・チェディ・ルアン
Wat Chedi Luang

ラチャマンカ Ⓟ P.180
Ratchamankha

ラチャマンカ通り
Ratchamankha Rd.

フアン・ペン
Huen Phen

ワット・ウモーン P.179
Wat Umong

Bun Rueang Rit Rd.

スアン・ドーク門
Rd.

San Lan Rd.

サムラン通り

Arak Rd.

ブアク・ハート公園
Buak Hat Park

チェンマイ門市場
Chiang Mai Gate Market

ピマンチップ・ゴルフ・クラブ
Pimantip Golf Club

スアン・プルン門
Suan Prung Gate

Chang Lo Rd.

チェンマイ門
Chiang Mai Gate

チェンマイ・メディカル・
センター・ホスピタル
Chiang Mai Medical Center Hospital

Wua Lai Rd.

Mahidol Rd.

サタデー・マーケット
Saturday Market

Hai Ya Rd.

エアポート・タクシーを利用
して市街地へ。所要約15分

Khlong Mae Kha

S. Ping Muang Rd.

シンハモントラ・ランナー・
ブティック・スタイル
Shingha Montra Lanna
Boutique Style Hotel

チェンマイ国際空港
Chiang Mai International Airport

在チェンマイ日本国総領事館

エアポート・ビジネス・パーク
Airport Business Park

ファー・イースタン大学
Far Eastern University

Wiang Phing Rd.

Immigration Office 入国管理事務所

VC@スアンパーク・ホテル&サービスアパートメント
VC@Suanpaak Hotel & Serviced Apartment

オールド・チェンマイ
カルチュラル・センター
Old Chiangmai
Cultural Center

セントラル・エアポート・プラザ
Central Airport Plaza

スーパー・ハイウェイ

Super Highway

ロビンソン・デパート
Robinson

ノーブルプレイス
Nobleplace Chiangmai

5分

0   300 400m

N

ハンドン

Khan Khlong Chonprathan Rd.

S. Phut Tha Tham Wat U-Mong

Sirimangkhla Chan Rd.

Nimmanhemin Rd.

Huay Kaeo Rd.

Singharat Rd.

Phra Pokklao Rd.

Sunwong Rd.

チェンマイ大学
Chiang Mai University

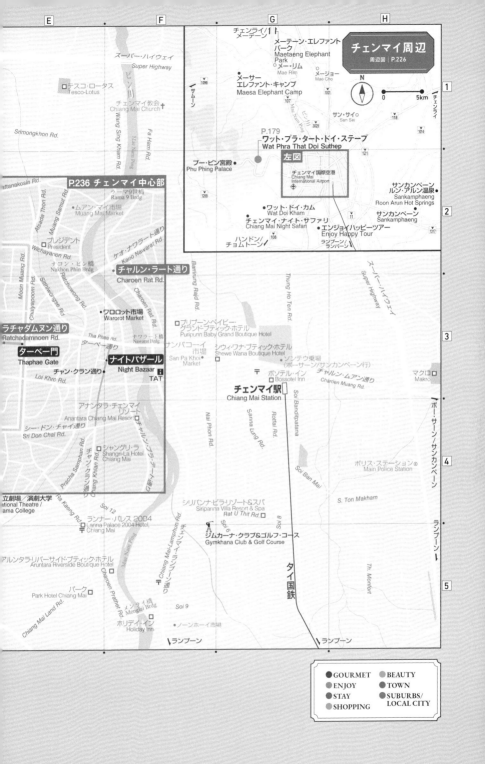

E   F   G   H

チェンライ↑
メーテーン
メーテーン・エレファント
パーク
Maetaeng Elephant
Park
メー・リム
Mae Rim

メージョー
Mae Cho

チェンマイ周辺
周辺図 | P.226

N

0   5km

チェンライ↓

スーパー・ハイウェイ
Super Highway

テスコ・ロータス
Tesco-Lotus

チェンマイ教会
Chiang Mai Church

Srimongkhon Rd.

メーサー
エレファント・キャンプ
Maesa Elephant Camp

サン・サイ
San Sai

P.179
ワット・プラ・タート・ドイ・ステープ
Wat Phra That Doi Suthep

左図

プー・ピン宮殿
Phu Phing Palace

チェンマイ国際空港
Chiang Mai
International Airport

サンカンペーン
ルン・アルン温泉
Sankamphaeng
Roon Arun Hot Springs

サンカンペーン
Sankamphaeng

ワット・ドイ・カム
Wat Doi Kham
チェンマイ・ナイト・サファリ
Chiang Mai Night Safari
エンジョイハッピーツアー
Enjoy Happy Tour

ハンドン/
チョムトーン↓

ランプーン/
ランパーン↓

P.236 チェンマイ中心部

ラーマ9世橋
Rama 9 Brdg

ムアン・マイ市場
Muang Mai Market

プレジデント
President

ナコン・ピン橋
Nakhon Phin Brdg

チャルン・ラート通り
Charoen Rat Rd.

ワロロット市場
Warorot Market

ラチャダムヌン通り
Ratchadamnoen Rd.

Tha Phae rd.

ナワラート橋
Nawarat Brdg

ターペー門
Thaphae Gate

ターペー通り

ナイトバザール
Night Bazaar

チャン・クラン通り
Loi Khro Rd.

TAT

プリブーン・ベイビー・
グランド・ブティック・ホテル
Puripunn Baby Grand Boutique Hotel

サンパコーイ
市場
San Pa Khoi
Market

シウィ・ワナ・ブティック・ホテル
Shewe Wana Boutique Hotel

ソンテウ乗場
(ボーサーン/サンカンペーン行)

ボソテル・イン
Bossotel Inn

チャルン・ムアン通り
Charoen Muang Rd.

マクロ
Makro

チェンマイ駅
Chiang Mai Station

アナンタラ・チェンマイ
リゾート
Anantara Chiang Mai Resort

シー・ドン・チャイ通り
Sri Don Chai Rd.

シャングリ・ラ
Shangri-La Hotel
Chiang Mai

国立劇場/演劇大学
National Theatre /
Drama College

ランナー・パレス 2004
Lanna Palace 2004 Hotel,
Chiang Mai

アルンタラ・リバーサイド・ブティック・ホテル
Aruntara Riverside Boutique Hotel

パーク
Park Hotel Chiang Mai

Chiang Mai Land Rd.

ホリデイ・イン
Holiday Inn

Soi 12

シリパンナ・ビラ・リゾート&スパ
Siripanna Villa Resort & Spa
Rat U Thit Rd.

ジムカーナ・クラブ&ゴルフ・コース
Gymkhana Club & Golf Course

ポリス・ステーション
Main Police Station

S. Ton Makham

S. Ban Mai

ボー・サーン/サンカンペーン

ランプーン↓

Soi 9

ノーンホーイ市場

タイ国鉄

ランプーン↓

ランプーン↓

● GOURMET   ● BEAUTY
● ENJOY   ● TOWN
● STAY   ● SUBURBS/
● SHOPPING   LOCAL CITY

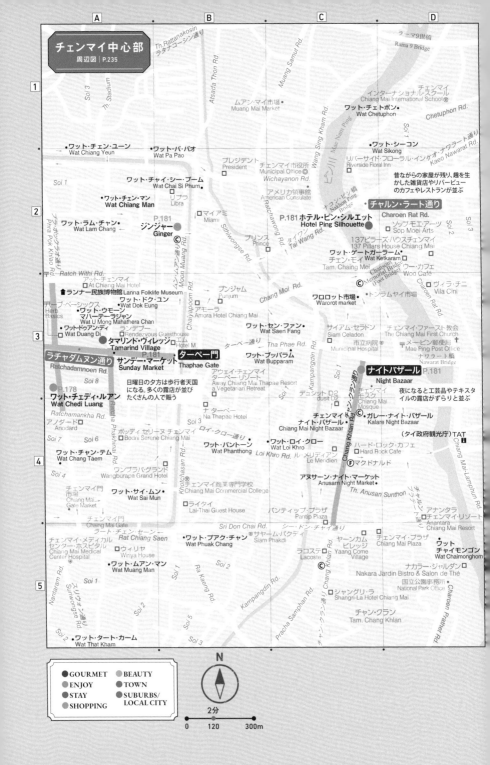

チェンマイ中心部
周辺図 P.235

ラーマ9世橋
Rama 9 Bridge

Th. Rattanakosin
ラタナコーシン通り

Th. Stadium
Soi 3

Atsada Thon Rd.

Muang Samut Rd.

Wang Sing Kham Rd.

Mae Nam Ping

Soi 1

チェンマイ・インターナショナル・スクール®
Chiang Mai International School®

Chetuphon Rd.

ムアン・マイ市場・
Muang Mai Market

ワット・チェトポン・
Wat Chetuphon

ワット・チェン・ユーン
Wat Chiang Yeun

ワット・パ・パオ
Wat Pa Pao

プレジデント
President

チェンマイ市役所
Municipal Office ©
Wichayanon Rd.

ワット・シーコン
Wat Sikong

リバーサイド・フローラル・インケオ・ナワラート通り
Riverside Floral Inn

Kaeo Nawarat Rd.

Soi 1

Soi 1

ワット・チャイ・シー・プーム
Wat Chai Si Phum

Ratchawong Rd.

アメリカ領事館
American Consulate

ナコーン・ピン橋
Nakhon Ping Bridge

昔ながらの家屋が残り、趣を生
かした雑貨店やリバービュー
のカフェやレストランが並ぶ

ワット・チェン・マン
Wat Chiang Man

リブラ
Libra

マイアミ
Miami

P.181 ホテル・ピン・シルエット
Hotel Ping Silhouette

チャルン・ラート通り
Charoen Rat Rd.

ワット・ラム・チャン・
Wat Lam Chang

P.181
ジンジャー
Ginger ©

プリンス
Prince

ソップ・モエ・アーツ
Sop Moei Arts

Soi 2

Soi 3

Pira Pok Khlao Rd.

Moon Muang Rd.

Chang Moi Rd.

Tai Wang Rd.

137ピラーズ・ハウスチェンマイ
137 Pillars House Chiang Mai

Ratch Withi Rd.

アット・チェンマイ
At Chiang Mai Hotel

ランナー民族博物館
Lanna Folklife Museum

ワット・ドク・ユン
Wat Dok Eung

プンジャム
Punjum

ワット・ゲート・カーラーム・
Wat Ketkaram

チェン・モイ
Tam. Chiang Moi

メモリアル橋
Memorial Bridge
(Fon Bridge) ©

ウー・カフェ
Woo Cafe

ヴィラ・チニ
Vila Cini

Charoen Rat Rd.

ハーブ・ベーシックス・
Herb Basics

ワット・ウモーン
マハーテーラジャン
Wat U Mong Mahathera Chan

アモーラ
Amora Hotel Chiang Mai

Chang Mol Rd.

ワロロット市場・
Warorot market

トンラムヤイ市場
Tonlamyai market

ランデブー
Rendezvous Guesthouse

エム
Hotel M

ワット・セン・ファン・
Wat Saen Fang

サイアム・セラドン
Siam Celadon

チェンマイ・ファースト教会
The Chiang Mai First Church

ワット・ドゥアン・ディ
Wat Duang Di

タマリンド・ヴィレッジ
Tamarind Village

Tha Phae Rd.

市立病院
Municipal Hospital

メー・ピン郵便局
Mae Ping Post Office

ラチャダムヌン通り
Ratchadamnoen Rd.

P.181
ターペー門
Thaphae Gate

ターペー通り

ワット・ブッパラム
Wat Bupparam

Kampangdin Rd.

Soi 1

ナワラート橋
Nawarat Bridge

サンデー・マーケット
Sunday Market

アウェイ・チェンマイ
ターペー・リゾート
Away Chiang Mai Thapae Resort
a Vegetarian Retreat

ナイトバザール
Night Bazaar

P.181

P.178
ワット・チェディ・ルアン
Wat Chedi Luang

日曜日の夕方は歩行者天国
になる。多くの露店が並び
たくさんの人で賑わう

デュシット D2
dusit D2

チェンマイ
モスク
Chiang Mai
Mosque

夜になると工芸品やテキスタ
イルの露店がずらりと並ぶ

Ratchamankha Rd.

アノダード
Anodard

ナ・ターペー
Na Thapae Hotel

チェンマイ・ナイト・クラン通り

カレー・ナイト・バザール
Kalare Night Bazaar

Soi 7

Soi 6

ボディ・セリーヌ・チェンマイ
Bodni Serene Chiang Mai

ロイ・クロー通り

チェンマイ
ナイト・バザール
Chiang Mai Night Bazaar

ハード・ロック・カフェ
Hard Rock Cafe

(タイ政府観光庁) TAT

ワット・チャン・テム・
Wat Chang Taem

ワット・パントーン
Wat Phanthong

ワット・ロイ・クロー
Wat Loi Khro

Loi Khro Rd.

ル・メリディアン
Le Meridien

マクドナルド
McDonald ©F

Soi 4

ワンブラパ・グランド
Wangburapa Grand Hotel

Khotchasan Rd.

チェンマイ商業専門学校
Chiang Mai Commercial College

アヌサーン・ナイト・マーケット
Anusarn Night Market

Th. Anusan Sunthon

チェンマイ門
市場
Chiang Mai
Gate Market

ワット・サイ・ムン
Wat Sai Mun

ライタイ
Lai-Thai Guest House

パンティップ・プラザ
Pantip Plaza

アナンタラ
Anantara
Chiang Mai Resort

チェンマイ・リゾート

チェンマイ門
Chiang Mai Gate

Rat Chiang Saen

Sri Don Chai Rd.
シー・ドン・チャイ通り

サヤーム・パクディ
Siam Phakdi

Chiang Mai Mai-Lamphun Rd.

チェンマイ・メディカル
センター・ホスピタル
Chiang Mai Medical
Center Hospital

ワット・プアク・チャン
Wat Phuak Chang

ラコステ
Lacoste ©

ヤーンカム
ビレッジ
Yaang Come
Village

チェンマイ・プラザ
Chiang Mai Plaza

ワット・
チャイモンゴン
Wat Chaimonghom

ウィリヤ
Wiriya House

ワット・ムアン・マン
Wat Muang Man

Ra kaeng Rd.

Soi 2

ナカラ・ジャルダン
Nakara Jardin Bistro & Salon de Thé

国立公園事務所
National Park Office

Soi 1

Sunwongse Rd.

Soi 1

Soi 2

Kampangdin Rd.

シャングリ・ラ
Shangri-La Hotel Chiang Mai

Nantaram Rd.

Soi 2

Soi 5

Soi 3

Pracha Samphan Rd.

チャン・クラン
Tam. Chang Khlan

チャン・クラン通り

Charoen Prathet Rd.

ワット・タート・カーム・
Wat That Kham

N

2分

0   120   300m

● GOURMET
● ENJOY
● STAY
● SHOPPING
● BEAUTY
● TOWN
● SUBURBS/
  LOCAL CITY

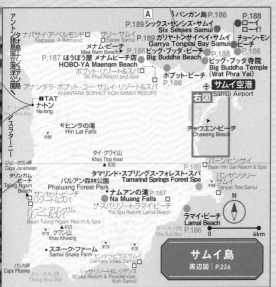

- ● GOURMET
- ● ENJOY
- ● STAY
- ● SHOPPING
- ● BEAUTY
- ● TOWN
- ● SUBURBS/ LOCAL CITY

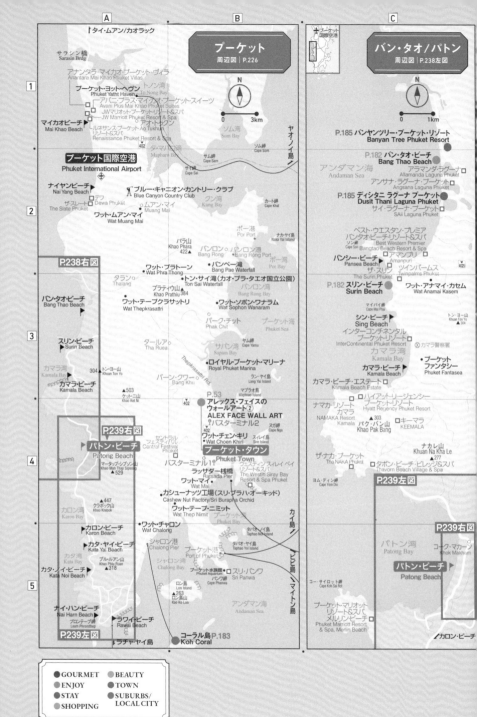

プーケット
周辺図 | P.226

バン・タオ / パトン
周辺図 | P.238左図

タイ・ムアン/カオラック
Sarasin Brdg

サラシン橋

アナンタラ・マイカオ・プーケット・ヴィラ
Anantara Mai Khao Phuket Villas

プーケット・ヨット・ヘヴン
Phuket Yacht Haven

トン・ノング湾
To Nong Bay

アバニ・プラス・マイ・カオ・プーケット・スイーツ
Avani Plus Mai Khao Phuket Suites

JWマリオット・プーケット・リゾート&スパ
JW Marriott Phuket Resort & Spa

マイカオビーチ
Mai Khao Beach

ルネサンス プーケット
リゾート&スパ
Renaissance Phuket Resort & Spa

アオ・トゥクン
Ao Tukhun

ソム湾
Som Bay

ソム岬
Cape Som

ヤオ・ノイ島
Yao Noi Island

ソム・ノイ湾
Som Noi Bay

サム岬
Cape Sam

タ・マラン湾
Maphara Bay

サム岬
Cape Sam

0   3km

プーケット国際空港
Phuket International Airport

ナイヤンビーチ
Nai Yang Beach

ザ・スレート
The Slate

デワ
Dewa Phuket

ブルー・キャニオン・カントリー・クラブ
Blue Canyon Country Club

カート岬
Cape Khat

ワット・ムアン・マイ
Wat Muang Mai

ムアン・マイ
Muang Mai

クン湾
Kung Bay

ポー・港
Por Port

ナカヤイ島
Naka Yai Island

P.238右図

バラ山
Khao Phara 422▲

ワット・プラトーン
Wat Phra Thong

バンペー滝
Bang Pae Waterfall

バンロン○
Bang Rong

バンロン港
Bang Rong Port

ポー湾
Por Bay

バン・タオ・ビーチ
Bang Thao Beach

タラン
Thalang

プラティウ山
Khao Prathiu 384▲

トン・サイ滝(カオ・プラ・タエオ国立公園)
Ton Sai Waterfall

ワット・テープクラサットリ
Wat Thepkrasattri

ワット・ソボン・ワナラム
Wat Sophon Wanaram

バング・ライ湾
Bang Ray Bay

スリン・ビーチ
Surin Beach

パーク・チット
Phak Chit

ターレア
Tha Ruea

ヤム岬
Cape Yamu

プーケット海
Phuket Nea

カマラ湾
Kamala Bay

304 トン・ヨー山
Khuan Ton Yo

サパン湾
Sapan Bay

カマラ・ビーチ
Kamala Beach

バーン・クワー
Bang Khu

ロイヤル・プーケット・マリーナ
Royal Phuket Marina

ラン・ヤイ島
Lang Yai Island

▲503 ケット・ニ山
Khao Ket Ni

マプラオ島
Maphrao Island

P.53

P.239右図

パトン・ビーチ
Patong Beach

マータブシ山(カロン)
Khao Mah Tab Sipsong
▲529

▲447 クラボック山
Khao Krabok

カロン湾
Karon Bay

アレックス・フェイスの
ウォールアート②
ALEX FACE WALL ART

バスターミナル2
402

ワット・チェン・キリ
Wat Choen Khiri

スレイ島
Sire Island

プーケット・タウン
Phuket Town

バスターミナル1
ラッサダー桟橋
Ratsada Pier

ワット・マイ
Wat Mai

ザ・ウェスティン・シレイ・ベイ
リゾート&スパ
The Westin Siray Bay
Resort & Spa Phuket

カロン・ビーチ
Karon Beach

カタ・ヤイ・ビーチ
Kata Yai Beach

プルルアン山
Khao Phlu Ruan
▲318

カタ・ノイ・ビーチ
Kata Noi Beach

カシューナッツ工場(スリ・ブラパ・オーキッド)
Cashew Nut Factory/Sri Burapha Orchid

ワット・テープ・ニミット
Wat Thep Nimit

ワット・チャロン
Wat Chalong

プーケット湾
Phuket Bay

タパンヤイ島
Taphao Noi Island

タパオ・ヤイ島
Taphao Yai Island

カイ島
Kai Island

カタ湾
Kata Bay

チャロン桟橋
Chalong Pier

プーケット港
Port of Phuket

シャロン港
Chalong Bay

プーケット水族館
Phuket Aquarium

パンワ岬
Cape Phanwa

スリ・パンワ
Sri Panwa

ビビ島/マイトン島
Phi Phi Island

ナイ・ハン・ビーチ
Nai Harn Beach

プロムテープ岬
Leam Phromthep

ラワイ・ビーチ
Rawai Beach

ロス島
Los Island

ロン島山
Kao Ko Lan
▲263

アンダマン海
Andaman Sea

マイトン島
Maiton Island

P.239左図

コーラル島 P.183
Koh Coral

ラチャ・ヤイ島

プーケット
国際空港

バン・タオ / パトン

P.185 バンヤンツリー・プーケット・リゾート
Banyan Tree Phuket Resort

P.182 バン・タオ・ビーチ
Bang Thao Beach

アンダマン海
Andaman Sea

アラマンダ・ラグーナ
Allamanda Laguna Phuket

アンサナ・ラグーナ・プーケット
Angsana Laguna Phuket

P.185 ディシタニ ラグーナ プーケット
Dusit Thani Laguna Phuket

サイ・ラグーナ・プーケット
SAii Laguna Phuket

ベスト・ウエスタン・プレミア
バンタオ・ビーチ・リゾート&スパ
Best Western Premier
Bangtao Beach Resort & Spa

ソン岬
Cape Son

アマンプリ
Amanpuri

0   1km

パンシー・ビーチ
Pansea Beach

ザ・スリン
The Surin Phuket

ツインパームス
Twinpalms Phuket

P.182 スリン・ビーチ
Surin Beach

ワット・アナマイ・カセム
Wat Anamai Kasem

カマイ岬
Cape Mai Phai

シン・ビーチ
Sing Beach

トン・ヨー山
Khuan Ton Yo
▲304

インターコンチネンタル
プーケット・リゾート
InterContinental Phuket Resort

カマラ警察署

カマラ湾
Kamala Bay

カマラ・ビーチ
Kamala Beach

プーケット
ファンタシー
Phuket Fantasea

カマラ・ビーチ・エステート
Kamala Beach Estate

ハイアット・リージェンシー
プーケット・リゾート
Hyatt Regency Phuket Resort

ナマカ・リゾート
NAMAKA Resort
Kamala

▲303 カオ・パク・バング
Khao Pak Bang

キーマラ
KEEMALA

ザ・ナカ・プーケット
The NAKA Phuket

ナカレ山
Khuan Na Kha Le
▲277

タボン・ビーチ・ビレッジ&スパ
Thavorn Beach Village & Spa

ヨム・ディン岬
Cape Yom Din

P.239左図

P.239右図

パトン湾
Patong Bay

コーク・マカーン
Khok Makhum

パトン・ビーチ
Patong Beach

プーケット・マリオット
リゾート&スパ
メリリンビーチ
Phuket Marriott
Resort & Spa, Merlin Beach

カロン・ビーチ

凡例

- ● GOURMET
- ● ENJOY
- ● STAY
- ● SHOPPING
- ● BEAUTY
- ● TOWN
- ● SUBURBS/
  LOCAL CITY

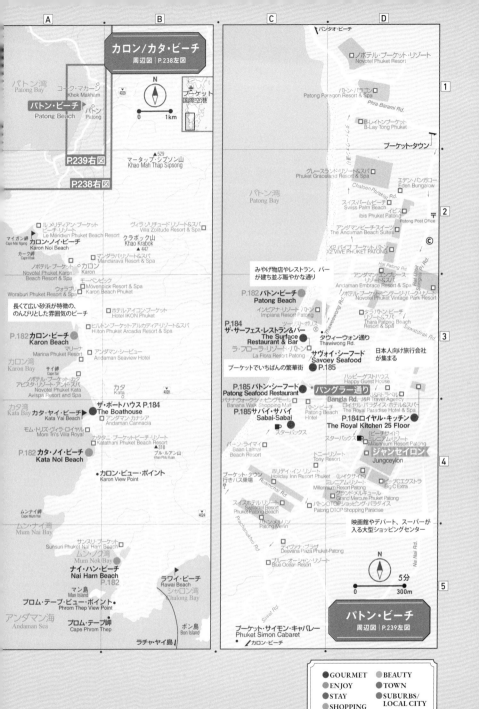

A

コーク・マカージ
Khok Makham

パトン湾
Patong Bay

パトン・ビーチ
Patong Beach

パトン
Patong

マータップ・シプソン山
Khao Mah Thap Sipsong

ル・メリディアン・ブーケット
Le Méridien Phuket Beach Resort

マイガン岬
Cape Mai Ngang

カロン・ノイ・ビーチ
Karon Noi Beach

カーラ岬
Cape Khok

ノボテル・ブーケット・カロン
Novotel Phuket Karon
ビーチ・リゾート&スパ
Beach Resort & Spa

マンダラバ・リゾート&スパ
Mandarava Resort & Spa

カロン
Karon

モーベンピック
Mövenpick Resort & Spa
Karon Beach Phuket

ウォラブリ
Woraburi Phuket Resort & Spa

長くて広い砂浜が特徴の、
のんびりとした雰囲気のビーチ

ホテル・アイコン・ブーケット
Hotel IKON Phuket

P.182 カロン・ビーチ
Karon Beach

ビルトン・ブーケット・アルカディアリゾート&スパ
Hilton Phuket Arcadia Resort & Spa

マリーナ
Marina Phuket Resort

アンダマン・シービュー
Andaman Seaview Hotel

カロン湾
Karon Bay

サイ岬
Cape Sai

ノボテル・ブーケット・カタ・アビスタ
Novotel Phuket Kata
アビスタ・リゾート・アンド
Avista Resort and Spa

カタ
Kata

ザ・ボートハウス P.184
The Boathouse

カタ・ヤイ・ビーチ
Kata Yai Beach

アンダマン・カナシア
Andaman Cannacia

モム・トリズ・ヴィラ・ロイヤル
Mom Tri's Villa Royal

カタタニ・ブーケットビーチ・リゾート
Katathani Phuket Beach Resort

プル・ルアン山
Khao Phlu Suan

P.182 カタ・ノイ・ビーチ
Kata Noi Beach

カロン・ビュー・ポイント
Karon View Point

ムンナイ岬
Cape Mum Na

ムン・ナイ湾
Mum Nai Bay

サンスリ・ブーケット
Sunsuri Phuket Nai Harn Beach

ムン・ノク湾
Mum Nok Bay

ナイ・ハン・ビーチ
Nai Harn Beach
P.182

マン島
Man Island

ラワイ・ビーチ
Rawai Beach

シャロン湾
Chalong Bay

プロム・テープ・ビュー・ポイント
Phrom Thep View Point

アンダマン海
Andaman Sea

プロム・テープ岬
Cape Phrom Thep

ボン島
Bon Island

ラチャ・ヤイ島

B

N

0   1km

ブーケット
国際空港

529

P.239右図

P.238右図

ヴィラ・ソリチュード・リゾート&スパ
Villa Zolitude Resort & Spa

クラボック山
Khao Krabok
447

カタ
Kata

4028

ブルー・オーシャン・リゾート
Blue Ocean Resort

ブーケット・サイモン・キャバレー
Phuket Simon Cabaret

カロン・ビーチ

C

みやげ物店やレストラン、バー
が建ち並ぶ賑やかな通り

P.182 パトン・ビーチ
Patong Beach

インピアナ・リゾート・パトン
Impiana Resort Patong

P.184
ザ・サーフェス・レストラン&バー
The Surface
Restaurant & Bar

ラ・フローラ・リゾート・パトン
La Flora Resort Patong

ブーケットでいちばんの繁華街

P.185 パトン・シーフード
Patong Seafood Restaurant

バナナ・ウォーク・ショッピング・モール
Banana Walk Shopping Mall

P.185 サバイ・サバイ
Sabai-Sabai

スターバックス

バーン・ライマイ
Baan Laimai
Beach Resort

ブーケット・タウン
行きバス乗場

ホリデイ・イン・リゾート
Holiday Inn Resort Phuket

トニー・リゾート
Tony Resort

ミレニアムリゾート
Millennium Resort Patong

スイスホテル・リゾート
Swissôtel Resort
Patong Beach

パトン・メルリン
Patong Merlin

ディーワナ・プラザ・ブーケット-パトン
Deevana Plaza Phuket-Patong

D

パンタオ・ビーチ

ノボテル・ブーケット・リゾート
Novotel Phuket Resort

パトン・パラゴン
Patong Paragon Resort & Spa

Phra Barami Rd.

B・レイトン・ブーケット
B-Lay Tong Phuket

ブーケット・タウン

グレースランド・リゾート&スパ
Phuket Graceland Resort & Spa

Chaloen Phuket Rd.

エデン・バンガロー
Eden Bungalow

スイス・パーム・ビーチ
Swiss Palm Beach

ibis Phuket Patong

Patong Post Office

アンダマン・ビーチ・スイーツ
The Andaman Beach Suites

X2 VIVE PHUKET PATONG

ⓒ

アンダマン・エンブレイス・
リゾート&スパ
Andaman Embrace Resort & Spa

ノボテル・ブーケット・ヴィンテージ・パーク・リゾート
Novotel Phuket Vintage Park Resort

ターラ・パトン・ビーチ
Thara Patong Beach
Resort & Spa

Sawatdirak Rd.

タウィーウォン通り
Thawiwong Rd.

サウォイ・シーフード
Savoey Seafood
P.185

日本人向け旅行会社
が集まる

ハッピー・ゲストハウス
Happy Guest House

バングラー通り
Bangla Rd. J&R Travel Agency

ロイヤル・パラダイス・ホテル&スパ
The Royal Paradise Hotel & Spa

P.184 ロイヤル・キッチン
The Royal Kitchen 25 Floor

ビーチサイド
Millennium Resort Patong

ジャンセイロン
Jungceylon

ビッグCエクストラ
Big C Extra

グランド・メルキュール
Grand Mercure Phuket Patong

パトンOTOPショッピング・パラダイス
Patong OTOP Shopping Paradise

映画館やデパート、スーパーが
入る大型ショッピングセンター

N

0   300m   5分

- 🔴 GOURMET   🔵 BEAUTY
- 🔴 ENJOY   🔵 TOWN
- 🔴 STAY   🟢 SUBURBS/
- 🟣 SHOPPING   LOCAL CITY

知っておきたい 緊急時の連絡リスト

急な予定の変更やトラブルなど、連絡先を知っておけば安心できる。

緊急／救急	警察／救急	☎191
	消防	☎199
	ツーリストポリス（英語可）	☎1155
政府／公共機関	在タイ日本国大使館（**MAP** P.231 H-1）	☎02-207-8500
	在タイ日本国大使館領事部　邦人援護関係	☎02-207-8502
	在タイ日本国大使館領事部　旅券・証明関係	☎02-207-8501
	在チェンマイ日本国総領事館（**MAP** P.234 C-5）	☎052-012-500
政府観光庁（タイ国政府観光庁）	バンコクヘッドオフィス	☎02-250-5500
	アユタヤ	☎035-24-6076
	プーケット	☎076-21-2213
	パタヤ	☎038-42-7667
	チェンマイ	☎053-24-8604
空港	スワンナブーム国際空港	☎02-132-1888
	ドン・ムアン国際空港	☎02-535-1192
	チェンマイ国際空港	☎02-132-1888
	プーケット国際空港	☎02-132-1888
航空会社	日本航空（JAL）	FREE 001-800-811-0600（日本語）
	ANA	FREE 1800-011-231（日本語可）
	タイ国際航空	☎02-356-1111
	タイ・エアアジアX	☎02-029-7862
	タイ・ベトジェットエア	☎02-089-1909
	Peach	☎02-787-3979
	エアージャパン	☎03-6731-9249
クレジットカード会社	アメリカン・エキスプレス	☎65-6535-2209（シンガポール、コレクトコール使用）
	JCB（JCBプラザ ラウンジ・バンコク／日本語可）	☎02-652-0341
	MasterCard	FREE 001-800-11-887-0663
	Visa	FREE 001-800-441-1255
日本語が通じるおもな病院バックアップ	バンコク病院	☎02-310-3257（日本語）
	バムルンラード病院	☎02-011-3388（日本語）
	サミティヴェート病院スクンヴィット	☎02-022-2122（日本語）
	BNH病院	☎02-022-0831（日本語）

※ FREE …電話料金のかからないフリーコール番号（タイ国内からのみ）
※携帯電話などの場合、かけられない、または料金がかかることがあります

電話のかけ方

日本からタイへの国際電話（ダイヤル直通）

（例:タイ02-123-4567にかける）

① 国際電話識別番号※
② タイの国番号
③ 市外局番の最初の0をとる
④ 相手の電話番号

010 - 66 - 2 - 123 -4567

※携帯電話からかける場合は「＋」でも可。
〔0の長押しなどで表示。機種によって異なる〕

タイから日本への国際電話（ダイヤル直通）

（例:日本03-1234-5678にかける）

① ホテルの外線番号
② 国際電話識別番号
③ 日本の国番号
④ 市外局番の最初の0をとる
⑤ 相手の電話番号

＊ 001 - 81 - 3 - 1234-5678

（例:携帯電話090-1234-5678にかける）

① ホテルの外線番号
② 国際電話識別番号
③ 日本の国番号
④ 識別番号の最初の0をとる
⑤ 相手の電話番号

＊ 001 - 81 - 90 - 1234-5678